Meinem Schwiegersohn Jörn gewidmet

Christliche Literatur-Verbreitung Bielefeld
Umschlag und Buchdesign:
Dieter Otten, Gummersbach
Druck und Bindung: Mohndruck Gütersloh

Faszination Mensch

clv

Christliche Literatur-Verbreitung e.V.
Postfach 11 01 35 - 33661 Bielefeld

Inhalt

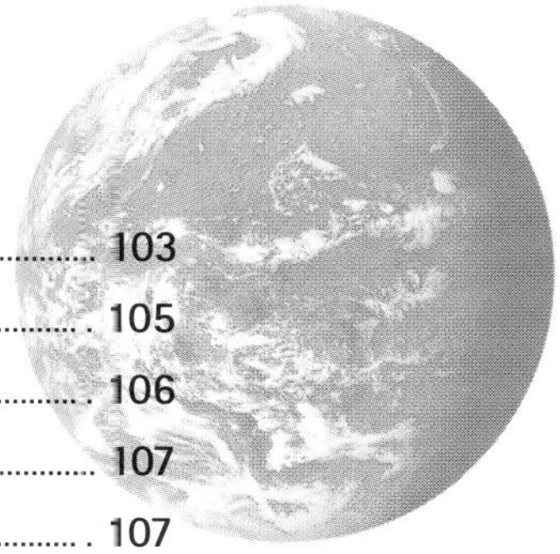

Teil II Was ist der Mensch?

Vorwort

Was erwarten Sie von einem Buch mit dem Titel **Faszination Mensch?** Fragen wir zunächst nach der Wortbedeutung. Faszination hat seinen Wortstamm von dem lateinischen *fascinare*, das ursprünglich der Bedeutung von *bezaubern* entlehnt wurde, nun aber für *begeistern* und *anziehen* steht. Was wirkt auf uns anziehend? Was übt eine fesselnde Wirkung auf uns aus? Was begeistert uns echt? Ist es das Bild unseres Lieblingsmalers, die Geschicklichkeit eines Athleten, die Stimme einer Sängerin, das virtuose Spiel des Klavierkünstlers oder eine geniale technische Erfindung?

In diesem Buch bewegt uns mehr die generelle Frage: Was ist der Mensch? Ein Wissenschaftsjournalist formulierte dazu folgende Antwort:

„Der Mensch ist ein wundervolles, unvorstellbar kompliziertes Wesen. Seine Daten, ganz nüchtern: Eine vom Gehirn zentral geschaltete chemische Fabrik, Elektrowerk, Klima- und Kläranlage, Denkcomputer mit der Luxusausstattung ‚Liebe und Haß'. Ein Wesen, dessen Organismus sich über Jahrzehnte selbst am Leben erhält und durch ständige Selbstkontrollen dafür sorgt, daß es – nahezu – reibungslos funktioniert. Zusammensetzung: 100 Billionen mikroskopisch kleine Einzelteile, phantastisch aufeinander abgestimmt und eingespielt. In gesundem Zustand können sie sich auch ständig erneuern und sogar selbst reparieren. In Gang gehalten wird dieses Wunderwerk von einer faustgroßen Pumpe, dem Herzen, das 100 000mal am Tage schlägt und in fünf Litern Blut die Nährstoffe durch den Körper schickt. Aus täglich 20 000 Litern Atemluft holen sich die Lungen den notwendigen Sauerstoff. Abgase werden ausgeatmet. Normale Betriebstemperatur: 37 Grad Celsius. Aber leider: verschleißanfällig. Elektronenmikroskope können heute das Wunder Mensch mit 200 000facher Vergrößerung fast bis in den letzten Winkel ausforschen."

Hier ist schon einiges angesprochen, worüber es sich lohnt, näher nachzudenken. In diesem Buch geht es nicht um einen speziellen Menschen, der es zu Hochleistungen gebracht hat, vielmehr geht es um jeden einzelnen von uns. Wir wollen uns in einer Auswahl einige der genial durchdachten und konstruierten Details am Menschen näher ansehen. Wer sich begeistern kann, wird ins Staunen kommen. Wer mitdenkt, wird zu gewichtigen Schlußfolgerungen kommen.

Gliederung des Buches: Das Buch gliedert sich in zwei große Hauptteile. Zuerst werden zahlreiche ausgewählte Details dargestellt, die uns über das Wunderwerk Mensch sicherlich ins Staunen versetzen. Dies alles wird geschildert, um zu vermitteln, wie wunderbar wir gemacht sind. Das führt automatisch zu der Frage: Wessen Ideen stecken in uns? Wer ist unser Urheber? Nur zwei prinzipielle Antworten sind möglich: Entweder ich bin das Ergebnis eines ziellosen physikalisch-chemischen Prozesses, den niemand geplant hat, oder ich stamme aus der Hand eines genialen Schöpfers. Das genauere Betrachten der Konstruktion Mensch kann uns helfen, diese Antwort durch Schlußfolgerung zu finden.

Im ersten Teil des Buches tauchen viele Zahlenwerte auf. Dazu sei vorab ein wichtiger erklärender Hinweis gegeben. Liest man verschiedene Fachbücher oder Originalveröffentlichungen, so werden die Zahlenwerte von den Autoren keineswegs übereinstimmend genannt. Das liegt einmal daran, daß es bereits von Mensch zu Mensch eine nicht kleine Schwankungsbreite gibt. Zum anderen sind gerade die großen Zahlen (z. B. Anzahl der Körperzellen) nicht durch Abzählen, sondern durch Abschätzung bzw. Hochrechnung gewonnen worden. Aus diesen Gründen sind Abweichungen von Quelle zu Quelle unvermeidlich.

Im zweiten Teil des Buches gehen wir auf Fragen zum Wesen des Menschen ein: Warum ist der Mensch so wie er ist? Warum verhält er sich in dieser Weise? Warum ist es keiner Ideologie gelungen, den Menschen positiv zu verändern? Was ist die Zukunft des Menschen? Ist mit dem Tode alles aus? Gibt es eine Ewigkeit? Wenn ja – was haben wir zu erwarten? Während im ersten Teil wissenschaftliches Fachwissen im Vordergrund steht, spielt im zweiten Teil die Bibel eine zentrale Rolle. In den meisten Fällen wurde wegen der kräftigen, oft würzigen Sprache die Luther-Übersetzung (Revidierte Fassungen von 1956 und 1984) bevorzugt. Aus Gründen leichterer Lesbarkeit, besserer Verständlichkeit oder genauerer Formulierung wurde gelegentlich auch eine andere Übersetzung herangezogen. Nach dem entsprechenden Zitat wird diese dann namentlich genannt.

Leserkreis und Ziel des Buches: Hinsichtlich Alter, Bildungsgrad, Geschlecht oder Beruf ist an keinen spezifischen Leserkreis gedacht. Die vielen staunenswerten Details am Menschen sind so faszinierend, daß wohl jeder daran Interesse findet. Ein besonderes Anliegen dieses Buches ist es, wissenschaftliche Fakten mit biblischen Aussagen zu verknüpfen. Das Hauptziel des Buches ist allerdings, Suchende und Zweifler, aber auch Atheisten und Gleichgültige für den Glauben zu gewinnen. Dabei ist nicht irgendein Allerweltsglaube gemeint, sondern der rettende Glaube an Jesus Christus. Aus diesem Grunde wird der Notwendigkeit der Errettung und der Beschreibung des Weges dorthin ein entsprechend breiter Raum eingeräumt. Wer zum Ziel kommt, wird fasziniert sein – nicht mehr von sich selbst, sondern von seinem Urheber, der ihn geschaffen hat und der ihm durch den Propheten sagen läßt: „Weil du so wert vor meinen Augen geachtet bist, mußt du auch herrlich sein, und ich habe dich lieb" (Jes 43,4).

Dank: Das Manuskript wurde von Frau Dr. med. *Jutta Nemitz* (Braunschweig) und von *Andreas Wolff* (Giessen) gründlich durchgesehen, nachdem ich mit meiner Frau alles in gewohnter Weise durchgesprochen habe. Auch unser Schwiegersohn *Jörn Becker* (Bonn) und die Lektoren des CLV-Verlages haben noch einmal alles kritisch durchgesehen. Unser Sohn *Carsten* hat für den Bereich der Sinnesorgane einige Karikaturen angefertigt. Allen Beteiligten danke ich für die hilfreiche Mitarbeit an diesem Bildband. Schließlich möchte ich auch den Verantwortlichen des CLV-Verlages für die angenehme Zusammenarbeit und wohlwollende Förderung bei der Herausgabe danken.

Werner Gitt

Teil I
Der Mensch: Eine geniale Konstruktion

Die Sinnesorgane

– genial konstruierte Werkzeuge für unsere Wahrnehmung

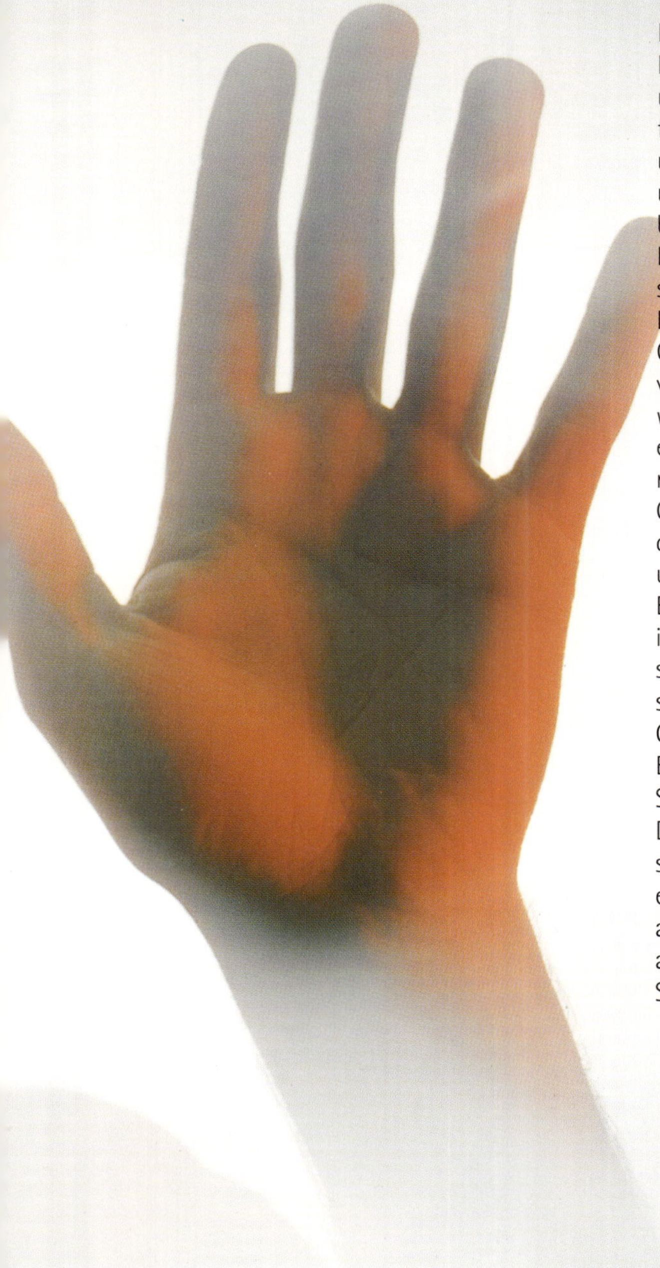

Die Sinne sind unsere Fenster zur Außenwelt. Nur über das Radarnetz der Sinne können wir unsere Umgebung wahrnehmen, erkennen, empfinden und verstehen. Durch die Sinne gewinnt unser bewußtes Leben ihre eigentliche Qualität, und viele Entscheidungen werden von ihnen beeinflußt. Sie lösen in uns eine breite Palette von Empfindungen aus wie z. B. Freude, Glück, Frohsinn und Zufriedenheit, aber auch Schmerz, Erschrecken, Angst und Trauer. Wenn wir an die Grenzen der Sinneswahrnehmungen kommen, versuchen wir diese durch technische Hilfsmittel wie Mikroskope, Teleskope und Stethoskope zu erweitern. Unsere Sinne gehen auf Entdeckungsreisen und suchen Neues. Wir verbringen einen Großteil unseres Lebens, um den Sinnen Besonderes zu bieten: Wir machen aufwendige Reisen, um neue Länder zu erkunden, um ferne Wüsten, Berge, Seen oder Strände zu erleben. Wir gehen in den Zoo, ins Kino oder Theater, hören klassische Musik oder fetzige Konzerte, kaufen exotische Düfte oder geben viel Geld für kulinarische Genüsse aus. Überall, wo wir bereit sind, hohe Eintrittsgelder zu zahlen, wollen wir unseren Sinnen etwas Besonderes bieten. Es wird deutlich: Die Qualität unseres Menschseins wird in entscheidendem Maße von unseren Sinnen beeinflußt. Darum wollen wir uns im folgenden ausgiebig mit den vielfältigen Leistungen, aber auch den konstruktiven Details unserer Sinnesorgane befassen.

Das Auge

– unser Fenster nach draußen

„Das Auge sieht sich nimmer satt" heißt es schon in der Bibel im Buch Prediger (1,8). In der Tat ist das Auge eines unserer wichtigsten Sinnesorgane, über das wir weit mehr als die Hälfte aller Informationen aus der Umwelt aufnehmen. Mit Hilfe des Lichtsinns lesen wir Briefe, Zeitungen, Zeitschriften und Bücher, betrachten wir die Farben einer Blüte, die Weite einer Landschaft, die Schönheit eines Kleides, die künstlerische Gestaltung eines Gemäldes, insbesondere aber die Menschen, die uns lieb sind und mit denen wir es täglich zu tun haben. Unser gesamtes Antlitz bezeichnen wir als „Gesicht", und damit abstrahieren wir alles auf das Sehen. Auch das französische Wort *visage* entspricht unserem Gesicht. Es hat ebenfalls den Bezug zum Sehen, da sich dieses von dem lateinischen Wort *videre* (= sehen) ableitet.

Physiologisch betrachtet liegen siebzig Prozent aller Sinnesrezeptoren unseres Körpers in den Augen. In der Tat bewerten und verstehen wir die Welt hauptsächlich dadurch, daß wir sie sehen. So ist es verständlich, daß den ansonsten sehr unterschiedlichen menschlichen Sprachen eines gemeinsam ist, sie sind sehr bildhaft. In Redewendungen und Sprichwörtern verwenden wir häufig Vergleiche, die zwar in übertragenem Sinne gemeint, aber visuell leicht eingängig sind. Einige Beispiele belegen dies sehr eindrücklich: „Es schüttet wie aus Kübeln"; „Er ist Hahn im Korb"; „Bis an den Hals in Schulden stecken"; „Das Herz auf der Zunge haben".

In der Bibel befahl der Schöpfer am ersten Schöpfungstag: „Es werde Licht!" Damit war von Anfang an die Voraussetzung für das Sehen geschaffen. Bei der Beurteilung seiner Schöpfungswerke wird fünfmal die Redewendung wiederholt: „Und Gott sah, daß es gut war." Auch in der abschließenden Gesamtschau dient das Sehen wieder zur Beurteilung: „Und Gott sah an alles, was er gemacht hatte, und siehe, es war sehr gut" (1 Mo 1,31).

Nachdem wir die Wichtigkeit des Sehens herausgestellt haben, wollen wir uns nun mit dem Organ beschäftigen, das uns diese Möglichkeit verleiht:

Allgemeines zum Auge: Das für uns sichtbare Licht ist physikalisch gesehen eine elektromagnetische Strahlung im Wellenbereich von 400 (violett) bis 750 (rot) Nanometer (1 nm = 10^{-9} m = 1 milliardstel Meter = 1 millionstel Millimeter). Die eintretenden Lichtstrahlen müssen zur Bildentstehung im Auge gebrochen und auf der Netzhaut scharf abgebildet werden. Die Hornhaut *(Cornea)* übernimmt den größten Teil der Brechkraft. Die Linse ermöglicht zusätzlich durch Änderung ihrer Krümmung die Scharfeinstellung auf verschiedene Entfernungen. Dabei kann die Brennweite der Linse in einem Bereich von 69,9 bis 40,4 mm durch ein sehr geniales Prinzip variiert werden, nämlich durch Veränderung ihrer Form. Durch Anwendung dieser Methode kommen wir im Gegensatz zu den Erzeugnissen der optischen Industrie mit nur einer einzigen Linse aus. Die Iris gleicht einer Kamerablende. Zwei entgegengesetzt wirkende Muskeln regeln je nach Helligkeit die Weite der Blendenöffnung (Pupille). Die Form des Auges wird durch den Augeninnendruck im Glaskörper aufrechterhalten, der durch geregelte Produktion und Abfluß von Kammerwasser bestimmt wird. Tränenflüssigkeit und Lidschlag schützen die Hornhaut vor Austrocknung.

Die Augen zeichnen sich unter all unseren Sinnesorganen durch die größte Reichweite und Adaptionsfähigkeit aus. Sie sind mit einem eigenen Bewegungsapparat ausgestattet, um ein zielgerichtetes Sehen zu ermöglichen. Die zweidimensionale Abbildung auf der Netzhaut erfordert eine massive Parallelverarbeitung im nachgeschalteten Nervennetzwerk.

Aufbau des Auges: Funktionell kann man beim Auge zwei Teile unterscheiden, nämlich den dioptrischen Apparat (griech. *dioptra* = Durchschauer), der den physikalisch optischen Teil darstellt, und die Rezeptorfläche der Netzhaut, in der die optischen Reize die neuronalen Elemente erregen. Der dioptrische Apparat entwirft im Auge ein verkleinertes, umgekehrtes Bild. Um eine scharfe Abbildung auf der Netzhaut zu erreichen, werden hohe Anforderungen an eine genaue Abstimmung zwischen Brechkraft der optischen Medien und den Abmessungen des Auges gestellt. Bereits eine Abweichung von 0,1 mm stellt einen Fehler dar, der durch eine Brille korrigiert werden muß.

Die Hornhaut dient vornehmlich dem Schutz der empfindlichen Bestandteile des Auges vor mechanischer Beschädigung durch Fremdkörper. Zwischen Hornhaut und Linse befindet sich die Iris. Sie funktioniert ähnlich wie die Blende eines Fotoapparates und reguliert die Menge des einfallenden Lichtes. Vergleichbar mit dem Linsensystem eines Objektivs, bündelt die Linse des Auges einfallende Lichtstrahlen, bevor sie auf die Netzhaut (*Retina;* von lat. *rete* = Netz) treffen. In der Netzhaut selbst beginnt der eigentliche Wahrnehmungsprozeß, indem einfallendes Licht von Photorezeptoren (Stäbchen und Zapfen) registriert und die vorliegenden „optischen Signale" zunächst in chemische und anschließend in elektrische Signale umgeformt werden. Diese elektrischen Signale gelangen schließlich über den *Sehnerv* zum Gehirn. An der Stelle, wo der Sehnerv aus der Retina austritt (*Papille* genannt)

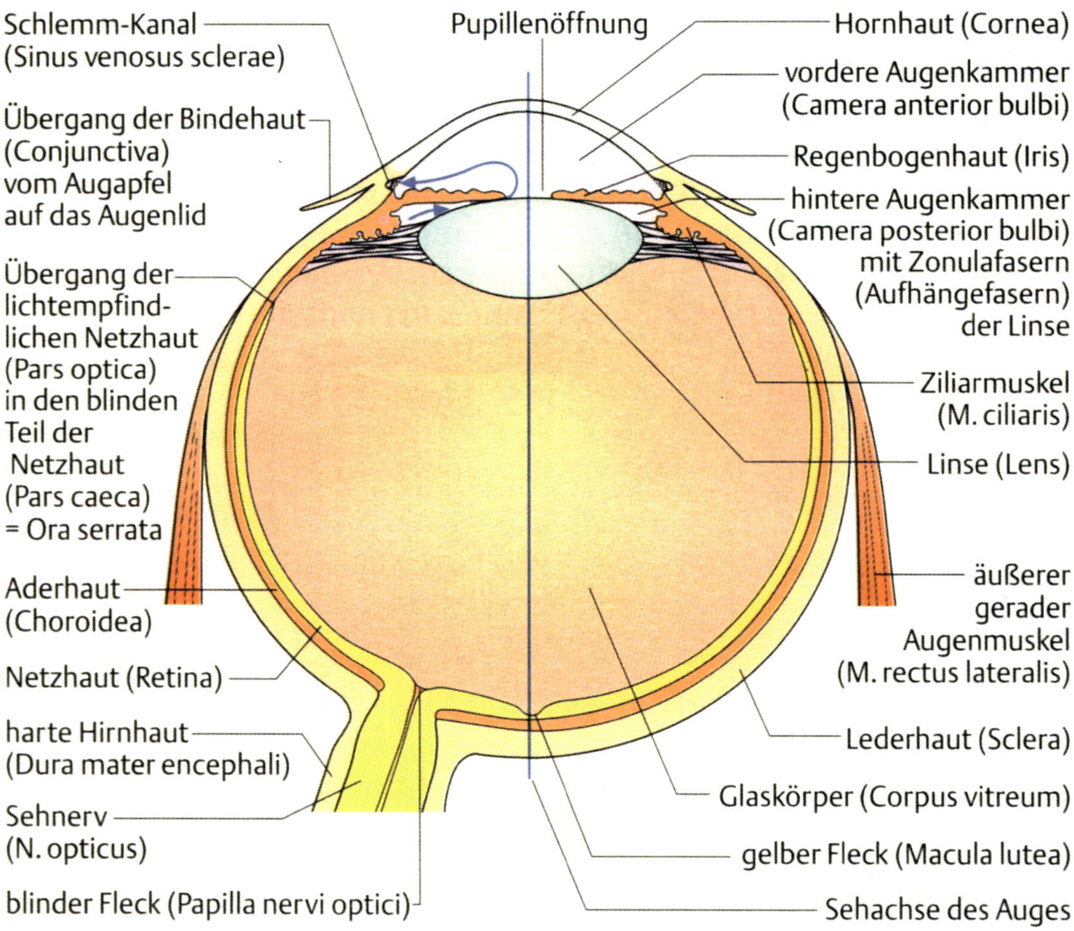

Horizontalschnitt durch das rechte menschliche Auge.
(Aus Faller/Schünke „Der Körper des Menschen", Thieme-Verlag)

befinden sich keine Photorezeptoren; die Netzhaut ist an dieser Stelle folglich nicht lichtempfindlich. Aus diesem Grunde bezeichnet man die Papille auch als „blinden Fleck". Ein anderer ausgezeichneter Bereich auf der Netzhaut ist die sog. *Fovea centralis*, die den Ort höchster Sehschärfe der gesamten Netzhaut bildet. Die Photo-

rezeptoren der Fovea (es sind nur Zapfen, keine Stäbchen!) sind in einer bestimmten Weise mit den nachfolgenden Nervenzellen verbunden. Die Fovea ermöglicht eine besonders hohe Auflösung. Wenn man einen Gegenstand fixiert, ist dies nichts anderes, als daß durch Augen- und Kopfbewegungen die Fovea centralis des Auges auf das interessierende Objekt ausgerichtet wird.

Die Netzhaut: Durch die Pupille kann mit einem Augenspiegel der Augenhintergrund beobachtet werden. Sichtbar sind dann die Netzhaut (Retina) mit der Blutversorgung ihrer inneren Schichten, die Fovea und der Austritt des Sehnervs.
Der Netzhaut kommt eine Schlüsselposition beim visuellen Wahrnehmungsprozeß zu. Sie ist ein nur 0,2 mm dickes Nervengewebe, das die Innenseite des Augapfels auskleidet. Sie enthält die Photorezeptoren und vier nachgeschaltete Nervenzellklassen sowie Stützzellen und Pigmentepithel (lat. *pigmentum* = Färbestoff; griech. *epithel* = oberste Zellschicht der Haut). Stäbchen und Zapfen sind die beiden Typen von Photozellen, deren Namen sich auf ihre Form bezieht. Diese Lichtdetektoren sind winzig kleine, aber technisch raffinierte Lichtmeßgeräte. Sie enthalten die verschiedenen Sehfarbstoffe. In jedem Auge finden wir etwa 110 Millionen Stäbchen und 6 Millionen Zapfen. Diese sind über sogenannte Bipolarzellen mit den Ganglienzellen verbunden. Die Photorezeptoren sind einerseits horizontal vernetzt, und andererseits münden sie „vertikal" in etwa 1 Million Ganglienzellen ein. Dies sind die ersten an der visuellen Wahrnehmung beteiligten Neuronen. Sie stellen die Hauptflußrichtung der Signale dar. Die Ganglienzellen sammeln alle Signale der Netzhaut, ihre Fortsätze werden im optischen Nerv gebündelt und verbinden das Auge mit dem Gehirn.
Der optische Nerv hat beim Menschen eine Dicke von ca. 2 mm und enthält mehr als eine Million gut voneinander isolierte Fasern. Von einem solchen „Kabel" können Nachrichtentechniker selbst bei Anwendung modernster Techniken (Glasfasern) nur träumen.

Auf einem einzigen Quadratmillimeter der Netzhaut haben wir eine Dichte von etwa 400 000 Sehzellen (Sensoren). Diese immense Zahl wollen wir uns gleichnishaft verdeutlichen: Stellen wir uns eine Kugel vor, auf deren Oberfläche tennisballgroße Kreise gemalt sind, wobei der Zwischenraum gerade wieder einem Balldurchmesser entspricht. Wie groß wäre dann eine solche Kugel? Nun, sie hätte einen Durchmesser von 52 Metern, und das ist fast dreimal mehr als die für Reklame und Freizeit verwendeten Heißluftballons!

Die Photorezeptoren: Stäbchen und Zapfen unterscheiden sich schon rein äußerlich. Die Stäbchen sind zylindrische Gebilde, während die Zapfen vergleichsweise kleiner und spitzzulaufend geformt sind. Die beiden Zelltypen unterscheiden sich darüber hinaus auch in ihrer Funktionsweise. Stäbchenzellen dienen dem Hell-Dunkel-Sehen bei geringer Grundhelligkeit (also z. B. nachts). Sie sind so hochempfindlich, daß bereits die Absorption eines einzelnen Photons durch eine Stäbchenzelle zu einem meßbaren elektrischen Signal führt. Die hohe Empfindlichkeit wird sozusagen erkauft durch eine lange Meldezeit (Zeitspanne zwischen Absorption eines Photons bis zur Aussendung eines elektrischen Signals), da zunächst ein komplizierter Verstärkungsprozeß ablaufen muß. Die Meldezeit beträgt bei den Stäbchen etwa 0,3 Sekunden.

Die Zapfen arbeiten weitaus schneller; ihre Meldezeit beträgt lediglich 0,075 Sekunden. Dafür sind sie sehr viel weniger empfindlich als Stäbchenzellen; Zapfen sprechen erst bei Tageslicht optimal an. Es gibt drei Typen von Zapfen, die sich lediglich darin unterscheiden, daß sie verschiedene Absorptionsmaxima aufweisen, d. h., Licht eines eng eingeschränkten Wellenlängenbereichs wird am effektivsten absorbiert. Je ein Typ spricht besonders stark auf rotes (Wellenlänge ca. 445 nm), grünes (ca. 535 nm) oder blaues Licht (ca. 570 nm) an. Durch Vergleich der „Meldungen" der verschiedenen Zapfentypen in den Ganglienzellen werden dann die tatsächlich gesehenen Farben identifiziert.

Wir würden erwarten, daß die lichtempfindlichen Zellen sich in jenem Teil der Retina befinden, der dem Lichteinfall zugewandt ist. Bemerkenswerterweise ist es aber gerade umgekehrt: Das Licht muß zunächst eine Teilschicht der Retina durchdringen, bevor es die Stäbchen und Zapfen erreicht. Man spricht deswegen vom „inversen Auge".

Lichtsinneszellen arbeiten wie Dolmetscher, die den Lichtreiz in die Sprache des Nervensystems übersetzen. Wir können es auch so ausdrücken: Im Prinzip ist eine Photorezeptorzelle ein empfindliches Zählgerät für Lichtquanten. Der Meßbereich einer Lichtsinneszelle umspannt bis zu fünf Zehnerpotenzen. Die Zelle ist sogar in der Lage, ihren Meßbereich an die jeweils vorhandene Helligkeit anzupassen. Sie kann dazu ihre Empfindlichkeit gegenüber der Höchstempfindlichkeit bis zu 10^5fach verringern (Adaption).

Empfindlichkeit: Der Schöpfer hat uns sehr empfindliche Sinnesorgane geschenkt. Dabei hatte er ein nicht zu unterschätzendes Problem zu lösen, das wir auch von der Technik her kennen. Jeder Rundfunkempfänger rauscht, wenn er auf große Empfindlichkeit eingestellt wird. Dieses Rauschen geht auf die unregelmäßigen thermischen Bewegungen der Elektronen in seinen Widerständen zurück. Man kann das Rauschen vermindern, wenn man alle Bauteile weit unter den Gefrierpunkt kühlt. Das ist aufwendig und vor allem bei der Übertragung von kleinen Signalen, die in der Größenordnung des statistischen Rauschens liegen, technisch nicht möglich. Ein Trick hilft hier weiter: Das Signal wird zugleich auf parallelen Leitungen übertragen und erst am Empfangsort zusammengefaßt. Dadurch heben sich die unregelmäßigen Schwankungen in den Einzelleitungen teilweise auf, und das Rauschen wird dadurch stark unterdrückt.

Diese Methode, ergänzt durch die im folgenden beschriebene Zusammenfassung mehrerer Sinneszellen, findet Anwendung bei unserem Auge. In Sinnesorganen und Nervenzellen beruht das Rauschen nicht so sehr auf Schwankungen der Elektronendichte, sondern auf Schwankungen der elektrischen Spannung an den Grenzflächen von Sinnes- und Nervenzellen. Unsere Sehzellen sind vom Schöpfer gerade so konzipiert, daß sie so empfindlich sind, wie es physikalisch überhaupt möglich ist. Es genügt bereits ein einzelnes Lichtquant, also die kleinste physikalische Wirkeinheit des Lichtes, um eine elektrische Antwort der Sehzelle auszulösen. Der möglichen Täuschung durch Rauschen entgeht der Organismus wie folgt: Die hochempfindlichen Sehzellen (Stäbchen) sind in großer Zahl (mehrere hundert) mit nur einer Nervenzelle verschaltet. Diese spezielle Nervenzelle leitet aber nur dann ein Signal weiter, wenn innerhalb einer bestimmten Zeit, nämlich etwa 0,02 Sekunden, von mindestens 4 oder 5 Sehzellen ein hinreichend großes Signal ankommt. Die einzelne Sehzelle ist also so empfindlich, wie es physikalisch überhaupt möglich ist. Das Nervensystem wertet aber nur solche Signale aus, die innerhalb einer Summationszeit von mehreren Sehzellen nahezu zeitgleich eintreffen. Die maximal mögliche Empfindlichkeit wird also nur dann ausgenutzt, wenn der Lichtreiz nicht punktförmig ist, sondern von einem Flächenelement ausgeht.

Sehschärfe: Die Sehschärfe (Trennschärfe, Auflösungsvermögen) ist eine wesentliche Größe zur Beurteilung des Sehvermögens. Unter guten Lichtverhältnissen kann ein normales Auge zwei Punkte gerade noch auseinanderhalten, wenn die davon ausgehenden Strahlen zueinander einen Winkel von einer Minute (1' = 1/60 Grad) bilden.

Adaption (lat. *adaptio* = Anpassung, insbesondere von Sinnesorganen an die jeweiligen Bedingungen): Das Auge ist in der Lage, unterschiedlich starkes Licht in einem sehr weiten Bereich zu verarbeiten. Wir können das Licht kleiner Sterne am nächtlichen Himmel noch wahrnehmen, aber wir stellen uns auch auf so hohe Leuchtdichten ein, wie sie bei grellem Sonnenlicht auf Gletschern herrschen. Die Auswertung solcher Extremreize ist nur mit einer Anpassung des Auges an die jeweilige Leuchtdichte möglich. Das Auge umspannt dabei den immensen Faktor von 1 : 1 Billion = 1 : 1 000 000 000 000!

Farbsehen: Was ginge uns doch verloren, sähen wir unsere Welt nicht farbig! Farben können Lebensfreude vermitteln und unsere Stimmung beeinflussen. Farben faszinieren nicht nur Künstler und Modeschöpfer, sondern einen jeden von uns.

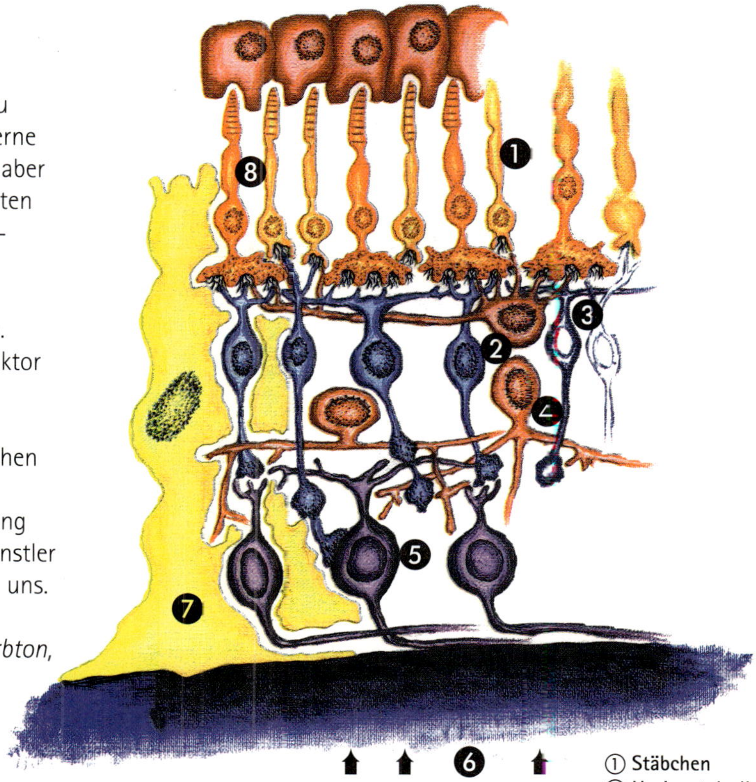

Aufbau der Netzhaut

① Stäbchen
② Horizontalzelle
③ Bipolarzellen
④ Amakrine
⑤ Ganglienzellen
⑥ Lichteinfall
⑦ Müllerzelle (Glia)
⑧ Zapfen

Farben sind durch die drei Komponenten *Farbton, Helligkeit* und *Sättigung* charakterisierbar. Das menschliche Auge vermag 300 Farbtöne zu unterscheiden. Wenn Helligkeit und Sättigung zusätzlich variiert werden, können mehrere Millionen Farbwertigkeiten unterschieden werden. Die Helligkeit einer Farbe wird durch die Leuchtdichte und die Sättigung (= Grad der Beimischung von weiß) bewirkt.

Für das Farbensehen sind in unserem Auge nur die Zapfen zuständig. Die Sehfarbstoffe in den Zapfen heißen Rhodopsine (griech. *rodeos* = rosenfarbig; Sehpurpur). Es sind Eiweißmoleküle, die aus etwa 350 Aminosäuren aufgebaut sind. Darin enthalten ist das sogenannte Retinal, das dem Rhodopsin seine Farbe gibt. Retinal macht das Farbstoff-Molekül lichtempfindlich, wie ein Zünder einer Patrone diese schlagempfindlich macht. Ein Zapfen mit seinem Rhodopsin kann keineswegs alle Lichtquanten, die ihn treffen, auch tatsächlich einfangen. Quanten einer spezifischen Größe kann er wesentlich besser einfangen als größere oder kleinere. Wir können es auch so sagen: Während er von Quanten seiner „Lieblingsgröße" viele oder gar alle einfängt (absorbiert), kann er von doppelt oder halb so großen nur jedes zehnte oder fünfzigste einfangen. Bei jedem Fangerfolg wird er aber unabhängig von der Quantengröße gleich stark erregt. In unserem Auge befinden sich drei verschiedene Zapfentypen, jeder spezialisiert auf den Fang einer bestimmten, für ihn optimalen Quantengröße. Wir nennen sie rot-, grün- oder blauempfindliche Zapfen. Sie unterscheiden sich durch die Fangbevorzugung ihrer Sehpigmente für bestimmte Quantengrößen. Das alles ist aber noch lange nicht Farbensehen, sondern erst die notwendige Voraussetzung dafür.

Die Farbempfindung entsteht erst im Gehirn als Ergebnis eines rechnerischen Vergleichs der Erregung unserer drei Zapfentypen. Unsere Netzhaut enthält etwa 100 Millionen Sehzellen. Sie sind mit weiteren Nervenzellen auf komplizierte Weise zusammengeschaltet, denn aus einem Augapfel heraus führt nur eine Million Nervenzell-Fortsätze. Sie bilden den Sehnerv, der die elektrische Bildinformation in verschiedene Regionen des Gehirns überträgt. Ein kleiner Teil seiner Fasern zieht zum Mittelhirn. Die meisten Fasern der Sehnerven führen aber in eine Umschaltstation. Von dort ziehen Nervenfasern vor allem in den Hinterkopf, in das primäre Sehfeld.

Was bei dieser Übertragung geschieht, ist in allerhöchstem Maße erstaunlich: Das mit beiden Augen betrachtete Bild erscheint kopfstehend und seitenverkehrt auf den Netzhäuten. Überraschend aber ist, daß die Sehnerven der beiden Augen nicht direkt ins Gehirn ziehen, sondern sich auf ihrem Weg aufspalten und teilweise überkreuzen. So gelangen aus beiden Augen die Signale vom linken Teil des Bildes in die rechte Gehirnhälfte und die Signale vom rechten Bildteil in die linke Gehirnhälfte. Jede Gehirnhälfte des Betrachters erhält somit Information über lediglich die Hälfte des betrachteten Bildes. Hinzu kommt noch, daß dieses verzerrt erscheint, weil die Region um die Sehgrube (*Fovea;* lat. *fovea* = Grube) herum, mit der wir am schärfsten sehen, zehnmal größer abgebildet wird als der Rand des Gesichtsfeldes. Letztlich nimmt aber die linke Gehirnhälfte nur die linke Hälfte des betrachteten Bildes wahr (= rechte Seite des Blickfeldes), und zwar dank komplizierter Verrechnungen aufrecht und wieder entzerrt; und der rechte Teil des Gehirns beschäftigt sich ausschließlich mit der anderen Gesichtshälfte.

Bemerkenswert ist: Das Gehirn verarbeitet verschiedene Bildteile in mehreren, weit voneinander entfernten Bereichen. Es schneidet das Blickfeld quasi in zwei Teile auseinander und vereinigt sie dann in der Wahrnehmung auf noch unbekannte Weise wieder miteinander, und das geschieht – o Wunder – völlig nahtlos!

Hermann von Helmholtz (1821–1894), ein bedeutender Physiker und Physiologe des vorigen Jahrhunderts, zog 1863 aus einem Vergleich der Abbildungsfehler des Auges mit denen eines Objektivs folgenden Schluß:

„Wenn mir nun ein Optiker ein Instrument verkaufen wollte, welches die letztgenannten Fehler hätte, so ist es nicht zuviel gesagt, daß ich mich vollkommen berechtigt glauben würde, die härtesten Ausdrücke über die Nachlässigkeit seiner Arbeit zu gebrauchen und ihm sein Instrument mit Protest zurückgäbe."

Helmholtz hatte unrecht, denn er maß die Leistungsfähigkeit der Augenlinse lediglich an der Präzision des Strahlengangs optischer Instrumente. Es gilt zu bedenken: Welches technisch gefertigte Linsensystem funktioniert ein Menschenalter lang, ist zugleich gegen Wärme wie Kälte, Trockenheit und Feuchtigkeit, Erschütterung und Staub kaum anfällig und vermag außerdem kleinere Beschädigungen selber zu reparieren? Welche damals verfügbare Optik stellte sich schon automatisch auf die Bedingungen der Umgebung ein, auf Hell-Dunkel-Kontraste, auf die Entfernung, auf das Spektrum des Lichtes? Und welches optische System beginnt schon, wie das Auge, mit einer Verarbeitung der Daten, bevor es sie an den Rechner – aber unser Gehirn ist weitaus mehr als ein Rechner – weitergibt?

Auge und Bibel: Entgegen allen evolutionären Vorstellungen, die über die Entstehung des Auges kolportiert werden, gibt die Bibel uns das unmißverständliche Zeugnis: Das Auge ist in seiner genialen Konzeption und komplexen Konstruktion eindeutig das Werk des Schöpfers. In Psalm 94,9 heißt es: „Der das Auge gemacht hat, sollte der nicht sehen?" Wenn dies Wort wahr ist – und davon bin ich zutiefst überzeugt –, dann ist jeder andere von Menschen erfundene Gedanke, etwas über die Herkunft des Auges zu sagen, schon im Ansatz falsch.

Auch die Bibel stellt das Auge als ein sehr wesentliches Organ heraus. Es kann sich nicht satt sehen (Spr 27,20), und unser Herz folgt den Augen (Hi 31,7). Von daher ist wohl auch das Sprichwort abgeleitet: „Was das Auge sieht, glaubt das Herz." Der Ausdruck unserer Augen wird zu einem starken persönlichen Kennzeichen unseres Wesens. Die Augen sind der Spiegel der Seele. In der Bergpredigt bringt Jesus uns diese Wahrheit nahe, wenn er lehrt: „Das Auge ist des Leibes Leuchte. Wenn dein Auge lauter ist, so wird dein ganzer Leib licht sein. Wenn aber dein Auge böse ist, so wird dein ganzer Leib finster sein. Wenn nun das Licht, das in dir ist, Finsternis ist, wie groß wird dann die Finsternis sein!" Viele weitere Aussagen der Bibel belegen uns, daß das Auge das vermittelt, was im Herzen vorgeht.
Es kann gütig (Spr 22,9), stolz (Ps 18,28; Spr 6,17; Ps 131,1), hoffärtig (Jes 10,12), abgöttisch (Hes 6,9) und voll Ehebruchs (2 Petr 2,14) sein. Die Augen können vor Feindschaft funkeln

(Hi 16,9), mit ihnen kann man spotten (Ps 35,19) und sich unbarmherzig von jemandem abwenden (Spr 28,27). Mit unseren Augen schauen wir auch auf das Wirken Gottes (Ps 118,23), und mit unseren Augen erwarten wir Hilfe von ihm: „Ich hebe meine Augen auf zu dir, der du im Himmel wohnest. Siehe, wie die Augen der Knechte auf die Hände ihrer Herren sehen, wie die Augen der Magd auf die Hände ihrer Frau, so sehen unsre Augen auf den Herrn, unsern Gott, bis er uns gnädig werde" (Ps 123,1-2). Im Aufblick zu Gott erwarten wir seine Hilfe: „Ich hebe meine Augen auf zu den Bergen. Woher kommt mir Hilfe? Meine Hilfe kommt vom Herrn, der Himmel und Erde gemacht hat" (Ps 121,1-2).

Im Sündenfall erlag der Mensch der Augenlust: „Und das Weib *sah*, daß von dem Baum gut zu essen wäre und daß er eine *Lust für die Augen* wäre" (1 Mo 3,6). Das Auge wurde zum Einfallstor für die Sünde. So hat es auch Simson erlebt. Sein Fall begann damit, daß er eine heidnische Frau heiratete. Ausschlaggebend für ihn war allein das Sichtbare: „Sie gefällt meinen *Augen*" (Ri 14,3b). Aber auch die Rettung hat mit den Augen zu tun: Jesus kam in diese Welt, und er konnte mit den Augen wahrgenommen werden. Simeon, ein frommer Mann in Israel, hatte die Verheißung bekommen, daß er nicht sterbe, „er habe denn zuvor den Christus des Herrn *gesehen*". Als er dann im Tempel das Jesuskind in seinen Armen hält, bezeugt er, „*meine Augen* haben deinen Heiland *gesehen*" (Lk 2,30). Der Apostel Johannes drückt seine Kenntnis von Jesus als Augenzeuge aus: „Wir *sahen* seine Herrlichkeit als des eingeborenen Sohnes vom Vater, voller Gnade und Wahrheit" (Joh 1,14). Auch bei der Wiederkunft Jesu wird es das Markante sein, daß ihn alle *sehen* werden: „Siehe, er kommt mit den Wolken, und es werden ihn *sehen* alle Augen und alle, die ihn durchbohrt haben, und es werden wehklagen um seinetwillen alle Geschlechter der Erde" (Offb 1,7). An diesem Tag wird jeder den Christus sehen – entweder als den Retter oder den Richter.

Mit erleuchteten Augen, die Gott selbst schenkt, können wir seine Herrlichkeit und Weisheit erkennen (Eph 1,17-18). Uns ist so Großes bereitet, daß es in 1. Korinther 2,9 darüber heißt: „Was kein Auge gesehen hat und kein Ohr gehört hat und in keines Menschen Herz gekommen ist, was Gott bereitet hat denen, die ihn lieben." Der Himmel ist unser Ziel. Dort angekommen, werden wir ihn, den Herrn Jesus, *sehen*, wie er ist (1 Joh 3,2b). Mancher ist in dieser Welt durch viel Leid und Elend gegangen, und oft tauchte die Frage nach dem „Warum?" auf. Am Ziel angekommen, erhält alles seine Klärung, denn Jesus sagt: „Und an demselben Tage werdet ihr mich nichts mehr fragen" (Joh 16,23). Unter alles Leid wird ein endgültiger Schlußstrich gezogen, darum heißt es in Offenbarung 21,4: „Und Gott wird abwischen alle *Tränen von ihren Augen*, und der Tod wird nicht mehr sein, noch Leid noch Geschrei noch Schmerz wird mehr sein; denn das Erste ist vergangen."

Zitate:

„Die Annahme, das Auge mit seinen unnachahmlich kunstvollen Einrichtungen für Scharfeinstellung, Regelung des Lichteinfalls und Ausgleich sphärischer und chromatischer Aberation habe sich durch natürliche Auslese bilden können, ist, wie ich offen zugebe, in höchstem Maße widersinnig."
Charles Darwin (1809-1882)
in seinem Buch „Entstehung der Arten".

Englisches Sprichwort:
„Am blindesten ist derjenige, der nicht sehen will."

Der französische Schriftsteller *Antoine de Saint-Exupéry* (1900-1944):
„Man sieht nur mit dem Herzen gut."

Längenmaße:
1 Kilometer = 1 km = 1000 m
1 Meter = 1 m = 100 cm
1 Zentimeter = 1 cm = 10 mm = 10^{-2} m
1 Millimeter = 1 mm = 1 tausendstel Meter
1 mm = 1000 µm = 10^{-3} m
1 Mikrometer = 1 µm = 1 tausendstel Millimeter
1 µm = 1000 nm = 10^{-6} m
1 Nanometer = 1 nm = 1 millionstel Millimeter
1 nm = 1000 pm = 10^{-9} m
1 Pikometer = 1 pm = 1 milliardstel Millimeter
1 pm = 0,001 nm = 10^{-12} m

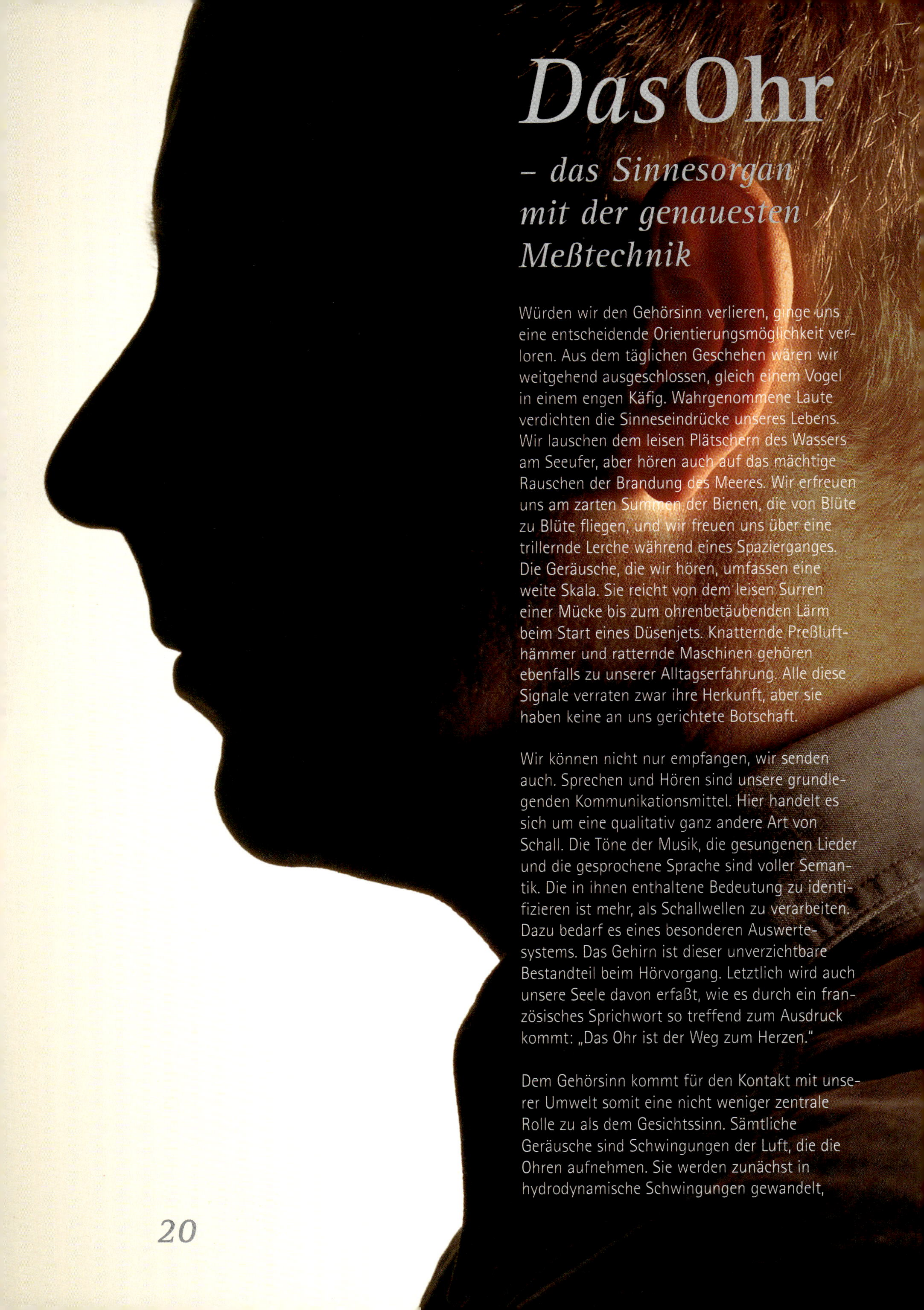

Das Ohr

– das Sinnesorgan mit der genauesten Meßtechnik

Würden wir den Gehörsinn verlieren, ginge uns eine entscheidende Orientierungsmöglichkeit verloren. Aus dem täglichen Geschehen wären wir weitgehend ausgeschlossen, gleich einem Vogel in einem engen Käfig. Wahrgenommene Laute verdichten die Sinneseindrücke unseres Lebens. Wir lauschen dem leisen Plätschern des Wassers am Seeufer, aber hören auch auf das mächtige Rauschen der Brandung des Meeres. Wir erfreuen uns am zarten Summen der Bienen, die von Blüte zu Blüte fliegen, und wir freuen uns über eine trillernde Lerche während eines Spazierganges. Die Geräusche, die wir hören, umfassen eine weite Skala. Sie reicht von dem leisen Surren einer Mücke bis zum ohrenbetäubenden Lärm beim Start eines Düsenjets. Knatternde Preßlufthämmer und ratternde Maschinen gehören ebenfalls zu unserer Alltagserfahrung. Alle diese Signale verraten zwar ihre Herkunft, aber sie haben keine an uns gerichtete Botschaft.

Wir können nicht nur empfangen, wir senden auch. Sprechen und Hören sind unsere grundlegenden Kommunikationsmittel. Hier handelt es sich um eine qualitativ ganz andere Art von Schall. Die Töne der Musik, die gesungenen Lieder und die gesprochene Sprache sind voller Semantik. Die in ihnen enthaltene Bedeutung zu identifizieren ist mehr, als Schallwellen zu verarbeiten. Dazu bedarf es eines besonderen Auswertesystems. Das Gehirn ist dieser unverzichtbare Bestandteil beim Hörvorgang. Letztlich wird auch unsere Seele davon erfaßt, wie es durch ein französisches Sprichwort so treffend zum Ausdruck kommt: „Das Ohr ist der Weg zum Herzen."

Dem Gehörsinn kommt für den Kontakt mit unserer Umwelt somit eine nicht weniger zentrale Rolle zu als dem Gesichtssinn. Sämtliche Geräusche sind Schwingungen der Luft, die die Ohren aufnehmen. Sie werden zunächst in hydrodynamische Schwingungen gewandelt, dann in elektrische Nervenimpulse umgesetzt, und schließlich identifiziert das Gehirn diese als Information.

Wußten Sie, daß das menschliche Ohr ein Meßinstrument ist, das in seinen Details über eine Technik verfügt, die bisher keine Wissenschaft erreichen und vielfach noch nicht einmal verstehen kann? Um uns etwas davon bewußt zu machen, benötigen wir auch ein paar Fachbegriffe, die zunächst erläutert werden sollen:

Schalldruckpegel: Schwingende Körper (Stimmgabel, Lautsprechermembran, Stimmbänder des Menschen) regen die sie umgebende Luft zu Schwingungen an. Dabei werden die Luftmoleküle der unmittelbaren Umgebung beschleunigt. Es entstehen Wellen, die sich mit einer Geschwindigkeit von ca. 340 m/s ausbreiten. Dieses Phänomen nennen wir Schall. In einem Schallfeld gibt es Zonen, in denen die Luftmoleküle dichter, und solche, in denen sie dünner gepackt sind. In diesen Zonen ist der entsprechende Luftdruck entweder erhöht oder erniedrigt. Die zeichnerische Darstellung von Schalldruckschwankungen ergibt wellenförmige Kurven. Der Abstand zweier benachbarter Orte mit gleichem Schalldruck wird als *Wellenlänge* bezeichnet. Die maximale Abweichung der Welle aus ihrer Ruhelage ist die *Amplitude*. Vergrößert sich die Wellenlänge (d. h. Abnahme der Anzahl der Schwingungen pro Zeiteinheit), wird ein tieferer Ton gehört. Verkleinert sie sich (d. h. Zunahme der Anzahl der Schwingungen pro Zeiteinheit), dann hören wir den Ton höher. Die *Tonhöhe* wird als Tonfrequenz in der Einheit Hertz (1 Hz = 1 Schwingung pro Sekunde) angegeben. Ein Anstieg der Amplitude hat einen lauteren Ton, ihre Abnahme einen leiseren Ton zur Folge. Unsere üblichen Schallquellen geben Gemische aus unterschiedlichen Frequenzen und Amplituden ab.

Die Druckamplitude nennt man *Schalldruck*, der wie jeder andere Druck auch in N/m^2 (= Newton pro Quadratmeter) angegeben wird. In der Akustik ist jedoch ein anderes Maß üblich, nämlich der **Schalldruckpegel**. Er wird in dB (= deziBel) angegeben. Von irgendeinem Schalldruck p_x gelangt man wie folgt zu der zugehörigen dB-Zahl:

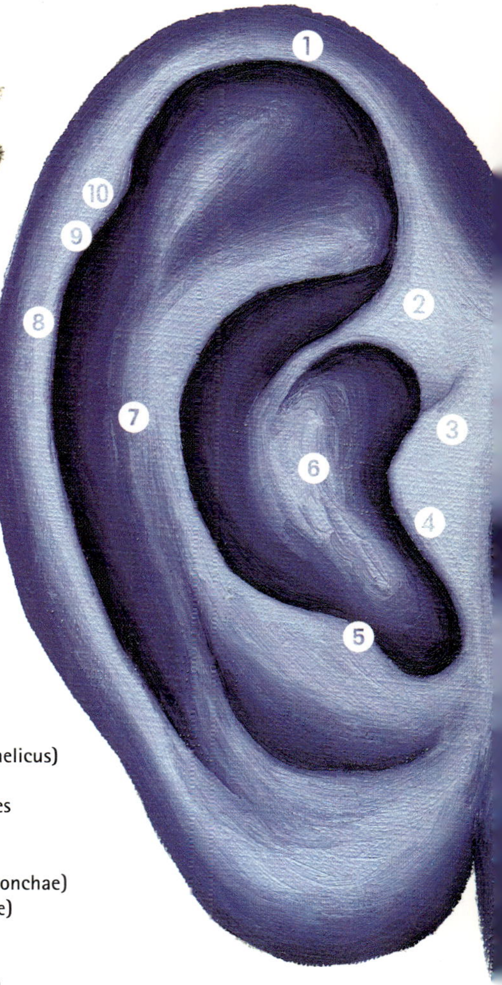

① zum Tunnel eingerollte Krempe der Helix
② Wurzel der Helix (Crus helicus)
③ verdeckte Öffnung des äußeren Gehörganges
④ Ohrdeckel (Tragus)
⑤ Antitragus
⑥ Concha-Höhle (Cavum conchae)
⑦ Anthelix (Gegenschnecke)
⑧ Helix (Schnecke)
⑨ Tor zum Helixtunnel
⑩ Darwinsches Höckerchen

Man bildet den Quotienten p_x/p_0, wobei $p_0 = 2 \cdot 10^{-5}\ N/m^2$ ein willkürlich festgelegter Bezugsschalldruck ist. Hierfür wurde gerade jener Schalldruck p_0 gewählt, der an der Hörgrenze des menschlichen Ohres liegt. Die Verhältniszahl p_x/p_0 wird logarithmiert (dekadischer Logarithmus) und mit 20 multipliziert. Die Formel für den Schalldruckpegel L in dB lautet somit $L = 20 \cdot \log(p_x/p_0)$.

Diese willkürlich erscheinende Definition hat eine Reihe von Vorteilen:

- Statt mit unhandlichen Zehnerpotenzen für den Druck umgehen zu müssen, wird dasselbe mit ein- bis dreistelligen Zahlen erreicht.
- Für die einzelnen physikalischen Größen ergeben sich bei ganzzahliger Vervielfachung folgende einfache Beziehungen:

- Ein *zehnfacher* **Schalldruck** wird durch einen Abstand von 20 dB ausgedrückt.
- Ein *doppelter* Schalldruck entspricht einem dB-Abstand von $20 \cdot \log 2 = 20 \cdot 0{,}30103 = 6$ dB
- Ein *dreifacher* Schalldruck entspricht einem dB-Abstand von $20 \cdot \log 3 = 20 \cdot 0{,}4771 = 9{,}54$ dB, also rund 10 dB
- Die **Schallenergie** steigt mit dem Quadrat des Schalldruckes an. Eine *Verdoppelung* der Schallenergie entspricht somit einem 3-dB-Abstand.

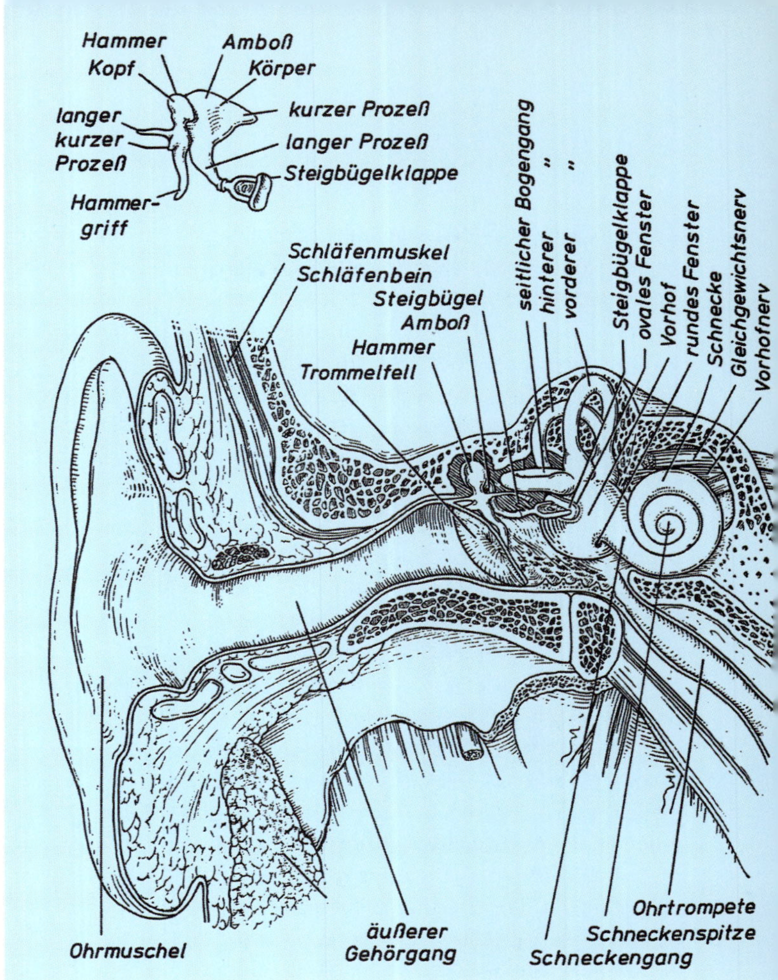

Bauplan des menschlichen Ohres.
Der Weg der Schallschwingungen führt durch den äußeren Gehörgang über Trommelfell, Hammer, Amboß und Steigbügel durch das ovale Fenster in die flüssigkeitsgefüllte Schnecke. Das runde Fenster besorgt den Druckausgleich zwischen Schnecke und luftgefülltem Mittelohr. Die drei Bogengänge gehören zum Gleichgewichtsorgan. Das Organ der Hörempfindung ist die aus 2 Windungen bestehende Schnecke. Der Schneckengang enthält das Cortische Organ, in das etwa 15 000 Hörzellen mit Sinneshaaren (Haarzellen) eingelassen sind. Von der Schnecke läuft ein „dickes Kabel" von Hörnerven zum Gehirn.

Lautstärke: Wie wir gesehen haben, ist der Schalldruckpegel eine rein physikalische Meßgröße, die entweder in N/m^2 oder in dB angegeben wird und noch nichts über die vom Menschen subjektiv empfundene Lautstärke aussagt. Schallwellen mit gleichem Schalldruck, aber unterschiedlicher Frequenz werden von uns subjektiv nicht als

gleich laut empfunden. Ein Ton von 63 Hz wird erst dann so laut wie ein Vergleichston von 20 dB und 1000 Hz gehört, wenn der Schalldruck des 63-Hz-Tones ca. 30fach vergrößert wird. Nach der zuvor genannten Formel ist das ein dB-Abstand von $L = 20 \cdot \log 30 = 29{,}5$ dB.
In ein dB-Hz-Diagramm können somit Linien gleicher Lautstärke eingezeichnet werden. Diese Kurven gleicher Lautstärkepegel bei verschiedenen Frequenzen heißen **Isophone**. Definitionsgemäß wird die Zahl des Schalldruckpegels in dB der Zahl des Lautstärkenpegels bei 1000 Hz gleichgesetzt, aber in phon angegeben. Um z. B. die Isophone 50 phon zu finden, ist folgendes zu tun: Einer Testperson wird der Vergleichston von 1000 Hz mit einem Schalldruckpegel von 50 dB angeboten. Für alle anderen Frequenzen muß die

Testperson einen Schallpegelregler (Einstellung von dB-Werten) so lange verändern, bis dieser Ton gleich laut wie der 1000-Hz-Ton empfunden wird. Auf diese Weise findet man zu den Hz-Abszissen die zugehörigen dB-Ordinatenwerte für die 50-phon-Kurve. Nur bei 1000 Hz ist die Phonskala zahlenmäßig gleich der Dezibelskala.

Der Schalldruckpegel, bei dem ein Ton eben hörbar wird, heißt **Hörschwelle**. Sie ist eine Isophone bei 4 phon. Steigt der Schallpegeldruck so stark an, daß Schmerz empfunden wird, dann wird die **Schmerzschwelle** erreicht. Auch dies ist eine Isophone, und sie liegt bei 130 phon. Würde das Ohr den Druck wie ein physikalisches Meßgerät erfassen, dann wären alle Isophone horizontale Linien.

Wir sind in der Lage, die Gleichheit der Lautstärke zweier Töne sehr gut beurteilen zu können. So vermögen wir zwei Töne gleicher Frequenz im unteren Intensitätsbereich bereits dann als unterschiedlich laut zu empfinden, wenn ihre Schalldruckwerte nur um 1 dB voneinander abweichen. Im oberen Intensitätsbereich wird dieser Wert sogar noch wesentlich geringer.

12 Zehnerpotenzen ohne Meßbereichsumschaltung: Bezüglich des Schalldruckpegels leistet das Ohr äußerst Staunenswertes: Es wird der Bereich von 120 dB umspannt. Da 6 dB eine Schallpegelverdoppelung ausmachen, kann das menschliche Ohr 120 dB/(6 dB) = 20 Zweierpotenzen überspannen (2^{20} =1 048 576 ≈ 1 Million). Bei der Schallenergie entsprechen wegen der physikalischen Relationen bereits 3 dB einer Verdoppelung. Das menschliche Ohr verfügt damit über die ungeahnte Fähigkeit, Schallenergieunterschiede in einem so weiten Bereich zu hören, dessen Faktor 120 dB/(3 dB) = 40 Zweierpotenzen bzw. 12 Zehnerpotenzen umfaßt ($2^{40} = 1024^4 = 1{,}099 \cdot 10^{12}$). Anders ausgedrückt: Der Bereich zwischen der Schmerzgrenze und dem gerade noch Hörbaren ist bezüglich der Schallenergie so riesig, daß er den Faktor von 1 Billion umspannt. Dies alles geschieht erstaunlicherweise unter Beibehaltung desselben Meßbereichs. Es ist kein technisches Meßgerät bekannt, daß eine so weite Spanne ohne Meßbereichsumschaltung umfaßt! Wollen wir z. B. mit einem Voltmeter Spannungen von 1 bis 10 000 Volt (= 4 Zehnerpotenzen) messen, so ist das mit ein und demselben Gerät nur dann möglich, wenn der Meßbereich mehrmals umgeschaltet wird.

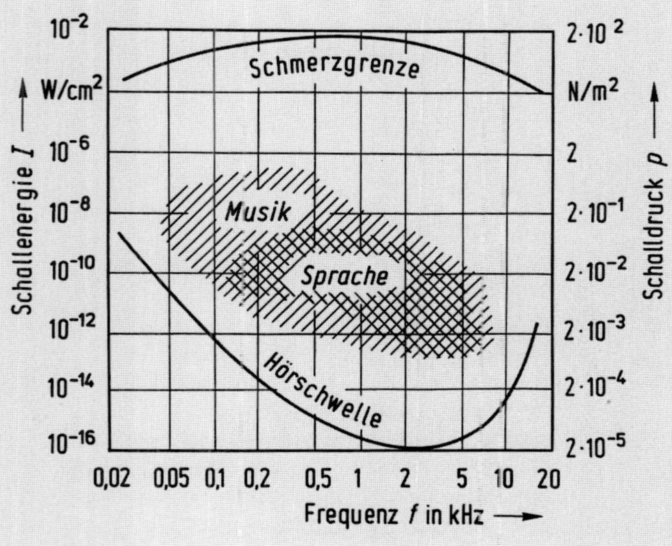

Hörbereich des normal hörenden menschlichen Ohres. *Für verschiedene Frequenzen besitzt das Ohr unterschiedliche Empfindlichkeiten (Kurvenverlauf der Hörschwelle). Im Bereich von 1 bis 5 kHz ist die Empfindlichkeit am größten; hier können noch Schalldrücke von nur $2 \cdot 10^{-5}$ N/m^2 wahrgenommen werden, und das entspricht einer Schallintensität I bzw. Schallenergie von 10^{-16} W/cm^2. Eingezeichnet ist der Intensitäts- und Frequenzbereich für Sprache und Musik. Die maximale Hörspanne liegt bei ca. 2 kHz und umfaßt hier den unvorstellbaren Bereich von 13 Zehnerpotenzen bezüglich der Schallenergie.*

Das menschliche Ohr ist weiterhin ein optimal konstruiertes Meßsystem, dessen Empfindlichkeit bis an die Grenze des physikalisch Möglichen heranreicht. Schallwellen sind Druckwellen. Die Größe des von Schallwellen ausgeübten Drucks ist sehr gering. Ein gerade eben hörbarer Ton von 1000 Hz besitzt einen Schalldruck von $2 \cdot 10^{-5}\,N/m^2$. Für die gleiche Frequenz liegt die Schmerzgrenze des Ohres bei etwa dem Sechsmillionenfachen des Schwellenschalldrucks. Der Arbeitsbereich unseres Hörorgans umfaßt mehrere Zehnerpotenzen (*Bild S. 23*).

Bei der Hörgrenze (Hörschwelle) des menschlichen Ohres beträgt die minimale Schwingungsweite des Trommelfells wegen des geringen Schalldrucks nur 10^{-10} cm. Um uns eine Vorstellung von dieser extremen Empfindlichkeit zu machen, müssen wir zu einem ungewöhnlichen Gleichnis greifen: Vergrößert man die Körperlänge des Menschen um den Faktor 200 Millionen, so erhält man die Entfernung Erde-Mond. Selbst bei dieser extremen Maßstabsvergrößerung des Menschen würde die Amplitude der Trommelfellauslenkung gerade erst 2 mm betragen.

Wußten Sie, daß das **menschliche Ohr** einen Frequenzbereich von etwa 10 Oktaven umfaßt? Von Ton c bis c' (ebenso von a bis a' oder g bis g') ist eine Oktave definiert. Diese ist bezüglich der Frequenz keine Absolutangabe; vielmehr wird hierdurch eine Frequenzverdoppelung angezeigt. Zwei Oktaven (z. B. von c bis c'') reichen somit von der Frequenz f_1 bis zur vierfachen Frequenz $f_2 = 4 \cdot f_1$; drei Oktaven umfassen entsprechend $f_3 = 2^3 \cdot f_1$ das Achtfache der Ausgangsfrequenz

a) b)

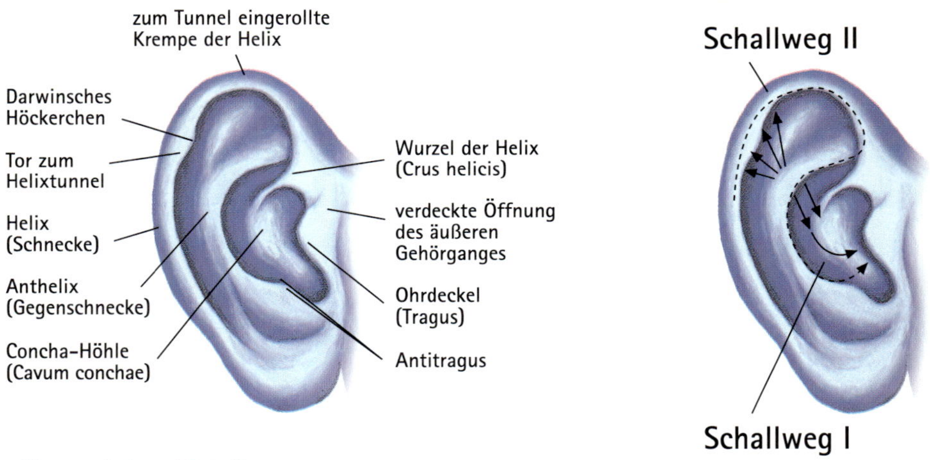

Ohrmuschel und Schallwege.

a) Ohrmuschel: *Aus der Grafik sind die anatomischen Bezeichnungen der Einzelteile der Ohrmuschel zu entnehmen.*

b) Mögliche Schallwege: *Zwei mögliche Schallwege I und II sind in der Ohrmuschel eingezeichnet: Bei Weg I gelangt der Schall von der Anthelix zum außeren Gehörgang, und bei Weg II verläuft er entlang des S-förmigen Bogens der eingerollten Krempe der Helix. Da der zweite Weg gegenüber dem ersten etwa 6,6 cm länger ist, treffen die Schallereignisse mit einer Zeitdifferenz von 0,066 m/(330 m/s) = 0,0002 s = 0,2 Millisekunden ein. Dadurch entsteht im Gehirn der Effekt, als hätte der Mensch nicht zwei, sondern vier Ohren: zwei etwas höher und zwei etwas tiefer am Kopf, denn viermal erhält das Gehirn dasselbe Signal, die allerdings zueinander alle ein wenig zeitversetzt sind.*

f_1. Bei einem Hörbereich des Menschen von 10 Oktaven bedeutet das in der Frequenz den Faktor $2^{10} = 1024 \approx$ eintausend – also von 20 Hz bis 20 kHz.

Die Fähigkeit, Tonhöhen zu unterscheiden, ist erstaunlich gut. Im optimalen Bereich um 1000 Hz sind wir in der Lage, Frequenzen zu unterscheiden, die nur um 0,3 % – also 3 Hz – differieren. Die Differenz zweier so dicht beieinander liegender Meßsignale, daß sie von unseren Wahrnehmungsorganen nicht mehr unterschieden werden können, heißt Unterschiedsschwelle. Die **Frequenzunterschiedsschwelle** beträgt also nur 3 Hz.

Lautstärke, zeitlicher Ablauf und **Frequenzzusammensetzung** sind die Eigenschaften eines Schallereignisses, die uns über sein Wesen und seinen Ursprung informieren. Weiterhin ist die Richtung, aus der das Schallereignis kommt, von Bedeutung. Das Problem der Lokalisierung des Ursprungs hat der Schöpfer durch das Hören mit zwei Ohren gelöst. Für die Ortung einer Schallquelle sind zwei Faktoren wesentlich: die unterschiedliche Intensität und die Laufzeitdifferenz. Das von der Schallquelle abgewandte Ohr hört das Schallereignis etwas leiser und etwas später als das der Schallquelle zugewandte Ohr. Auch die Abschätzung der Entfernung von der Schallquelle wird durch Messen des relativen Lautstärkeunterschiedes zwischen beiden Ohren ermittelt. Diese Zeit- und Lautstärkeunterschiede sind zwar äußerst klein, sie werden dennoch von den Hörzentren des Gehirns so ausgewertet, daß ein Richtungseindruck zustandekommt. Diese Meßapparatur arbeitet so präzise, daß der Zeitunterschied des Tones, der am linken Ohr nur

c)

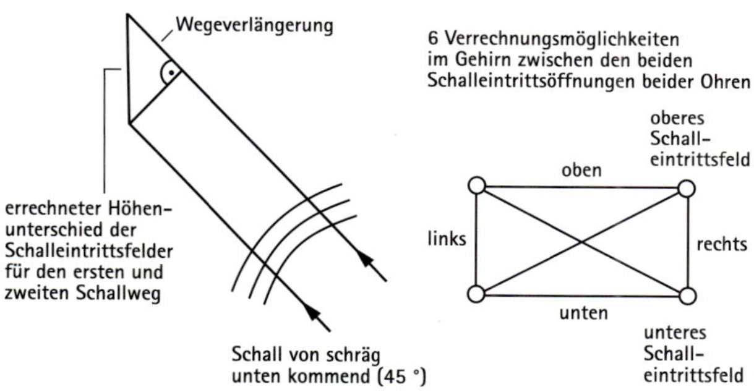

d)

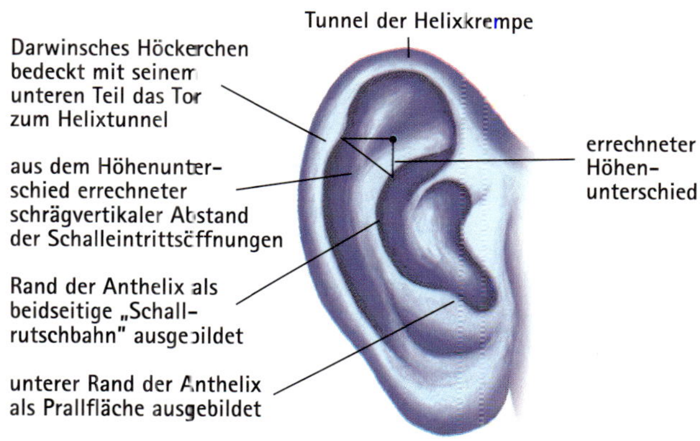

Verrechnungsmöglichkeiten des Schalls im Gehirn.

c) Sechs Vergleichswerte: *Für die rechnerische Auswertung im Gehirn ergeben sich wegen der vier örtlich versetzten Meßwerte gemäß der Skizze sechs Vergleichswerte.*

d) Schallaufnahmefelder: *Die Lage der Schallaufnahmefelder läßt sich anhand anatomischer Überlegungen gemäß dieser Zeichnung ermitteln. Bei einer um 45° abgesenkten Schallquelle trifft der Schall am oberen Eintrittsfeld mit einer Verzögerung ein, die einer Wegverlängerung von etwa 9,1 mm entspricht. Das entspricht wegen des gleichschenkligen Dreiecks einer Höhendifferenz von 13 mm. Unterhalb des Darwinschen Höckerchens befindet sich das Schalleintrittstor zur tunnelartig ausgedehnten Helixkrempe. Die Öffnung für den kürzeren Schallweg I befindet sich dort, wo der Rand der Anthelix gleichsam als beidseitige Rutschbahn ausgebildet ist. An der wulstförmigen Anthelix wird der Schall entweder in die Helixkrempe reflektiert und über den längeren zweiten Schallweg II zum Gehörgang geleitet, oder er gelangt vom Wulst aus auf kurzem Wege dorthin. Da die kürzeste Verbindung zwischen beiden Eintrittsöffnungen etwa 45° geneigt ist, beträgt der Abstand zwischen den Eintrittsöffnungen der beiden Schallwege etwa 13 mm.*
(nach J. Maximilian, E. Irrgang, B. Andresen).

0,000 03 Sekunden früher eintrifft als am rechten, noch deutlich zu spüren ist. Das bedeutet für die akustische Raumorientierung, daß eine Schallquelle, die nur ca. 3° außerhalb der Kopfmittellinie liegt, als versetzt erkannt wird.

Geräuschpegel-Meßwerte: Die folgende Tabelle nennt die dB-Werte verschiedener Geräusche. Geräusche über 90 dB können Gehörschädigungen bewirken. Dauernder 155-dB-Lärm kann die Haut verbrennen. Einige Schallquellen seien mit ihren zugehörigen dB-Werten genannt:

Schallquelle	**dB**
Hörbarkeitsgrenze	15
Blätterrascheln	18
Flüstern	25
Großraumbüro	50
Ruhig fahrendes Auto	50
Gewitterdonner	65
Lebhafter Straßenverkehr	70
Schreibmaschine	70
Wasserfallrauschen	90
Fernlastzug	98
Sägewerk	100
Düsenflugzeug (600 m hoch)	105
Diskothek	114
Propellerflugzeug beim Start	120
Kesselschmiede	120
Rockgruppe beim Konzert	125
Druckluft-Gesteinsbohrer	130
Artilleriefeuer	130
Flugmotorenprüfstand	140
Start von Düsenflugzeugen	145

Widmen wir uns nun der baulichen Konstruktion des Ohres:

Ohrmuschel: Die menschliche Ohrmuschel ist von besonderer Schönheit und unverwechselbarer Gestalt. Sie ist ein schwungvolles Relief aus Erhebungen und Vertiefungen, Rinnen, Wülsten, Vorsprüngen und Einbuchtungen, die dennoch bei jedem einzelnen etwas anders ausfallen. Die Bedeutung dieser komplizierten und schönen Strukturen ist erst seit einigen Jahren enträtselt worden, sie spielen eine wesentliche Rolle beim Hörvorgang:

Der Schall wird von der Ohrmuschel auf zwei verschieden langen Wegen zum Gehörgang geleitet. Die beiden unterschiedlich langen Strecken bewirken, daß der Schall über den längeren Weg eine fünftausendstel Sekunde später eintrifft als über die kürzere. Bei einer Schall-

Das Corti-Organ

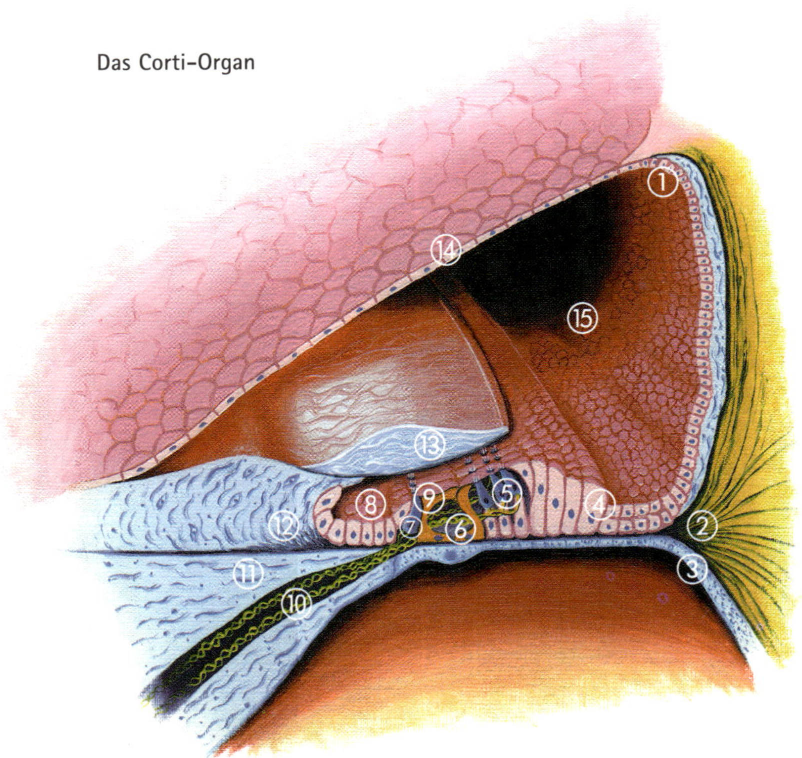

① Gefäßstreifen
② Spiralband
③ Deckzellen des Paukenganges
④ Stützzellen
⑤ äußere Haarzellen
⑥ innerer Tunnel
⑦ innere Haarzelle
⑧ innere Spiralfurche
⑨ Pfeilerzellen
⑩ Hörnerv
⑪ knöcherne Spirallamelle
⑫ Rand der knöchernen Spirallamelle
⑬ Deckmembran
⑭ Reißner-Membran
⑮ Schneckengang

geschwindigkeit von 330 m/s entspricht das einem Umweg von sechseinhalb Zentimetern. Diese Schallverdoppelung dient – nicht zu verwechseln mit dem zeitversetzten Schalleintritt bei beidohrigem Hören – einer verfeinerten akustischen Analyse, ohne die der Mensch nicht auskommt. Wir verfügen somit über eine dreidimensionale Schallanalyse, die es uns erlaubt, Richtung, Ursprungsort und Bewegung von Schallquellen in allen Raumebenen zu erkennen. Die sprachliche Kommunikation erfordert höchste Ansprüche, da Ort und Bewegung eines sprechenden Menschen und alle komplizierten Schallsequenzen der Sprache genauestens aufgenommen werden müssen. Mit den zwei Schallwegen auf jeder Ohrseite verfügen wir quasi über vier Ohren. Das Geniale dieser ausgeklügelten Konzeption besteht nun darin, daß wir subjektiv weder eine Schallverdoppelung noch eine Vervierfachung wahrnehmen.

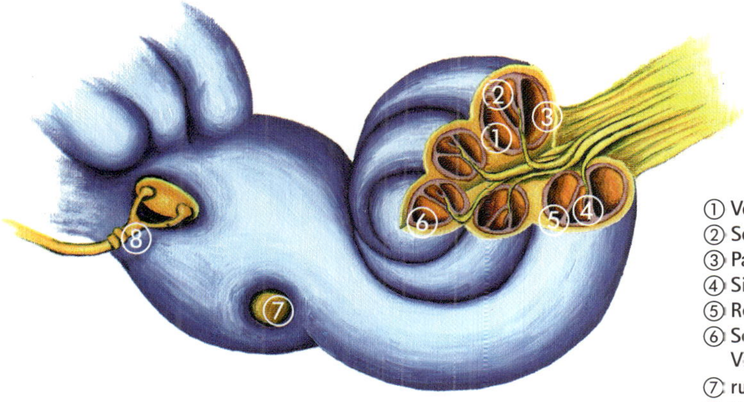

Die Schnecke

① Vorhofgang
② Schneckengang
③ Paukengang
④ Sinnesfeld (Corti-Organ)
⑤ Reißner-Membran
⑥ Schneckenloch zwischen Vorhof- und Paukengang
⑦ rundes Fenster
⑧ Steigbügel im ovalen Fenster

Darwin veröffentlichte 1871 sein Buch „Die Abstammung des Menschen und die geschlechtliche Zuchtwahl" und fällte darin ein vernichtendes Urteil über das äußere Ohr des Menschen: Seine Vertiefungen und Erhebungen seien ohne Sinn. Das Höckerchen am oberen äußeren Rand der Ohrmuschel ist als „Darwinsches Ohrhöckerchen" in die Literatur eingegangen. Generationen von Forschern glaubten unbesehen der Darwinschen Deutung eines Beispiels von Degeneration. In Wirklichkeit handelt es sich bei dem Faltenlabyrinth der Ohrmuschel, wie gesagt, um eine schöne, genetisch vorgeschriebene Struktur, wodurch dem Gehirn das gleiche Signal eine fünftausendstel Sekunde (= 0,0002 s) später noch einmal zugesandt wird (*Bild S. 24*). Effektiv ist es so, als ob der Mensch vier Ohren hätte: zwei etwas höher und zwei etwas tiefer am Kopf liegende. Durch dieses raffinierte System ergeben sich für die Auswertung im Gehirn sechs Vergleichswerte: zwei zwischen dem oberen und dem unteren „Ohr" jeder Seite, zwei zwischen dem oberen und dem unteren „Ohr" gegenüberliegender Seiten sowie je eine zwischen den beiden unteren und den beiden oberen „Ohren" (*Bild S. 25*). Dies alles wird im Gehirn blitzschnell zu einem räumlich gegliederten Schallbild der Umgebung verrechnet, so daß eine äußerst verfeinerte Analyse des Gehörten ermöglicht wird. Dieser Konstruktion haben wir auch die erstaunliche Fähigkeit zu verdanken, einige Geräusche in den Hintergrund zu drängen und andere bewußt herauszuheben.

Mittelohr: Der ankommende Schall trifft nach Passieren des Gehörganges auf das Trommelfell. Dieses wird in Schwingungen versetzt und gibt die dabei übertragene Energie an die Gehörknöchelchenkette des Mittelohres weiter. Die drei Gehörknöchelchen (Hammer, Amboß, Steigbügel) übertragen die Schwingungen des Trommelfells auf eine Membran (ovales Fenster) zum Innenohr. Diese drei Knöchelchen sind übrigens die kleinsten Knochen des Menschen überhaupt! Sie haben ein Gewicht von nur jeweils 10 Milligramm und wiegen somit weniger als ein Hundertstel eines Pfennigstückes. Beim Hörvorgang muß der Schall aus der Luft in die Flüssigkeit des Innenohres übertragen werden. Normalerweise wird bei einem technischen System beim Übergang von Luft in Flüssigkeit der größte Teil der Energie reflektiert. Für das Hören wären diese Verluste untragbar. Um dies zu umgehen, hat der Schöpfer eine geniale Konstruktion dazwischengeschaltet, die die Reflexionsverluste äußerst gering hält. Durch den komplizierten Mechanismus des Trommelfell-Gehörknöchelchenapparates wird der Schallwellenwiderstand von Luft genau an den Schallwellenwiderstand des Innenohres angepaßt. Der Hammer *(Malleus)* ist mit seinem Stiel am Trommelfell angeheftet, so daß er dessen Schwingungen aufnehmen und über den Amboß *(Incus)* an den Steigbügel *(Stapes)* weiterleiten kann. Die Konstruktion der mit Gelenken versehenen Knochenkette sorgt dafür, daß eine Kraft, die auf den Hammer wirkt, durch die Hebelwirkung um das Dreifache gesteigert wird, sobald sie den Steigbügel erreicht hat. Außerdem wird der Schalldruck durch die unterschiedlichen Größen von Trommelfell (effektive Schwingungsfläche 0,65 cm^2) und ovalem Fenster erhöht. Die mit dem ovalen Fenster verbundene Steigbügelfußplatte hat nur eine Fläche von 0,032 cm^2. Dieser Mechanismus bewirkt also eine weitere Verstärkung um den Faktor 20.

Innenohr: Bei dem Übertragungssystem von Luftschall (Trommelfell) zu Flüssigkeitsschall (flüssigkeitsgefüllte Schnecke) findet eine massive Verstärkung statt. Das Innenohr liegt im Felsenbein (des Schädels) und enthält sowohl das Gleichgewichtsorgan als auch einen schneckenförmigen Gang, die *Cochlea* (lat. *cóchlea* = Schnecke) oder die Hörschnecke. Hier findet eine weitere Umsetzung, nämlich von mechanischen Schwingungen in elektrische Nervenimpulse statt. In die Cochlea ist ein Schlauch (Schneckengang, *Ductus cochlearis*) eingelegt, der mit einer hochviskösen (lat. *viskum* = Vogelleim; zäh, dickflüssig) Flüssigkeit, der *Endolymphe,* gefüllt ist. Der Schneckengang ist selbst beiderseits von zwei weiteren Flüssigkeitsräumen begleitet: der Vorhoftreppe (*Scala tympani;* lat. *scála* = Treppe; griech. *tympanon* = Trommel, Pauke) und der Paukentreppe (*Scala vestibuli;* lat. *vestibuli* = Vorhof, Vorplatz). Diese beiden Gänge sind mit einer anderen, etwas geringer viskösen Flüssigkeit gefüllt, der Perilymphe, und sie gehen in der Schneckenspitze *(Helicotrema)* ineinander über. Die *Scala vestibuli* beginnt am ovalen Fenster, und *Scala tympani* endet wieder an der Wand der Paukenhöhle, genau an der Membran des runden Fensters.

Schneckengang und Vorhoftreppe sind durch eine dünne, elastische Membran, die sog. *Reißner*-Membran, getrennt. Diese Membran gibt der durch den Schall verursachten wellenförmigen Volumenverschiebung (= Wanderwelle) nach. Die Membranauslenkungen werden von der Endolymphe auf eine andere Membran, die Basilarmembran, die zwischen Schneckengang und Paukentreppe liegt, übertragen und über die Perilymphe zum runden Fenster weitergeleitet. Diese Abkürzung verhindert, daß die Wanderwelle den Umweg über das *Helicotrema* machen muß. Reißner- und Basilarmembran schwingen also gleichsinnig. Über der Basilarmembran liegt als spiralförmiger Wulst das *Corti*-Organ, das aus Sinneszellen aufgebaut ist, nämlich in drei bis fünf Zeilen angeordnete 12 000 äußere und in einer Zeile angeordnete 3 500 innere Haarzellen, dazu Stützzellen. Die 12 000 Sinneszellen stehen höchst geordnet in vier parallelen Reihen (zusammen nur 1/20 mm breit) auf einer Lamelle mit der erstaunlichen Länge von 32 mm. Diese geometrische Anordnung der Zellen und ihre Verteilung ähnelt der Tastenanordnung eines Klaviers: Es ist eine lineare Skala, auf der die Zellelemente von den höchsten bis zu den tiefsten Schwingungsfrequenzen abgestimmt sind, nämlich 10 bis 20 kHz an einem Ende und etwa 30 Hz am anderen Ende. Die Basilarmembran schwingt bei Beschallung auf und ab. Die Amplituden sind jedoch unvorstellbar klein, nämlich nur 10^{-11} m; das ist nur ein milliardstel Zentimeter oder 100 Picometer (1 pm = 1 Picometer = ein billionstel Meter). Man bedenke: Dies entspricht bereits dem Durchmesser einiger Atome. Die Spitzen der äußeren Haarzellen tauchen in eine Deckmembran *(Membrana tectoria)* ein, die in den Schneckengang vorragt. Volumenverschiebungen im Schneckengang führen zu Relativbewegungen von Basilar- gegen Deckmembran und damit zu einer geringen Abscherung der Sinneshärchen. Durch diesen Reiz werden die Haarzellen erregt. Die so gewonnenen elektrischen Signale werden über den Hörnerv *(Nervus cochlearis)* an das Gehirn weitergeleitet. Bemerkenswert ist, daß die Nachrichten nicht nur einseitig von der Haarzelle zum Gehirn, sondern auch in umgekehrter Richtung laufen. An der Basis der Haarzellen findet man daher zwei Typen von Nervenfasern:

afferente Fasern, die zum Gehirn ziehen, und *efferente*, die zurück zur Haarzelle führen. Die Bedeutung dieser Rückkopplung ist noch unverstanden und stellt eines der vielen Rätsel dar, das noch ungelöst ist.

In der Schnecke befinden sich die Meßgeber (Rezeptoren); das sind beim Menschen etwa 15 000 Haarzellen, die die Schallwellen der verschiedenen Frequenzen erfassen (*Bild S. 27*). Die Haarzellen sitzen in geordneten Reihen auf der Basilarmembran, einer dünnen Scheidewand, die sich durch die gesamte Schnecke zieht und jeder ihrer Windungen folgt. Dort wird ein ankommendes Klangbild in seine einzelnen Frequenzen zerlegt, die jede für sich nur einen kleinen Bruchteil der 15 000 Sinneszellen an einer bestimmten Stelle längs der Basilarmembran erregen. Die Funktionsweise der Schnecke ist hochkompliziert und bis heute noch nicht völlig verstanden in ihrer genialen Konstruktion.

Besondere Fähigkeiten des Ohres:

Das Ohr ist das empfindlichste Sinnesorgan des menschlichen Körpers. Der Hörbereich liegt etwa zwischen 20 Hz und 16 kHz. Tiefere Frequenzen werden als Vibration über den Tastsinn wahrgenommen. Jedes natürliche Schallereignis erweist sich als hochkomplex. Töne, bei denen nur eine einzige Frequenz vorkommt (Sinustöne), treten in der Natur nicht auf. Sie können aber künstlich erzeugt werden und sind dann ein wichtiges experimentelles Hilfsmittel. Klänge und Geräusche können als ein Gemisch von Sinustönen verschiedener Frequenz und Amplitude aufgefaßt werden. Ein Ton erscheint als die elementare Einheit natürlicher Klänge und Geräusche. Zur Wahrnehmung eines 3-kHz-Tones genügt ein Energiefluß von nur $4 \cdot 10^{-17}$ W/cm^2. Der Intensitätsumfang, der zum Höreindruck führt, reicht von 10^{-16} bis 10^{-4} W/cm^2 *(Bild, S. 23)*.

Sprachaufnehmer: Die Gabe der Sprache ist etwas Einmaliges im Bereich der Lebewesen. Nur der Mensch ist von seinem Schöpfer mit diesem außergewöhnlichen Kommunikationssystem ausgestattet. Im wesentlichen sind vier voneinander abhängige Organsysteme daran beteiligt:

- Der Kehlkopf erzeugt den Schall, die Stimme (Phonation).
- Der Mund-Rachen-Raum formt aus dem vom Kehlkopf angebotenen Schall verständliche Vokale und Konsonanten. Dieser Mechanismus heißt Artikulation.
- Die Phonation des Kehlkopfes und die Artikulation des Mund-Rachen-Raumes werden zentral durch das motorische Sprachzentrum des Gehirns gesteuert.
- Zur ständigen Kontrolle des geordneten Ablaufs ist die physiologische Hörfunktion erforderlich; man spricht vom Hör-Sprach-Kreis. Dieser Kreis umfaßt die ungestörte Funktion des Ohres, der Hörbahn, der Sprachwahrnehmung im sensorischen Sprachzentrum und die Einbeziehung von Psyche und Intelligenz. Hieran wird deutlich: das Ohr ist mehr als ein technisch ausgeklügeltes physikalisches Meßsystem. Das Ohr ist integraler Bestandteil eines Systems, in dem es um Bedeutung tragende Information, um Schönheit von Musik, um Gedanken, Ideen und Intelligenz geht.

Herkunft des Ohres: Woher kommt die geniale Konstruktion des Ohres (und auch des Auges)? Der Psalmist gibt die kurze, treffende Antwort: „Der das Ohr gepflanzt hat, sollte der nicht hören? Der das Auge gemacht hat, sollte der nicht sehen?" (Ps 94,9). Dieselbe Aussage finden wir auch in Sprüche 20,12: „Das hörende Ohr und das sehende Auge, der Herr hat sie alle beide gemacht." Das Ohr entstammt keinem Evolutionsprozeß, sondern beruht auf einer genialen Schöpfertat. Jesus preist jene selig, die das Wort Gottes hören (Mt 13,16), und die Umherstehenden ermahnt er zum rechten Hinhören: „Wer Ohren hat, der höre!" (z. B. Mt 11,15; Mt 13,9+43). Die Botschaften, die der erhöhte und auferstandene Jesus Christus an die sieben Sendschreiber-gemeinden richtet, enden alle mit demselben eindringlichen Satz: „Wer Ohren hat, der höre!" (Offb 2,7+11+17+29; Offb 3,6+13+22). Der Schöpfer hat uns die Ohren als unverzichtbare Organe geschenkt, um in dieser Welt auf akustische Weise Information aufzunehmen und zu verarbeiten. Es ist ihm ein großes Anliegen, daß sein Wort dabei einen gebührenden Stellenwert erhält.

Der Geruc

– *der Sinn ohne Worte*

Düfte begleiten uns von Kindheit an. Wir speichern sie ab und erkennen sie treffsicher über Jahrzehnte hinweg wieder. Manche Gerüche erinnern uns an bestimmte Begebenheiten – sei es der Frühlingsduft nach Flieder und Veilchen, der aromatische Duft des Waldes nach einem milden Sommerregen, der leichte Salzgeruch der Nordseeluft, der Geruch des qualmenden Krautes bei der Kartoffelernte oder der weihnachtlich duftende Gänsebraten. Aber auch das andere prägt sich ein – z. B. der typische Geruch nach Straßenteer, nach einem muffigen, feuchten Keller, nach faulen Eiern oder gar nach einem verwesenden Kadaver. Wie Minen explodieren Gerüche in unserer Erinnerung, die unter dem Unkraut der Jahre und Erfahrungen verborgen waren. Unsere Nase ist dabei das unverzichtbare Organ, mit dem wir vielerlei Details über unsere Umwelt wahrnehmen.

ssinn

Riechen und Schmecken haben es mit Chemie zu tun, deshalb nennt man sie auch chemische Sinne. Ohne Geruch würden wir nur süß, salzig, bitter und sauer schmecken. Erst die Nase macht Essen und Trinken zum Genuß. Über den Geruchssinn wittern wir Nahrung und Gefahr, genießen wir Speise und Trank und erfreuen uns an diversen Wohlgerüchen von Blumen, Gewürzen und Parfüms.

Aufbau und Funktionsweise der Nase: In der kompliziert aufgebauten Nase des Menschen nehmen die breitgefächerten Fasern des Riechnervs einen erheblichen Raum ein. Hier treffen die Geruchsmoleküle ein, die wiederum auf bestimmte Empfänger-Moleküle stoßen. Sie passen wie ein Schlüssel-Schloß-System zueinander. Das Riechfeld enthält etwa 10 bis 25 Millionen Riechzellen in der beiderseits je etwa 2,5 cm^2 großen Riechregion *(Regio olfactoria)*. Die Riechzellen sind Elemente des Nervensystems; sie werden daher auch als Riechneurone bezeichnet. Ähnlich wie die Geschmackszellen sind sie mit Stütz- und Basalzellen durchsetzt und unterliegen einer ständigen Erneuerung. Die Halbwertzeit der Riechsensorzellen beträgt etwa 10 Tage. Die Riechzellen haben einen Durchmesser von nur 5 bis 15 µm (1 µm = 1 tausendstel Millimeter). Duftmoleküle werden in der Nasenschleimhaut von Rezeptoren festgehalten. Diese wandeln die Geruchsinformation in elektrische Impulse um und senden sie zum sogenannten Riechkolben. Der verteilt sie im Gehirn.

Wir können weit mehr als 10 000 Gerüche unterscheiden. Dieses schon hohe Unterscheidungsvermögen läßt sich durch Übung noch erheblich verfeinern und ist bei berufsmäßigen „Riechern" (Parfümeure, Kaffee- und Weinprüfer) besonders ausgeprägt. Nicht alles hat Geruch, sondern nur solche Substanzen, die flüchtig genug sind, um als winzige Partikel von der Luft aufgenommen zu werden. Der Vielfalt dieser Gerüche steht die Armut unserer Sprache an Geruchsbezeichnungen gegenüber.

Die Nase hat außerdem für die Atmung eine sehr wichtige Funktion. Die Lunge bevorzugt feuchte, erwärmte und gereinigte Luft. Darum ist ihr die Nase vorgeschaltet. Der lange Weg über die Schleimhäute befeuchtet die Luft, wärmt sie vor, und in den feinen Härchen und im Nasenschleim bleiben die gröbsten Schadstoffe aus der Luft hängen.

Die Kontaktstelle für Duftstoffe – die Riechschleimhaut – liegt tief in der Nase. Im Riechepithel befinden sich Millionen von Sinneszellen, die in langgestreckte Stützzellen eingebettet sind. Die Sinnesnervenzellen, sie werden so genannt, weil sie sowohl auf den Reiz ansprechen als auch die Erregung weiterleiten, sind direkte Bindeglieder zwischen Außenwelt und Gehirn. Jeweils ein Büschel feiner Cilien (lat. *cilium* = Wimper) an ihrer äußeren Spitze ragt in die Nasenhöhlen. Es liegt dort in einer schleimigen Schicht, in der die Geruchsstoffmoleküle aus der Luft sich lösen. Die Riechzellen werden lebenslang aus neuronalen Stammzellen (Basalzellen) neu gebildet. Dies ist eine Besonderheit, denn die meisten Nervenzellen eines Organismus, die absterben, werden nicht wieder ersetzt. Wie erst kürzlich herausgefunden wurde, steht die Vielzahl der wahrnehmbaren Gerüche in direktem Verhältnis zur Anzahl der Gene. So fand man für den Menschen (und auch bei Säugetieren) etwa 1000 Gene, die ebenso viele verschiedene Geruchsrezeptoren codieren (von denen jeder in Tausenden der Millionen von Sinneszellen vorkommt). Wenn ein Säugetier 100 000 Gene hat, wären demnach nicht weniger als 1 Prozent davon allein für Proteine vorgesehen, die Duftstoffe binden. Das ist die bisher größte gefundene Genfamilie. Dieser große genetische Aufwand zeigt, wie schwierig es ist, die verschiedenen Gerüche zu messen. Jeder Mensch, mit Ausnahme eineiiger Zwillinge, hat einen individuellen Eigengeruch, der genetisch festgelegt ist.

In krassem Gegensatz dazu steht die geringe Zahl von Rezeptorpigmenten im Auge. Beim Menschen genügen drei Typen, um Tausende von Farbnuancen unterscheiden zu können. Dafür ist das Erkennungsprinzip auch grundlegend anders: Alle drei Typen sprechen in einem breiten, teils überlappenden Wellenlängenbereich des Lichtes an. Sie haben ihre Hauptempfindlichkeit an einer jeweils anderen Stelle des Spektrums, und die Erregungen werden im Gehirn kombiniert und verglichen. Ein ähnlicher Mechanismus würde sich für olfaktorische Signale (lat. *olfacere* = riechen) nicht eignen, weil qualitativ sehr unterschiedliche chemische Komponenten verglichen werden müssen, und zwar in großer Anzahl.

Wie das Gehirn die olfaktorische Information decodiert, gehört zu den zentralen, aber schwierigsten ungelösten Fragen der Neurophysiologie.

Der nicht beschreibbare Sinn: Der Geruchssinn ist der stumme Sinn, der Sinn ohne Worte. Er kann außerordentlich genau sein, dennoch ist es kaum möglich, jemandem einen Geruch zu beschreiben, den dieser nicht selbst erfahren hat. Täglich atmen wir rund 12 000 mal (ein und aus) und bewegen dabei rund 12 Kubikmeter Luft. Wir benötigen zwei Sekunden zum Ein- und fünf Sekunden zum Ausatmen. In dieser Zeitspanne strömen auch die Duftmoleküle. Während wir Gesehenes bis in kleinste Details mit einer Fülle von Bildern beschreiben können, so daß unser Gegenüber eine genaue Vorstellung davon bekommt, neigen wir bei Gerüchen dazu, nur unser allgemeines Gefühl wiederzugeben: angenehm, abscheulich, wunderbar, aufregend. Versuchen Sie einmal den Geruch Ihres Ehepartners, eines Schuhgeschäftes, einer Bäckerei oder einer alten Bibliothek mit Worten zu beschreiben. Erstaunlich ist das gute Erinnerungsvermögen für Gerüche – nichts ist erinnerungsträchtiger als ein Duft.

Der wissenschaftlich unverstandene Sinn: Die meisten Gerüche sind Mischgerüche, die von einer großen Zahl riechender Stoffe ausgehen. So enthalten Weine etwa 200, und Kaffee verfügt über 500 verschiedene riechende Substanzen. Der Versuch, die Vielzahl unterschiedlicher Gerüche als Mischungen weniger Primärgerüche zu erklären, ist bisher nicht gelungen. Das Phänomen des Riechens ist wissenschaftlich noch weithin unverstanden. Der Geruchssinn ist äußerst empfindlich und übertrifft darin die meisten technischen Meßgeräte. So liegt die Wahrnehmungsschwelle von Äthylmercaptan bei 10^{-13} g (= ein Zehntel eines billionstel Gramms = 10^9 Moleküle). Es ist ungeklärt, weshalb in vielen Fällen chemisch recht verschiedene Moleküle dieselben Geruchsempfindungen hervorrufen. Andererseits können sehr ähnliche chemische Verbindungen (z. B. Stereoisomere) ganz unterschiedlich riechen. So unterscheiden sich D-Carvon und L-Carvon bei gleicher chemischer Formel nur durch ihre Händigkeit; dennoch riecht das erstere wie Kümmel und das andere wie Minze.

Jeder Mensch besitzt einen ganz spezifischen, nur ihm eigenen individuellen Geruch, der ebenso einmalig ist wie seine Fingerabdrücke. Das Neugeborene erkennt den Geruch seiner Mutter, und Erwachsene können zwischen männlichem und weiblichem Körpergeruch unterscheiden. Hunde vermögen mit Leichtigkeit Personen am Geruch zu identifizieren und erkennen ihren Eigentümer auch dann, wenn es sich um eineiige Zwillinge handelt. Ein Schäferhund hat etwa 220 Millionen Riechzellen. Bei einer Verteilung auf 1 Liter Luft sind für uns folgende Duftspuren gerade noch wahrnehmbar:

0,000 000 004	g Azeton
0,000 000 0012	g Phenol
0,000 000 004	g Naphthalin
0,000 000 000 016	g Kampfer
0,000 000 000 041	g Nitrobenzol
0,000 000 000 005	g Vanillin
0,000 000 000 0004	g Skatol

Parfüme steigern das Wohlbefinden (franz. *parfum* = Wohlgeruch): Das Parfüm begann seinen Siegeszug in Mesopotamien als Weihrauch. Der Begriff Parfüm stammt aus dem Lateinischen „per" (durch) und „fumus" (Rauch, Dunst). Das erste Land, von dem überliefert ist, daß regelmäßig extravagante Düfte benutzt wurden, ist Ägypten. Die aufwendigen Riten der Bestattung und Einbalsamierung erforderten Gewürze und Salben. Unter Königin *Hatschepsut* (1490-1468 v. Chr.) wurde Parfüm zur allgemeinen Leidenschaft. Auch *Kleopatra* (69–30 v. Chr.) war eine glühende Parfümliebhaberin. Das Zedernholzschiff, auf dem sie *Antonius* empfing, hatte parfümierte Segel. Um ihren Thron standen Weihrauchgefäße, und sie selbst duftete von Kopf bis Fuß. Die Bauten der Könige in der Antike waren von Düften erfüllt. Für ihre Paläste verwendeten sie gerne Zedernholz – einerseits wegen des süßen Harzgeruchs, andererseits um gleichzeitig Insekten fernzuhalten.

Bibel und Geruch: Duftstoffe spielen auch in der Bibel eine große Rolle. So wird u. a. ein Gemisch erwähnt, das aus Blumen, aromatischen Samen und Früchten hergestellt und mit Olivenöl vermengt wurde: „köstliche Salben" (Jes 39,2) und „köstlicher Balsam" (Ps 133,2). Esther 2,12 erwähnt ein Öl aus Myrrhe. Verwendete aromatische Pflanzen und Gewürze werden an zahlreichen Stellen der Bibel genannt: Aloe, Balsam, Galbanum, Henna, indische Narde, Kalmus, Kassia, Myrrhe. Aloe (4 Mo 24,6; Ps 45,9; Hohel 4,14) wurde für die Vorbereitung des Leichnams Jesu zur Beerdigung verwendet (Joh 19,39). Im Hohelied Salomos werden besonders viele Düfte, Narden, Parfüms und Salben erwähnt. So nannte eine amerikanische Schriftstellerin diesen Teil des Alten Testaments „das dufterfüllteste Gedicht aller Zeiten" und „eine sinnliche Liebesgeschichte, die von Parfüms und Salben durchtränkt ist". Die Liebe wird mit Wohlgerüchen beschrieben: „Wie schön ist deine Liebe ... Deine Liebe ist lieblicher denn Wein, und der Geruch deiner Salben übertrifft alle Würze ... Deiner Kleider Geruch ist wie der Geruch des Libanon" (Hohel 4,10-11). Die indische Narde ist eine duftende, aromatische und sehr wertvolle Pflanze, die in Hohelied 4,13-14 unter den duftenden Blumen und Gewürzen aufgeführt wird. Aus der indischen Narde wurde auch jenes Öl bereitet, mit dem Jesus in Bethanien gesalbt wurde (Mk 14,3; Joh 12,3). Nach Johannes 12,5 kostete eine Flasche dieses erlesenen Parfüms 300 Silbergroschen, und das entsprach dem Jahreslohn eines Arbeiters. Zu den drei erwähnten Geschenken der Weisen aus dem Morgenland an Jesus gehörten neben Gold die Duftstoffe Weihrauch und Myrrhe (Mt 2,11).

Im Alten Testament gibt es die oft wiederholte Redewendung „Ein süßer Geruch dem Herrn" (z. B. 1 Mo 8,21;2 Mo 29,18+25+41; 3 Mo1,9+13+17). Damit kommt zum Ausdruck, daß Gott Wohlgefallen an dem jeweiligen Tun des Menschen hat. Noah baute Gott einen Altar und brachte ihm ein Brandopfer dar: „Und der Herr roch den lieblichen Geruch ..." (1 Mo 8,21). Gott selbst kann riechen. Er hat auch uns schöpfungsmäßig den Geruchssinn gegeben, nicht nur, daß wir ihm hierin gleichen, sondern auch, um unser Leben zu bereichern

Geruch wird noch in einem anderen biblischen Bild verwendet (2 Kor 2,14-16). Den Triumphzug siegreicher Feldherren der Römer begleiteten stets Gefangene, die die Weihrauchgefäße trugen. Der Duft wurde von jedermann wahrgenommen und war Ausdruck des errungenen Sieges. So soll auch von denjenigen, die vom Sieg Christi leben, ein Wohlgeruch ausgehen. Paulus schreibt an die Korinther: „Denn wir sind Gott ein guter Geruch Christi unter denen, die gerettet werden, und unter denen, die verloren gehen: diesen ein Geruch des Todes zum Tode, jenen aber ein Geruch des Lebens zum Leben" (2 Kor 2,15-16). Ein und dieselbe Evangeliumsbotschaft geht über die Zuhörer wie eine Duftwolke hinweg. Ihre Wirkung ist jedoch höchst unterschiedlich. Ein Teil nimmt das Wort an, ihnen wird das Gesagte zum Heil – es wird ihnen zum Geruch des Lebens zum Leben, und damit ist das ewige Leben gemeint. Den Ablehnenden und Gleichgültigen wird die verkündigte Botschaft zum Geruch des Todes zum Tode – also zur tödlichen Giftwolke, zum Leichengeruch zum Todesbringer, d. h zur ewigen Verlorenheit. Rettung und Verlorensein liegen hauchdünn beieinander.

Zitat:

Richard Axel, Professor für Biochemie und molekulare Biophysik an der Columbia-Universität in New York:

„Bisher hat die Wissenschaft nur tastend zu erkunden begonnen, nach welchen Regeln uns der Geruchssinn das unermeßliche Gebäude der Erinnerung erschließt."

Der

Geschmacksinn

– nicht nur etwas für Feinschmecker

Der Geschmackssinn dient der Nahorientierung. Seine Organe liegen in der Mundhöhle, besonders jedoch auf der Zunge. Erstaunlicherweise empfinden wir bei aller Vielfalt der Geschmacksrichtungen dennoch nur vier Qualitäten: süß, sauer, salzig und bitter. Jeder Geschmack, den wir uns vorstellen können, entsteht aus der Kombination dieser vier Geschmacksrichtungen. Wir sind in der Lage, mit großer Feinheit Geschmacksnuancen zu unterscheiden, wie es insbesondere die Berufstester für Wein, Tee, Kaffee und Käse tun (dabei ist allerdings zu beachten, daß dies in Kombination mit dem Geruchssinn geschieht). An der Spitze der Zunge schmecken wir Süßes, Bitteres an der Unterseite, Saures am Rand und Salziges mit der ganzen Oberfläche, hauptsächlich aber vorn. Die Unterscheidung zwischen bitteren und süßen Substanzen ist so wesentlich für unser Leben, daß sich dies in übertragenem Sinne auch in unserer Sprache niedergeschlagen hat. Ein Kind, eine Freundin oder ein Kätzchen – alle werden als süß bezeichnet. Hingegen wird eine Niederlage, ein Schmerz oder eine Enttäuschung als bitter markiert. Gilt es, eine schwere Last zu tragen, so reden wir von einer „bitteren Pille".

So wie wir nur etwas riechen können, wenn es anfängt zu verdampfen, können wir nur etwas schmecken, wenn es wasserlöslich ist. Der überwiegende Teil der Empfindungen wird allerdings über den Geruchssinn (Aroma), den allgemeinen chemischen Sinn (Schärfe) und die somatoviszerale (griech. *soma* = Leib, Körper; lat. *viscera* = Eingeweide) Sensibilität (Temperatur, Struktur, Konsistenz) vermittelt. Die große Bedeutung des Geruchssinns für die Vielzahl unserer Empfindungen beim Genießen eines Getränks oder einer leckeren Speise wird deutlich, wenn z. B. durch Schnupfen die Nase verstopft ist. Den Geruch nehmen wir viel leichter wahr als den Geschmack: So benötigen wir 25 000mal mehr Moleküle, um eine Kirschtorte zu schmecken, als sie nur zu riechen.

Die Wahrnehmung geschieht mit Hilfe von Geschmacksknospen. Sie sind etwa 70 µm hoch und haben einen Durchmesser von etwa 40 µm. Der Mensch besitzt etwa 5 000 bis 10 000 davon. Eine eindeutige Zuordnung chemischer Eigenschaften eines Stoffes zu seiner Schmeckwirkung ist nicht möglich. So schmecken neben verschiedenen Zuckern (Saccharose, Fructose, Maltose, Glucose) auch Bleisalze süß.

Bemerkenswert ist die hohe Empfindlichkeit des Geschmackssinns für Bitterstoffe, für die besonders die Alkaloide wie Chinin, Coffein, Morphin, Nikotin und Strychnin typisch sind. Da solche Substanzen oft giftig sind, ist eine Warnung durch den Geschmackssinn lebensnotwendig.

Der Geschmackssinn ist uns gegeben zur Prüfung und zum Genuß der Nahrung. Daneben hat er eine Auswirkung auf den Verdauungsprozeß, weil die Sekretion der Verdauungsdrüsen dadurch gesteuert wird, und zwar hinsichtlich der Menge und Zusammensetzung der benötigten Sekrete.

Wo liegen nun die Grenzen des gerade noch wahrnehmbaren Geschmacks? Erstaunlich ist, daß unser Geschmackssinn noch auf eine enorme Verdünnung von Stoffen reagiert. In 1 cm^3 Flüssigkeit gelöst, schmecken wir noch:

0,000 001 g	Sacharin	(süß)
0,000 004 g	Chinin	(bitter)
0,000 05 g	Koffein	(bitter)
0,000 01 g	Salzsäure	(sauer)
0,001 g	Kochsalz	(salzig)

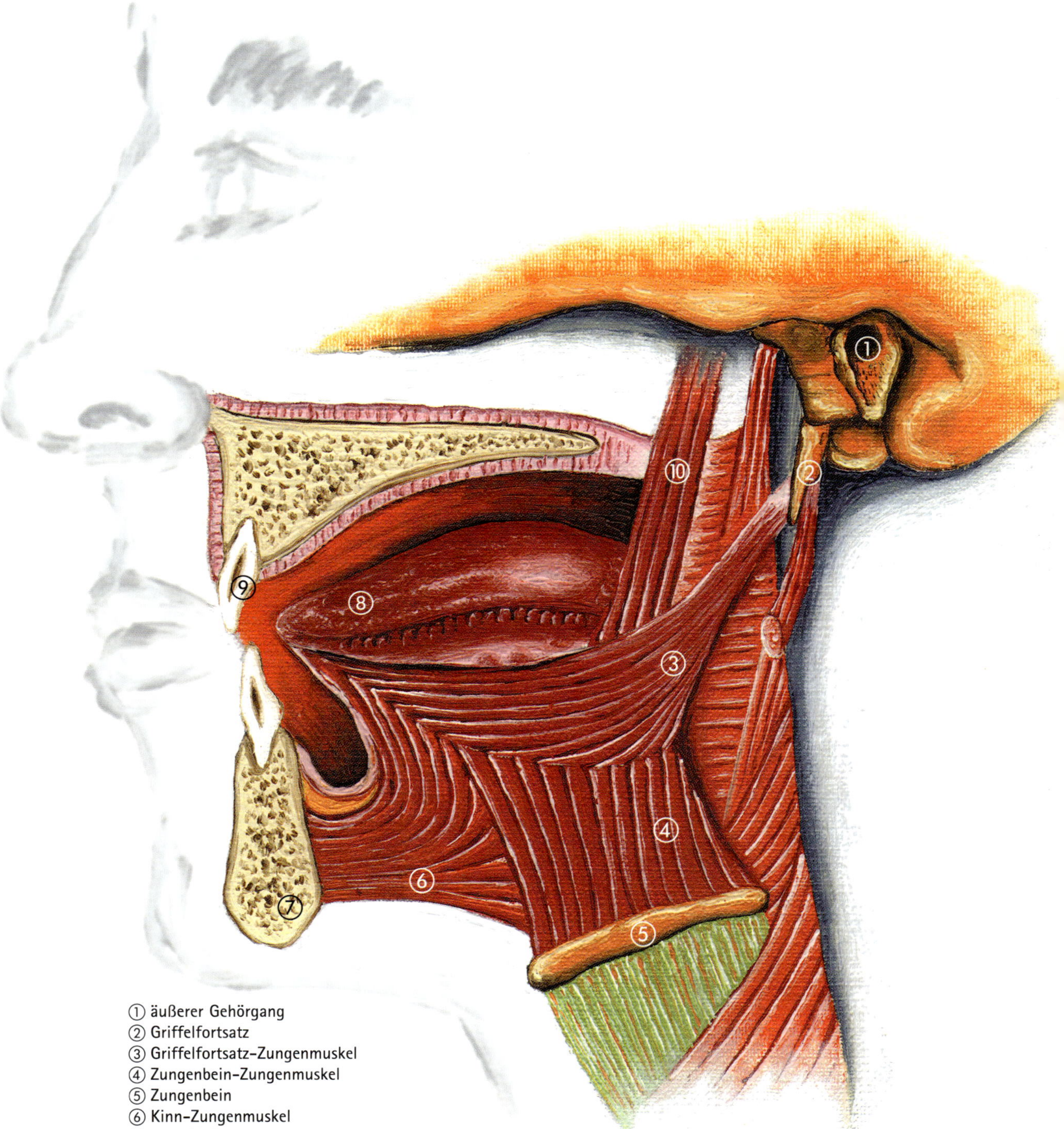

① äußerer Gehörgang
② Griffelfortsatz
③ Griffelfortsatz-Zungenmuskel
④ Zungenbein-Zungenmuskel
⑤ Zungenbein
⑥ Kinn-Zungenmuskel
⑦ Unterkiefer
⑧ Zunge
⑨ Schneidezahn
⑩ Gaumen-Zungenmuskel

Muskeln der Zunge

Allgemeiner chemischer Sinn: Neben Geruch und Geschmack verfügen wir noch über einen dritten chemischen Sinn. Es ist der *allgemeine chemische Sinn.* Die hierzu gehörenden Rezeptoren sind freie Nervenendigungen in den Schleimhäuten von Augen, Mund, Rachen und Nase. Sie reagieren auf Reiz- sowie auf Geruchs- und Geschmacksstoffe in entsprechend hoher Konzentration. Die Empfindungen sind Brennen (z. B. in den Augen beim Zwiebelschälen, in Mund und Rachen beim Genuß eines scharfen Paprikagerichtes) und Stechen (in der Nase beim Zwiebelschneiden).

Die Eigenständigkeit dieses Sinnes, der uns vor Schadstoffen schützen soll, ist uns nicht so recht bewußt. Um die Reizwirkung zu verringern, gibt es eine Reihe von Reaktionen: Bildung von Tränen, Schleim oder Speichel, Lidschluß.

Schmecken in der Bibel: Die Sinnesorgane haben gemäß Hiob 12,11 eine prüfende Funktion: „Prüft nicht das Ohr die Rede? und der Mund schmeckt die Speise?" Auch die Freundlichkeit Gottes ist mit den Sinnen wahrnehmbar, darum heißt es in Psalm 34,9: „Schmecket und sehet,

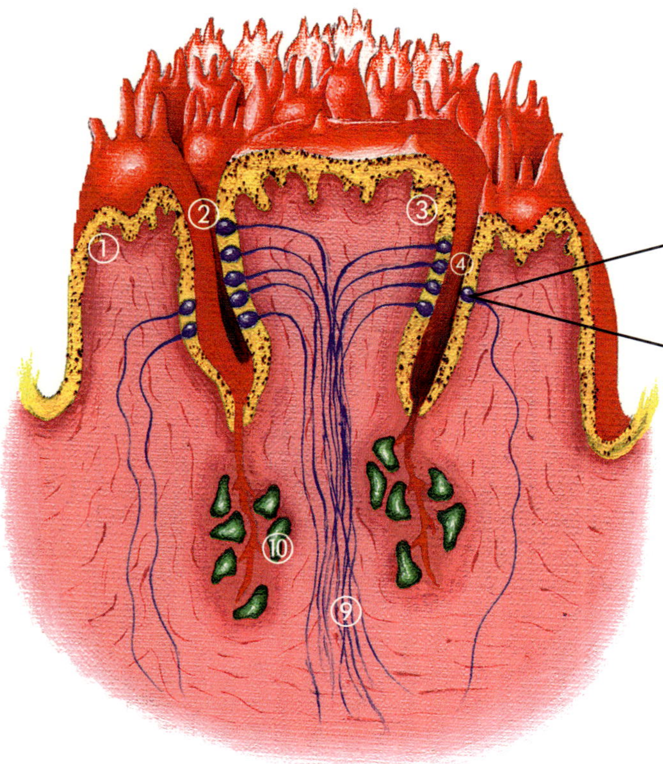

Schnitt durch eine Geschmackspapille
(Papilla vallata). Eine Ausschnittsvergrößerung ist im nebenstehenden Bild dargestellt.

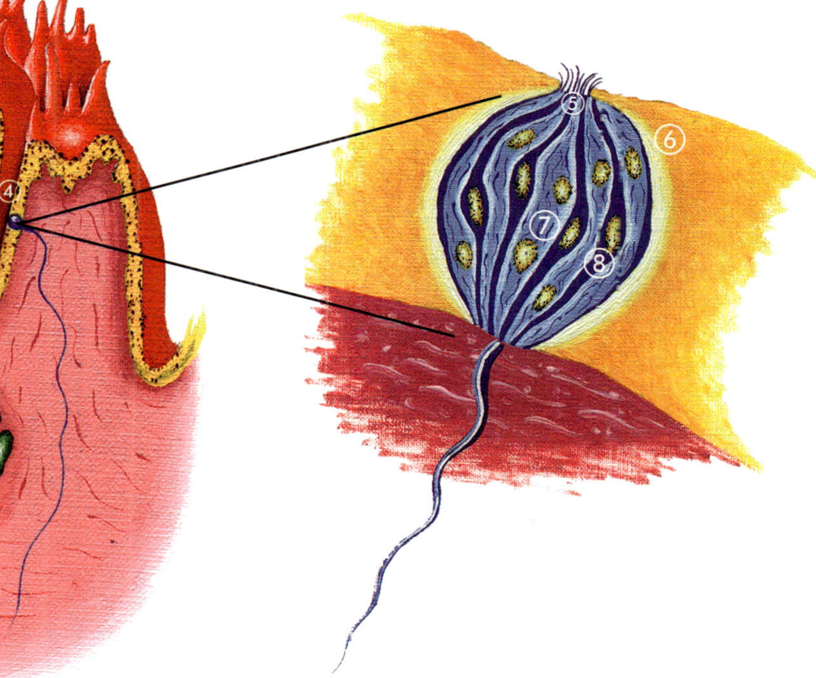

Schnitt durch eine einzelne Geschmacksknospe.

① Wall
② Graben
③ Geschmackspapille
④ Geschmacksknospen
⑤ Geschmacksporus
⑥ Epithel der Zungenoberfläche
⑦ Sinneszelle
⑧ Stützzelle
⑨ Nervenfasern
⑩ Spüldrüsen

wie freundlich der Herr ist." Im 1. Petrusbrief 2,2 wird denen, die sich neu zum Herrn hingewandt haben, das Wort Gottes als die zum Wachstum im Glauben notwendige Milch empfohlen: „damit ihr durch sie zunehmt zu euerm Heil, da ihr ja geschmeckt habt, daß der Herr freundlich ist" (1 Petr 2,2b-3).

Das Wesen des Himmels hat Jesus immer wieder in Gleichnissen ausgedrückt, bei denen es um ein großes Fest geht. Er nennt die Hochzeit – „Das Himmelreich ist gleich einem Könige, der seinem Sohn Hochzeit machte" (Mt 22,2) – oder ein großes Abendmahl: „Es war ein Mensch (gemeint ist Gott), der machte ein großes Abendmahl (= das Fest des Himmels) und lud viele dazu" (Lk 14,16). Einige der Geladenen sagten ab. Die Konsequenz war gravierend. Sie haben damit den Himmel ausgeschlagen: „Denn ich sage euch, daß der Männer keiner, die geladen waren, mein Abendmahl schmecken wird" (Lk 14,24). Das Genießen des Himmels wird hier mit der Empfindung des Schmeckens charakterisiert. In Lukas 12,37 wird den Gläubigen verheißen, daß Jesus selbst sie als Gäste des Himmels bewirten wird: „Er wird sich aufschürzen und wird sie zu Tisch setzen und zu ihnen treten und ihnen dienen."

Das Schmecken kommt in der Bibel auch mehrfach in übertragenem Sinn vor, um sowohl genießendes als auch leidendes Erleben in besonders intensiver Form zu charakterisieren. Wer in der Hingabe zum Herrn lebt, der *schmeckt* seine Freundlichkeit (Ps 34,9; 1 Petr 2,3), und nach Hebräer 6,4-5 *schmeckt* er die himmlische Gabe, das gütige Wort Gottes und die Kräfte der zukünftigen Welt.

Jesus hat für uns alle den Tod *geschmeckt* (Hebr 2,9). Damit ist mehr gemeint als das leibliche Sterben. Mit seinem Tod trug er den Lohn der Sünde (Röm 6,23), er erlitt stellvertretend das Gericht, das uns treffen würde, wenn wir keinen Erlöser hätten. Für den, der an den Herrn Jesus glaubt, gilt seine Zusage: „Wahrlich, wahrlich, ich sage euch: Wer mein Wort hält, der wird den Tod nicht sehen (oder schmecken, wie in Vers 52 bezeichnet) in Ewigkeit" (Joh 8,51).

Da das Wesen der Ewigkeit mit Verben der Sinnesorgane beschrieben wird, können wir es auch so sagen: Die Ewigkeit ist ein Ort immerwährender Wahrnehmung.

Zitat:

Französisches Sprichwort: „Wer einen saftigen Bissen in seinen Mund steckt, sendet seinem Herzen eine frohe Botschaft."

Der Tastsinn

– verteilt auf der ganzen Haut

Die Vielschichtigkeit unseres Tastsinns wird uns bewußt, wenn wir an so unterschiedliche Empfindungen denken wie Tätscheln, Hätscheln, Knuddeln, Prickeln, Kribbeln, Kratzen, Küssen. Oder betrachten wir so spezielle Situationen wie den Sprung ins kalte Wasser an einem heißen Sommertag, das Herausziehen des Fußes aus Schlammboden, das Knirschen feuchten Sandes zwischen den Zehen. Menschen, die taub und blind sind, zeigen, daß es möglich ist, sich vor allem durch Tasten zu orientieren. Hätten wir jedoch keinen Tastsinn mehr, so würden wir uns durch eine verschwommene, stumpfe Welt bewegen, in der man ein Bein verlieren, sich die Haut verbrennen und die Orientierung verlieren könnte, ohne es zu merken.

Unsere Sprache ist voller Metaphern für die Vorgänge des Berührens, Tastens, Fühlens und Spürens. Unsere Emotionen nennen wir Gefühle, und wir sind sehr bewegt, wenn uns etwas „berührt". Probleme können „kitzlig" oder „zäh" sein. Manche Menschen müssen „mit Samthandschuhen angefaßt" werden, und wir charakterisieren damit den Umgang mit sensiblen Leuten. Musiklehrer tadeln ihre Schüler, wenn sie nicht genug „Fingerspitzengefühl" zeigen, womit sie ein nicht näher präzisierbares Gespür für die Spieltechnik meinen.

Der medizinische Fachausdruck für die Weitergabe von Information mit Hilfe von Rezeptoren (lat. *receptor* = Aufnehmer) heißt Sensibilität (lat. *sensibilis* = der Empfindung fähig). Ein Rezeptor ist das Ende einer Nervenfaser oder einer spezialisierten Zelle, die Reize aufnehmen und in Erregungen umwandeln kann.

Allgemeine Sensibilität: Riesige Informationsmengen werden durch Rezeptoren aufgenommen und im Zentralnervensystem verarbeitet. Mit dem Begriff Sensibilität wird dieser komplizierte Prozeß bezeichnet. Die Rezeptoren liegen in der Haut, in tieferen Geweben (z. B. Muskeln, Gelenke) oder in den Eingeweiden. Nach ihrer Lage unterscheidet man sie in Oberflächen-, Tiefen- oder viszerale Sensibilität (lat. *viscera* = Eingeweide). In Abgrenzung zu den Sinnen Hören, Sehen, Riechen, Schmecken werden die drei vorgenannten Arten als somatoviszerale Sensibilität bezeichnet. Nur ein kleiner Teil aller dieser Signale dringt in das Bewußtsein und führt zu Empfindungen. Nach der Art der wirksamen Reize unterscheidet man zwischen Mechano-, Thermo-, Chemo-, Osmo- und polymodalen Rezeptoren. Letztere sprechen auf mehr als nur eine Reizform an.

Sensibilität der Haut: Im folgenden befassen wir uns nur mit der Oberflächensensibilität, also den Empfindungen der Haut *(Cutis)*. Diese ist eine (nahezu) wasserdichte Hülle, um alle verletzlichen Körpergewebe zu schützen. Gleichzeitig ist die Haut ein hochempfindliches Sinnesorgan, über das unterschiedliche und voneinander unabhängige Empfindungen vermittelt werden. Über die Haut nehmen wir eine große Zahl unterschiedlicher Empfindungen wahr: die Weichheit eines Katzenfelles, die Rauhheit einer Mauer, die Glätte einer Eisschicht, das wohlige Hitzegefühl in der Sauna, aber auch die Dornen einer Rose oder den brennenden Schmerz einer frischen Wunde. Über die Haut werden auch starke Emotionen geweckt, wie etwa durch einen leidenschaftlichen Kuß oder das zärtliche Streicheln. Zahlreiche Eigenschaften von Gegenständen unserer Umwelt können nicht durch Hören, Sehen oder Riechen erkundet werden, sondern nur durch die Hautsinne, wie z. B. Gewicht, Temperatur, Härte, Rauhigkeit, Feuchtigkeit, Klebrigkeit, Elastizität. Durch Befühlen und Betasten erkennen wir Oberflächenstrukturen und Formen.

Die Haut ist übersät mit Sinnespunkten, die jedoch keineswegs gleichverteilt sind. Sie liegen an empfindlichen Hautarealen wie Gesicht und Händen dichter als an unempfindlicheren wie z. B. am Rücken. Die Hautsinne lassen sich in drei voneinander unabhängige Arten unterteilen: Tast- und Temperatursinn sowie die Schmerzempfindung.

Wir besitzen nicht nur einmalige Fingerabdrücke, sondern auch ebenso einmalige Porenmuster. Die Haut besteht aus einer Zweischicht-Membran.

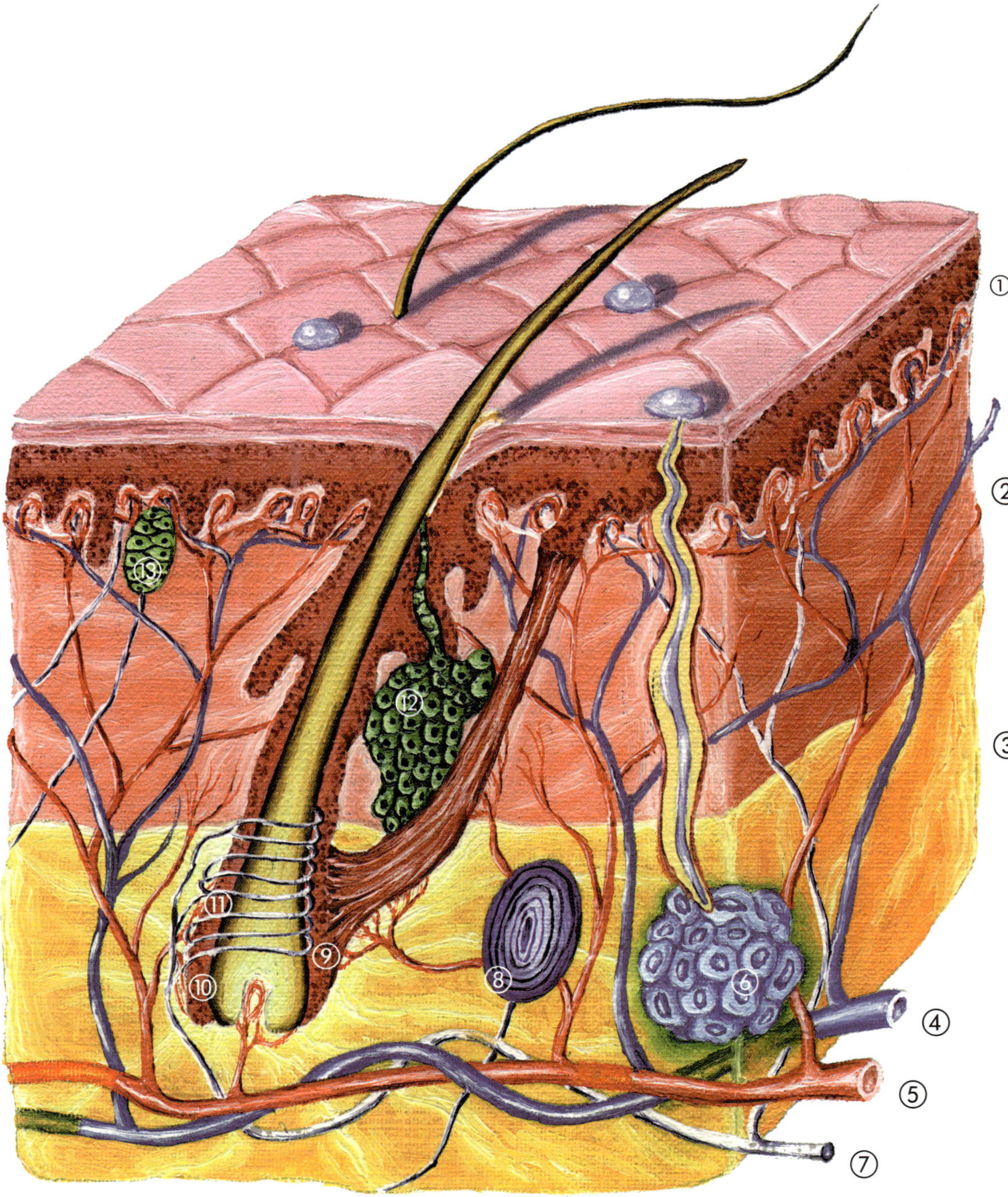

Ausschnitt aus der menschlichen Haut.
Die Gliederung in Epidermis, Dermis und Unterhaut ist deutlich erkennbar.

① Oberhaut
② Lederhaut
③ Unterhaut
④ Vene
⑤ Schlagader
⑥ Schweißdrüse
⑦ Nerv
⑧ Vater Pacini Lamellenkörperchen
⑨ Haarmuskel
⑩ Haarwurzelscheide
⑪ Nervenmanschette um eine Haarwurzel
⑫ Talgdrüse
⑬ Meißner-Tastkörperchen

Die untere, schwammige, ein bis zwei Millimeter dicke Lederhaut ist im wesentlichen ein Bindegewebe, das reich an dem Protein Collagen ist. Sie schützt und polstert den Körper und enthält Haarfollikel, Nervenenden, Schweißdrüsen, Blut- und Lymphgefäße. Die obere Schicht, Epidermis (griech. *epi* = auf, darauf, über; *derma* = Haut) genannt, ist hingegen nur 0,07 bis 0,12 mm dick. Die Haut ist das, was zwischen uns und der Welt ist. Sie schließt uns ein, verleiht uns unsere individuelle Form, schützt uns vor Eindringlingen, kühlt oder wärmt uns und konserviert die Flüssigkeit in unserem Körper. Sie ist unser größtes Organ und macht erstaunlicherweise ein Sechstel unseres Körpergewichts aus, wobei die Oberhaut allein 500 Gramm wiegt. Die Haut erstreckt sich über eine Gesamtoberfläche von etwa 1,6 Quadratmetern. Sie ist wasserdicht, abwaschbar und elastisch. Ihre Dicke variiert in den verschiedenen Körperregionen. Am kräftigsten ist sie als Leistenhaut an der Handinnenfläche und Fußsohle; am dünnsten als Felderhaut in der Achselhöhle und auf den Augenlidern.

Unsere Haut in Zahlen: Auf einem Quadratzentimeter Haut haben wir

6 000 000	Zellen
100	Schweißdrüsen
15	Talgdrüsen
5 000	Sinneskörperchen
200	Schmerzpunkte
25	Druckpunkte
12	Kältepunkte
2	Wärmepunkte

Das wichtigste an unserer Haut ist, daß sie den Tastsinn beherbergt. Erst in der zweiten Hautschicht ist die Empfindung angesiedelt. Die obere Schicht ist empfindungslos, geht leicht ab und hinterläßt jenen Rand, den wir nach dem Baden in der Badewanne vorfinden.

Der Tast- oder Berührungssinn ist schwer erforschbar. Jeder andere Sinn hat ein genau lokalisierbares Schlüsselorgan, das näher untersucht werden kann. Die Haut ist über den ganzen Körper verteilt und ist schwer einzugrenzen oder auszuschalten. Die Wissenschaftler können Blinde beobachten, um mehr über das Sehen zu erfahren, und Taube, um mehr über das Hören herauszufinden; aber mit dem Tastsinn ist das nicht möglich. Berührungen sind zehnmal stärker als verbale oder emotionale Kontakte. Wäre Berührung nicht angenehm, gäbe es keinen Fortbestand der Lebewesen. Wenn es uns nicht gefiele, den anderen zu berühren und zu streicheln, gäbe es keinen Sex. Ein Fötus spürt die feuchte Wärme im Mutterleib, den Herzschlag und den inneren Rhythmus der Mutter. Er entwickelt als erstes den Tastsinn; bei Neugeborenen funktioniert er automatisch, noch bevor sie die Augen öffnen und die Welt wahrnehmen.

Man hat herausgefunden, daß es neben den vier Haupttypen von Rezeptoren noch viele andere gibt, die auf vielfache Weise reagieren. Unsere weite Palette von Gefühlen, die durch Berührung erzeugt werden, sind komplexer als die Empfindung von heiß, kalt, Schmerz oder Druck.

Taktile Empfindungen (lat. *tactilis* = berührbar)**:** Durch mechanische Reize lassen sich auf der Haut mehrere unterschiedliche Empfindungen auslösen: Kitzel, Berührung, Vibration, Druck und Spannung. Besonders empfindlich sind Fingerbeeren und Zungenspitze. An den Fingerspitzen liegen die Wahrnehmungsschwellen für punktförmige Berührungsreize bei Eindrucktiefen von nur 10 µm, für Vibrationsreize sogar bei weniger als 1 µm.

Sonstige Aufgaben der Haut: Neben der wichtigen Funktion als Sinnesorgan für das Tasten hat die Haut noch eine Reihe anderer Aufgaben zu erfüllen, von denen hier nur einige genannt seien:

1. Die Haut ist ein passives, aber auch aktives Schutzorgan gegen schädliche Einflüsse von außen. Eingedrungene Infektionserreger können vernichtet werden.

2. Die Haut spielt eine wichtige Rolle bei der Regulation der Körpertemperatur. Es geht darum, den Sollwert von 37 °C in engen Grenzen einzuhalten, weil dann die meisten Organe optimal funktionieren. Durch mehr oder weniger starke

Durchblutung der Gefäßnetze der Haut kann die Wärmeabgabe gesteigert oder vermindert werden. Ungefähr drei Viertel der Wärmeabgabe geschieht durch Wärmestrahlung oder Wärmeleitung. Der Rest kommt durch Wasserverdunstung zustande, teils unmerklich durch Haut und Lungen, teils durch Schwitzen. Die nicht sichtbare Wasserverdunstung durch die Haut macht ein Drittel der Wasserabgabe durch die Haut aus.

3. Die Haut ist auch ein Sekretionsorgan sowohl für Talg, um Epidermis und Haare geschmeidig zu halten, als auch für Schweiß. Die Schweißdrüsen sind besonders zahlreich an Handflächen und Fußsohlen. Etwa 200 Millionen kleiner (ekkriner) Schweißdrüsen münden an der Körperoberfläche, die ungefähr ein Liter Wasser täglich ausscheiden.

4. Die Haut hat auch eine Atmungsfunktion, denn sie bestreitet ein bis zwei Prozent des gesamten Gaswechsels. Sauerstoff wird aufgenommen, und Kohlendioxid kann in beiden Richtungen durchtreten.

5. Der Schmerz steht als Wächter über unserer Gesundheit. Er wird meistens indirekt durch im Gewebe sich anhäufende Schmerzmediatoren hervorgerufen, die die freien Nervenendigungen reizen.

Bibel und Tastsinn: Gott selbst verfügt über alle Sinne, die wir auch haben. Da er uns zu seinem Bilde schuf, hat er uns auch die verschiedenen Sinne verliehen. König Belsazar wird vorgehalten, sich gegen den Herrn des Himmels erhoben zu haben, weil er „die silbernen, goldenen, ehernen, eisernen, hölzernen, steinernen Götter gelobt hat, die weder *sehen* noch *hören* noch *fühlen* können" (Dan 5,23). Das besondere Kennzeichen der von Menschen gemachten Götzen ist also, daß sie keine Sinnesorgane haben. Im Gegensatz dazu kann der lebendige Gott *sehen, hören* und *fühlen.* Der auferstandene Christus war keine imaginäre Gestalt, sondern so real, daß man ihn sehen, hören und anfassen konnte. Als Jesus dann plötzlich mitten unter den Jüngern erschien, fürchteten sie sich, weil sie meinten, einen Geist zu sehen. Um sie von seiner Echtheit und Realität zu überzeugen, erlaubte er ihnen, ihn zu berühren und zu betasten: „Seht meine Hände und meine Füße, ich bin's selber. *Faßt mich an* und *seht;* denn ein Geist hat nicht Fleisch und Knochen, wie ihr seht, daß ich sie habe" (Lk 24,39).
Der Apostel Johannes beginnt seinen 1. Brief mit dem Zeugnis, daß sie den Sohn Gottes mit den eigenen Sinnen wahrgenommen haben. Er ist Augen-, Ohren- und Tastzeuge Jesu: „Was von Anfang an war, was wir gehört haben, was wir gesehen haben mit unseren Augen, was wir betrachtet haben und unsre Hände *betastet* haben, vom Wort des Lebens ..., das verkündigen wir auch euch" (1 Joh 1,1+3).

Unsere Sinnesorgane

– in dieser und jener Welt

Die Sinne bestimmen in entscheidendem Maße die Qualität unseres Lebens. Wir nehmen sie als selbstverständlich gegeben hin und machen uns erst dann Gedanken, wenn sie einmal nicht mehr so funktionieren, wie wir es gewohnt sind. Schon durch eine verstopfte Nase wird der Geschmack unserer Lieblingsspeise erheblich gemindert. Dauerhafte Veränderungen können uns dazu nötigen, eine Brille zu tragen oder ein Hörgerät zu benutzen. Sollte ein Sinn gar ganz ausfallen, an den wir ein Leben lang gewöhnt waren, dann ist das deshalb so erschreckend, weil unsere Sinne mit all ihren Fähigkeiten und Grenzen so eng mit unserer Person, dem Ich, dem Zentrum unseres Seins, verknüpft sind.

Die Funktionen der Sinnesorgane unseres **jetzigen** Körpers fallen mit dem Tode alle aus. Aber ist der Tod die absolute Endstation; ist damit alles vorbei? Die Bibel sagt dazu ein klares NEIN! Wir sind nach der Schöpfungsordnung Gottes Ewigkeitsgeschöpfe, deren Existenz niemals ausgelöscht wird. In Lukas 16 berichtet Jesus von zwei Menschen, deren irdisches Dasein durch den Tod beendet wurde. Sie befinden sich bei vollem Bewußtsein in einer jenseitigen Welt[1].

Der **eine** war ein reicher Mann, dessen einziges irdisches Streben Reichtum, prunkvolle Kleidung und herrliche Tage waren. Gott spielte in seinem Leben keine Rolle. Sein Name wird hier gar nicht erwähnt, obwohl er im irdischen Leben von vielen anerkannt und wegen seines Besitzes und Einflusses beneidet wurde. Sein Lebenskonzept glich dem vieler unserer Zeitgenossen: Sie streben nach Reichtum, Macht und Ehre und lassen es sich wohl sein.

[1] Hinweis zu der Textart von Lukas 16,19-31: Fälschlicherweise wird dieser Text von manchen Autoren als Gleichnis angesehen. Dies gibt der Text keineswegs her, denn es fehlt jeglicher Hinweis darauf. Außerdem treten hier Namen von wirklich existierenden Personen auf (Lazarus, Abraham, Mose). Dies ist ein sicheres Indiz dafür, daß es sich hier nicht um ein Gleichnis handelt.

Der **andere** wird von Jesus namentlich erwähnt – er heißt Lazarus –, er war arm, hatte nicht einmal satt zu essen und war in den Augen seiner Umwelt ungeachtet, dennoch wußte er sich von Gott getragen, weil er eine lebendige Beziehung zu ihm hatte.

Jesus schildert beider Situation nach dem Tod: „Es begab sich aber, daß der Arme starb, und er wurde von den Engeln getragen in Abrahams Schoß. Der Reiche aber starb auch und wurde begraben. Als er nun in der Hölle war, hob er seine Augen auf in seiner Qual" (Lk 16,22-23). Beide haben also durch den Tod diese Welt verlassen und befinden sich nun an einem völlig anderen Ort. Obwohl sie vorher in der gleichen Stadt lebten, sind ihre jetzigen Aufenthaltsorte grundverschieden. Der eine erlebt Herrlichkeit, und der andere befindet sich am Ort der Qual.

Für niemanden von uns endet das Leben mit dem biologischen Tod. Unsere Existenz, also ein Leben bei vollem Bewußtsein, endet nie, weil wir auf Ewigkeit angelegt sind. Das ist eine feststehende Tatsache, ob wir es wahrhaben wollen oder nicht. Wir wurden einmal geboren, ohne daß wir gefragt wurden, ob wir das wollen oder nicht. Ebenso sterben wir auch, ohne daß wir danach gefragt werden. So existieren wir auch ewig weiter, ob wir es wahrhaben wollen oder nicht. Auch hier fragt uns niemand nach unserem Willen. Die Gewißheit der Ewigkeit empfinden wir im Innersten unserer Seele, weil Gott uns das Wissen um die Ewigkeit ins Herz gelegt hat (Pred 3,11). In der Auferstehung geschieht die Umwandlung vom irdischen zum ewigen Leib: „Es wird gesät verweslich und wird auferstehen unverweslich. Es wird gesät ein natürlicher Leib und wird auferstehen ein geistlicher Leib. Gibt es einen natürlichen Leib, so gibt es auch einen geistlichen Leib" (1 Kor 15,42-44). Der geistliche Leib ist unvergänglich, er ist ewig, und er verfügt über alle Sinnes- und Bewußtseinsempfindungen. Die Bibel nennt uns für unseren Ewigkeitsverbleib zwei grundverschiedene Orte, den Himmel und die Hölle oder den Ort der Herrlichkeit in der Nähe Gottes und den Ort der Verdammnis in der Gottesferne. Wollten wir Himmel und Hölle beschreiben, dann können wir es von den Sinnen her sagen: Beides sind Orte der Wahrnehmung. Für beide Orte wollen wir dies an einigen Aussagen der Bibel belegen:

Der Himmel

a) *Der Himmel ist ein Ort des Sehens und Hörens:* In erster Linie werden wir Gott und Jesus von Angesicht zu Angesicht sehen: „Wir werden ihm (= Jesus) gleich sein, denn wir werden ihn *sehen* wie er ist" (1 Joh 3,2). Von der Weisheit Gottes heißt es: „Was kein Auge gesehen hat und kein Ohr gehört hat und in keines Menschen Herz gekommen ist, was Gott bereitet hat denen, die ihn lieben" (1 Kor 2,9). Wenn wir jetzt schon über Gottes Weisheit staunen, wieviel mehr werden wir überrascht sein, wenn wir im Himmel Gott von Angesicht zu Angesicht schauen und ihn direkt erleben!

b) *Der Himmel ist ein Ort des Schmeckens und Riechens:* Das Wesen des Himmels wird im Neuen Testament mit einem großen Fest verglichen, bei dem gegessen und getrunken wird. Beim letzten Abendmahl sagte Jesus zu den Jüngern: „Ich werde von nun an nicht mehr von diesem Gewächs des Weinstocks trinken bis an den Tag, an dem ich von neuem davon *trinken* werde mit euch in meines Vaters Reich" (Mt 26,29). Auch im Gleichnis von der königlichen Hochzeit, das uns das Wesen des Himmels und Gott als Gastgeber deutlich machen will, heißt es: „Siehe, meine Mahlzeit habe ich bereitet" (Mt 22,4). Eine andere in diesem Zusammenhang markante Aussage finden wir in Lukas 12,37: „Er wird sich schürzen und wird sie zu Tisch bitten und kommen und ihnen dienen." Wenn der Sohn Gottes uns zu seinem Tisch einlädt, dürfen wir daraus schließen, dieser wird reichlich und mit Erlesenem und Köstlichem gedeckt sein.

c) *Der Himmel ist ein Ort schönster Empfindungen:* Als der verlorene Sohn zum Vater zurückkehrte, bereitete dieser ihm ein Fest. Nachdem alles zugerichtet war, heißt es in Lukas 15, 24: „Und sie fingen an, fröhlich zu sein." Damit ist ein weiterer und sehr wesentlicher Aspekt des Himmels zum Ausdruck gebracht. Der Himmel ist ein Ort unaussprechlicher und nie endender Freude. Alles, was unserer Seele wohltut, wird im Himmel reichlich vertreten sein: Liebe, Friede, Freundlichkeit, Gütigkeit.

Es ist auffallend, daß Jesus uns im Abendmahl mit allen fünf Sinnen begegnet. Dadurch erinnert er uns mehrfach an seine Erlösungstat und damit auch an den Himmel:

- Bei der Abendmahlsfeier werden meistens die Worte der Einsetzung (1 Kor 11,23ff) oder andere passende Bibeltexte verlesen. Damit ist das Hören angesprochen.
- Brot und Wein werden zuerst mit den Augen wahrgenommen. So sehen wir das, worin uns der Herr nahe sein will.
- Das Brot fassen wir an. Damit ist auch der Tastsinn beteiligt.
- „Schmecket und sehet, wie freundlich der Herr ist" (Ps 34,9). Mit dem Essen und Trinken sind schließlich auch die Sinnesorgane des Schmeckens und Riechens beteiligt.

Die Hölle

Ist der Himmel auf Liebe, Friede, Freude und Glückseligkeit in der Gegenwart Gottes angelegt (siehe auch S. 138-139), so ist die Hölle ein Ort des Hasses, des Unfriedens, des Leides und der Qual in der absoluten Gottesferne. Auch die Hölle ist ein Ort der Sinnesempfindungen. Selbst die schwierigsten Situationen unseres Lebens sind nicht immerwährend, denn dem Glaubenden bleibt die Hoffnung, die über den Tod hinausgeht. In der Hölle ist mit der Endgültigkeit auch die absolute Hoffnungslosigkeit verknüpft.

a) *Die Hölle ist ein Ort des Durstes und der Qual:* Der Reiche in Lukas 16 ruft Abraham an: „Erbarme dich meiner und sende Lazarus, damit er die Spitze seines Fingers ins Wasser tauche und mir die Zunge kühle, denn ich leide Pein in diesen Flammen" (Lk 16,24). Im Kontrast dazu sagt Jesus: „Wer zu mir kommt, den wird nicht hungern; und wer an mich glaubt, den wird nimmermehr dürsten" (Joh 6,35).

b) *Die Hölle ist ein Ort der Erinnerung:* Das Wissen aus diesem Leben verschwindet nicht mit dem Verlassen dieser Welt. Am Ort der Verlorenheit erinnert sich der Reiche an seine Brüder, die ein ebenso gottloses Leben führen, wie er es auch gelebt hat. Daß er nichts mehr für sie ausrichten kann, ist ihm klar, so wendet er sich an Abraham, der Lazarus einen Auftrag geben soll: „So bitte ich dich, Vater, daß du ihn sendest in meines Vaters Haus, denn ich habe noch fünf Brüder, die soll er warnen, damit sie nicht auch kommen an diesen Ort der Qual" (Lk 16,27-28). Ihm wird geantwortet: „Sie haben Mose und die Propheten; die sollen sie hören" (Lk 16,29). Es bleibt dabei: Niemand kommt von den Toten zurück, um seine Verwandten zu warnen. Das einzige, was uns den Weg zur Rettung weist, ist das Wort Gottes – die Bibel!

c) *Die Hölle ist ein Ort der Finsternis:* In diesem Leben erfreuen wir uns an Vielem, was wir mit den Augen und Ohren wahrnehmen. Als am 19. Juli 1996 in Atlanta die 26. Olympischen Spiele eröffnet wurden, haben 83 000 Menschen die farbenfrohe Eröffnungsfeier der Jahrhundertspiele live erlebt, und 3,5 Milliarden Menschen in aller Welt verfolgten die vierstündige Show am Fernseher. Die Eröffnung selbst glich einer gewaltigen Opern-Inszenierung in Ton und Farbe mit 5 500 Mitwirkenden. Warum waren die Zuschauer bereit, eine oft sehr weite Reise anzutreten und über 1000 DM für eine Eintrittskarte zu zahlen? Sie wollten etwas Besonderes sehen, hören und erleben. So kann der Himmel als eine ungeahnte Steigerung des Schönen und des Herrlichen angesehen werden, allerdings mit dem uns noch unvorstellbaren Zusatz, daß keine Uhr ein Ende gebietet. Im Gegensatz dazu ist die Hölle ein Ort der Finsternis – für Augen und Ohren gibt es kein positives Erlebnis mehr. In Matthäus 25,30 sagt Jesus: „Und den unnützen Knecht werft in die Finsternis hinaus; da wird sein Heulen und Zähneklappen."

Beim Lesen der Bibel fällt auf, daß niemand so eindringlich, so ausführlich und so oft über die Hölle gepredigt hat wie Jesus. Warum tat er das, da doch kein anderer die Menschen so geliebt hat wie er? Gerade aus seiner großen Liebe zu den Menschen hat er vor diesem wirklich existierenden Ort gewarnt: „Wenn dir aber dein rechtes Auge Ärgernis schafft, so reiß es aus und wirf's von dir. Es ist dir besser, daß eins deiner Glieder verderbe und nicht der ganze Leib in die Hölle geworfen werde" (Mt 5,29). Mit diesem Wort aus der Bergpredigt mahnt uns Jesus mit der allerhöchsten Dringlichkeit, darauf zu achten, daß wir nicht an jenen Ort gelangen. In Matthäus 18,8 spüren wir ebenso diese geradezu radikale Eindringlichkeit: „Wenn aber deine Hand oder dein Fuß dir Ärgernis schafft, so haue ihn ab und wirf ihn von dir. Es ist dir besser, daß du zum Leben lahm oder als ein Krüppel eingehst, als daß du zwei Hände oder zwei Füße habest und werdest in das ewige Feuer geworfen."

Diese mahnenden Worte aus dem Munde Jesu haben wesentlich das Ziel dieses Buch mitbestimmt. Mögen durch das Buch möglichst viele Menschen vor der Hölle bewahrt und für den Himmel gewonnen werden. Wie dies ganz praktisch geschieht, wird im zweiten Teil ausführlich erklärt.

Das Herz

– mehr als eine Pumpe mit technischem Pfiff

Wußten Sie, daß das menschliche Herz 100 000mal an einem Tag schlägt und somit 2,5milliardenmal in 70 Jahren? Dabei hätte es einen Wolkenkratzer mit Blut füllen können. In einem dicht verzweigten Netz von 2 500 km Arterien, Venen und Kapillaren – das ist immerhin die Strecke von Paris nach Moskau – strömt das Blut durch unseren Körper.

Das Herz hat die Aufgabe, allen arbeitenden Organen ausreichend Blut zur Verfügung zu stellen. Hierzu muß es seine Förderleistung entsprechend dem aktuellen Bedarf variieren. Bei erhöhtem Blutbedarf reagiert es mit Erhöhung des Herzschlagvolumens und mit Steigerung der Herzfrequenz. Als **Schlagvolumen** ist die Menge des pro Herzschlag ausgeworfenen Blutvolumens einer Herzkammer definiert (beim erwachsenen Menschen in Ruhe etwa 70 cm^3). Bei 70 Schlägen pro Minute beträgt somit die tägliche Fördermenge 7 000 Liter, und das entspricht immerhin 40 gefüllten Badewannen.

Unser Herz ist eine wartungsfreie Pumpe, die (im allg.) ohne Ersatzteile ein Leben lang arbeitet. Es ist die zentrale Umwälzpumpe der Blutbewegung. Die unterschiedlichen Anforderungen des Kreislaufs an die Tätigkeit des Herzens bei wechselnden Belastungen setzen eine erhebliche Anpassungsfähigkeit voraus. So kann beispielsweise das von einer Herzkammer pro Minute geförderte Blutvolumen von 5 Litern auf nahezu 30 Liter bei schwerer Muskelarbeit ansteigen. Für die Blutmenge, die in einer Minute gefördert wird, gibt es einen speziellen Fachausdruck – es ist das **Herzzeitvolumen**. Dieses wird üblicherweise in Litern pro Minute angegeben. Linkes und rechtes Herz fördern jeweils die gleiche Menge Blut. Wäre dies nicht so, würde sich in einem Teilkreislauf schnell ein Stau aufbauen, während der andere unter Blutmangel litte.

Die Herzleistung beträgt etwa 1 Nm/s[1]. Bei technischen Kraftmaschinen interessiert das sogenannte **Leistungsgewicht**. Dieser Wert drückt aus, wieviel Gewicht erforderlich ist, um eine Leistungseinheit (z. B. 1 kW) zu erzeugen. Bei einem Gewicht des Herzens von 0,3 kg beträgt sein Leistungsgewicht 300 g/(1 W) = 300 g/W = 300 kg/kW. Bei technischen Motoren liegt dieser Kennwert erheblich darunter, d. h., die technischen Geräte benötigen eine kleinere Masse zur Erzeugung derselben Energiemenge:

Elektromotor (1500/min; 1 kW)	15 kg/kW
Dieselmotor (großes Schiff)	60 kg/kW
Dieselmotor (LKW)	6 kg/kW
Ottomotor (PKW)	1,6 kg/kW
Leichtbau-Ottomotor (Flugzeug)	0,6 kg/kW

Bei körperlicher Arbeit kann die Herzleistung jedoch erheblich ansteigen, wobei sich das Leistungsgewicht dem technischer Pumpen annähert.

Das Herz ist ein muskuläres Hohlorgan und liegt in einem Bindegewebsraum zwischen Wirbelsäule und Brustbein. Es wird vollständig von einem Herzbeutel umhüllt, der sich zwischen Brustfellhöhlen, dem Zwerchfell und den großen Gefäßen ausspannt. Die Größe des Herzens entspricht normalerweise etwa dem Anderthalbfachen der geballten Faust. Ein trainiertes Herz kann allerdings erheblich größer sein. Das Normalgewicht liegt zwischen 300 und 350 Gramm; das sind etwa 0,5 Prozent des Körpergewichtes. Die Gestalt gleicht einem abgerundeten Kegel, dessen Grundfläche als Herzbasis bezeichnet wird. Durch die Herzscheidewand ist das Herz in eine rechte Herzhälfte für den Lungenkreislauf und in eine linke Herzhälfte für den Körperkreislauf vollständig unterteilt. Das rechte Herz nimmt das sauerstoffarme (venöse) Blut aus dem gesamten Körper auf und führt es der Lunge zu (Wege 2, 6, 7, 8 in *Bild S. 53*). Hier wird es wieder mit Sauerstoff angereichert (arterialisiert) und gelangt nun zurück in das linke Herz. Von hier aus wird das Blut auf die verschie-

[1] **Leistung:** Die Einheit der Leisung ist nach dem internationalen SI-System das Newtonmeter pro Sekunde (Nm/s). 1 Nm/s ist äquivalent mit der elektrischen Einheit Watt (W) bzw. mit der thermischen Einheit Joule/Sekunde (J/s). Es gilt also für die Leistung: 1 Nm/s = 1 W = 1 J/s.

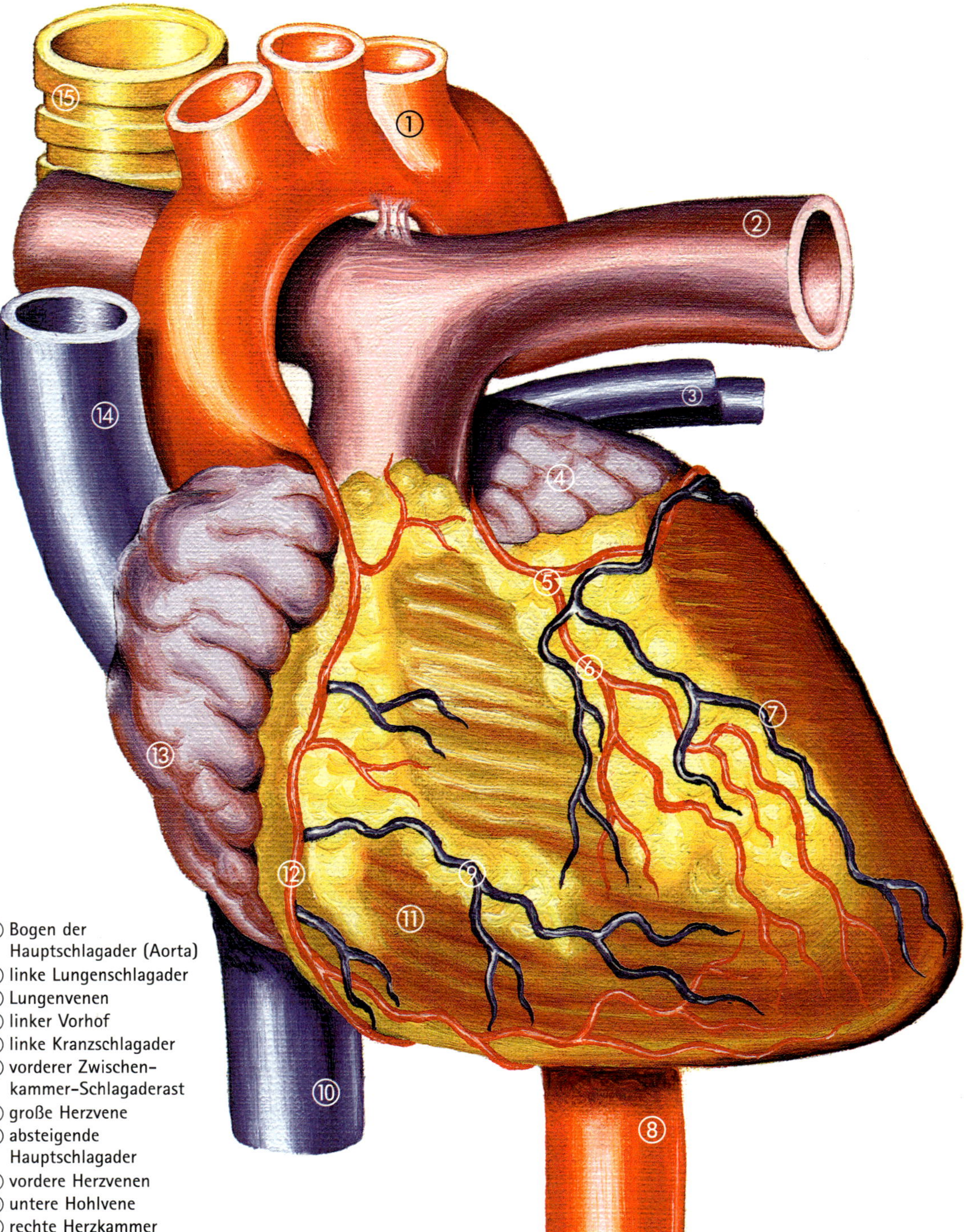

① Bogen der Hauptschlagader (Aorta)
② linke Lungenschlagader
③ Lungenvenen
④ linker Vorhof
⑤ linke Kranzschlagader
⑥ vorderer Zwischenkammer-Schlagaderast
⑦ große Herzvene
⑧ absteigende Hauptschlagader
⑨ vordere Herzvenen
⑩ untere Hohlvene
⑪ rechte Herzkammer
⑫ rechte Kranzschlagader
⑬ rechter Vorhof
⑭ obere Hohlvene
⑮ Luftröhre

Herz und herznahe Gefäße in der Ansicht von vorn.

denen Organe verteilt (Wege 1, 3, 4, 5 in *Bild S. 53*). Die Bezeichnung von Blutgefäßen als Arterien bzw. Venen richtet sich nicht nach der Be-schaffenheit des Blutes, sondern allein nach der Strömungsrichtung. Venen führen das Blut dem Herzen zu; Arterien führen es vom Herzen weg. Im großen Körperkreislauf enthalten die Arterien sauerstoffreiches (arterielles) und die Venen sauerstoffarmes (venöses) Blut. Im kleinen Lungenkreislauf ist es gerade umgekehrt. Das Herz ist zwar mit Blut gefüllt, dennoch benötigt es eigene Gefäße. Die Herzkranzgefäße (Coronararterien) umziehen die Herzoberfläche, teilen sich dabei auf und dringen in die Tiefe ein. Venen sammeln das Blut der Herzmuskelkapillaren wieder und leiten es über die Kranzvenen zurück. Dieser Kreislauf ist der kürzeste im menschlichen Organismus überhaupt.

Bei der Betrachtung von außen wird die Vorderwand des Herzens im wesentlichen von der rechten Kammer gebildet. Nach rechts schließt sich der rechte Vorhof an, in den die obere und untere

① Aorta
② Lungenschlagader
③ Lungenvenen
④ linker Vorhof
⑤ linke Kammer
⑥ untere Hohlvene
⑦ rechte Herzkammer
⑧ rechter Vorhof
⑨ obere Hohlvene

Kontur des Herzens und der großen angeschlossenen Gefäße bei der Ansicht von vorn. *Rechte (vorn) und linke Herzhälfte (teilweise verdeckt) sind deutlich unterschieden.*

Hohlvene (*Vena cava superior* und *Vena cava inferior;* lat. *vena* = Blutader, lat. *cava* = Höhle, Hohlraum) münden. Die aus der linken Kammer entspringende Körperschlagader (Aorta) zieht nach rechts oben und verläuft über der aus der rechten Kammer kommenden Lungenarterie (A. pulmonalis = Truncus pulmonalis) in einem Bogen (Aortenbogen), um dann hinter dem Herzen weiter abwärts zu ziehen.

Die Pumpwirkung des Herzens beruht auf der rhythmischen Aufeinanderfolge von Erschlaffung (*Diastole;* griech. *diastole* = das Auseinanderziehen, das Ausdehnen) und Kontraktion (*Systole;* griech. *systole* = das Zusammenziehen) der Herzkammern (Ventrikel; lat. *ventriculus* = kleiner Bauch, Magen; Herzkammer). In der Diastole füllen sich die Kammern mit Blut, und in der Systole werfen sie es in die angeschlossenen großen Arterien aus. Ein Rückstrom wird durch die Ventilwirkung der Herzklappen verhindert. Die vier Herzklappen des Herzens sind in Bindegewebsfaserringen befestigt, und sie liegen annähernd in einer Ebene, der Ventilebene.

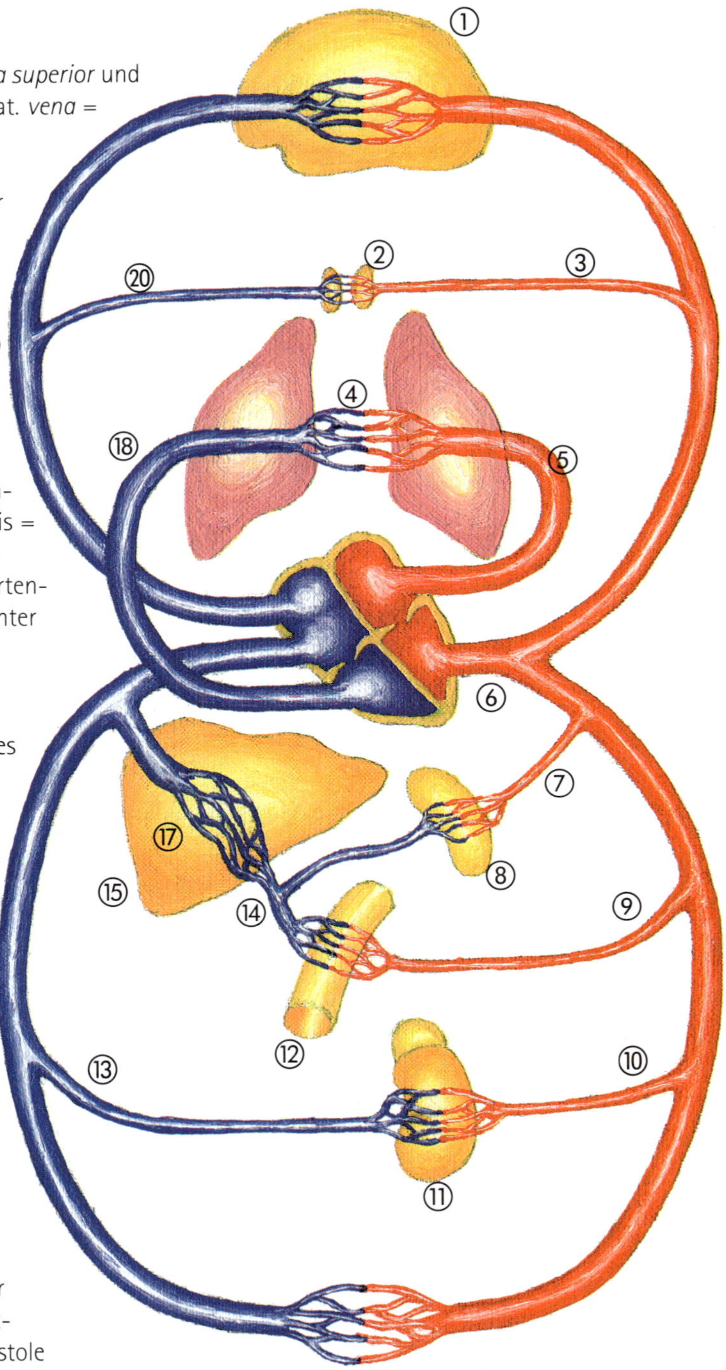

Das Herz und die Blutkreisläufe.
Schematische Darstellung der Verbindungen der beiden Herzhälften mit dem kleinen (Lungenkreislauf) und dem großen Kreislauf (Körperkreislauf).

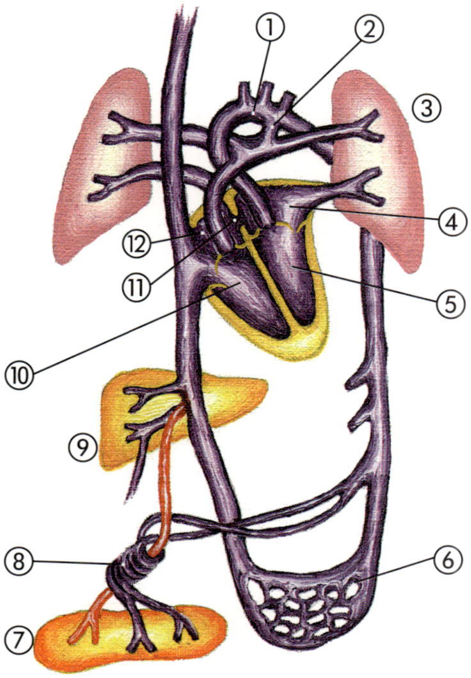

Blutkreislauf des Fetus.

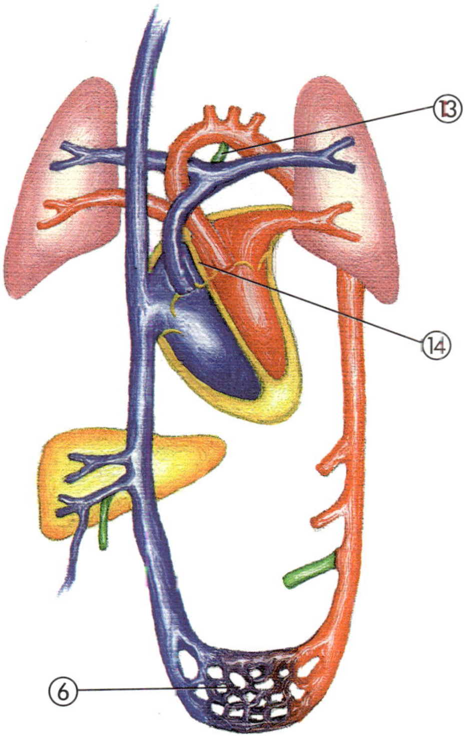

Blutkreislauf des Neugeborenen.

① Aortabogen
② Schlagadergang (Ductus arteriosus)
③ Lunge
④ linker Vorhof
⑤ linke Kammer
⑥ Haargefäße des Körpers
⑦ Plazenta
⑧ Nabelschnur-Blutgefäße
⑨ Leber
⑩ rechte Kammer
⑪ Vorhofscheidewandloch (Foramen ovale)
⑫ rechter Vorhof
⑬ geschlossener Ductus arteriosus
⑭ geschlossenes Foramen ovale

Der vorgeburtliche Kreislauf (linker Bildteil, fetaler Kreislauf) unterscheidet sich in wesentlichen Punkten vom Kreislauf des Neugeborenen (rechter Bildteil, postnataler Kreislauf). Da die Lungen des ungeborenen Kindes noch nicht belüftet werden, muß das Blut über einen Kurzschluß an den Lungen vorbeigeführt werden. Ein Großteil des Blutes gelangt über ein Loch in der Vorhofscheidewand (Foramen ovale) direkt vom rechten zum linken Vorhof und umgeht auf diese Weise den Lungenkreislauf. Der Teil des Blutes, der über die rechte Kammer in den Truncus pulmonalis gelangt, fließt über einen weiteren Kurzschluß (Ductus arteriosus) zur Aorta und umgeht somit ebenfalls den Lungenkreislauf. Der notwendige Gasaustausch findet während des vorgeburtlichen Kreislaufs im Mutterkuchen (Plazenta) statt. Über die beiden Nabelarterien (Aa. umbilicales) strömt sauerstoffarmes Blut zur Plazenta und über die Nabelvene (V. umbilicalis) arterialisiertes Blut zurück zum kindlichen Organismus. Nach der Geburt entfalten sich die Lungen, und durch die stark erhöhte Durchblutung entsteht der Lungenkreislauf. Gleichzeitig verschließen sich das Foramen ovale und der Ductus arteriosus. Damit ist die Umstellung auf Hintereinanderschaltung der beiden Kreisläufe abgeschlossen.

Schlägt das Herz etwa 70mal pro Minute und wird bei jeder Aktion etwa 70 cm^3 Blut in den großen Körperkreislauf ausgeworfen, dann errechnet sich aus diesem Herzminutenvolumen (70 x 70 = 4 900 cm^3) von 5 Litern die gesamte im Körper vorkommende Blutmenge. Bei körperlicher Arbeit müssen die Muskeln stärker durchblutet werden. Dabei steigen die geförderte Blutmenge und der Blutdruck an. Das Herzminutenvolumen kann dabei auf 25 Liter pro Minute ansteigen; d. h., die normale Blutmenge wird in jeder Minute fünfmal umgewälzt. Diese geforderte Anpassung wird zum Beispiel dadurch erreicht, daß das Schlagvolumen sich von 70 auf 140 cm^3 verdoppelt und die Herzschlagfrequenz kurzfristig auf 180 Schläge pro Minute ansteigt (140 x 180 = 25 200 cm^3 = 25 Liter). Das menschliche Herz ist morphologisch und funktionell eine Meisterleistung seines Schöpfers. Als Zentrum des Kreislaufs reagiert es auf jede Anforderung, auch wenn sie aus den verstecktesten Winkeln unseres Körpers kommt. Die größeren Blutgefäße, Schlagadern und Venen, sind reine Transportwege. Sie stellen die Autobahnen für den Schnellverkehr dar, während die Haargefäße oder Kapillaren die eigentlichen Versorgungswege sind. In diesem ausgeklügelten Verkehrsnetz zweigen sich die Schlagadern immer weiter auf und versorgen das gesamte Netz der Kapillaren mit Blut, die sich dann wieder zu immer größer werdenden Venen vereinigen.
Wie die folgende Tabelle 1 ausweist, müssen 1,2 Milliarden Kapillaren von 1 200 Kilometern Gesamtlänge versorgt werden.

Art der Gefäße	Zahl	Gesamtlänge in m	Gesamtquerschnitt in cm^2	Durchmesser in mm
Aorta	1	0,4	0,8	10,0
Große Arterien	40	8	3	3,0
Arterienäste	600	60	5	1,0
Arterienzweige	1800	18	5	0,6
Arteriolen	40 000 000	80 000	125	0,02
Kapillaren	1 200 000 000	1 200 000	600	0,008
Venolen	80 000 000	160 000	570	0,03
Venenzweige	1 800	18	30	1,5
Venenäste	600	60	27	2,4
Große Venen	40	8	11	6,0
Vena cava (superior und inferior = obere und untere)	2	0,4	1,2	12,5

Tabelle 1: Das Gefäßsystem des Menschen in Zahlen.

Blutdruck: Der Druck, gegen den die linke Herzkammer das Blut auswerfen muß, nennt man den *arteriellen Blutdruck*. Die Druckwelle, die hierbei entsteht, kann man als Pulswelle mit dem Finger über einer oberflächlich gelegenen Arterie ertasten. Der arterielle Blutdruck ist eine sich ständig ändernde Größe, die zwischen einem maximalen (systolischer Blutdruck; auf dem Höhepunkt der Austreibungsphase) und minimalen (diastolischer Blutdruck; beim Öffnen der Aortenklappe) Wert liegt. Der *systolische Blutdruck* liegt normalerweise bei 120 (gemeint ist dabei die veraltete Einheit in mm Hg entsprechend 16 kPa[2]) und der diastolische bei 80 (= 10,7 kPa).

Das **Herz eines menschlichen Embryos** beginnt bereits 25 Tage nach der Befruchtung des Eies zum ersten Mal zu schlagen. Zu diesem Zeitpunkt ist das Herz erst 2,5 Millimeter groß, der ganze Keimling im Mutterleib nur 6 Millimeter. Das Herz des ausgewachsenen Menschen wiegt durchschnittlich 320 g (bei Männern) bzw. 270 g (bei Frauen). Die strenge funktionelle Trennung des Herzens in eine rechte (venöse) und eine linke (arterielle) Hälfte entsteht erst nach der Geburt. Beim Fetus (lat. *foetus* = Zeugen, Gebären; med.: Bezeichnung für die Leibesfrucht vom vierten Monat der Schwangerschaft an) stehen beide Vorhöfe des Herzens noch durch das *Foramen ovale*[3] in offener Verbindung miteinander.

Wußten Sie, daß nach der Geburt eine fast schlagartige Umstellung der Funktion des fetalen Herzens stattfindet? Beim fetalen Herzen sind beide Herz-

[2] **Druck:** Die SI-Einheit für den Druck ist das Pascal (benannt nach dem franz. Mathematiker und Physiker *Blaise Pascal*, 1623-1662). Das Einheitenzeichen ist Pa, wobei gilt: 1 Pa = 1 N/m^2 = 1 $kg/(m \cdot s^2)$. Die früher verwendete Einheit *Millimeter Quecksilbersäule* (mm Hg) zur Angabe des Luftdrucks war 1954 durch die Weltorganisation der Metrologie wie folgt definiert: „Ein mm Hg ist der Druck, den eine 1 mm hohe Quecksilbersäule der Temperatur 0 °C am Orte der Normalfallbeschleunigung (9,80665 m/s^2) erzeugte." Für die Umrechnung gilt: 1 mm Hg = 133,332 Pa; 1 kPa = 1000 Pa. In der Medizin werden jedoch aus historischen und praktischen Gründen die alten Einheiten benutzt.

hälften einander parallel geschaltet. Vorhöfe und Ventrikel arbeiten beim Fetus wie ein einziger Hohlmuskel. Die Anreicherung des Blutes mit Sauerstoff geschieht in der Plazenta. Die noch funktionslose Lunge braucht nur wenig Blut und liegt darum hinsichtlich der Blutstromaufteilung in einem Nebenschluß (Parallelschaltung). Nach der Geburt werden beide Herzhälften hintereinander geschaltet (Serienschaltung). Die Umschaltung geschieht durch Eröffnung der Lungenstrombahn und Verschluß des Foramen ovale zwischen rechtem und linkem Vorhof sowie des *Ductus Botalli*[4] zwischen Aorta und *A. pulmonalis*. Durch eine Umstellung des Kreislaufs von fetaler Parallelschaltung beider Herzhälften zu einer Serienschaltung hat der Schöpfer das Herz der neuen Situation angepaßt.

Herz und Bibel: Das Herz ist das zentrale Organ des Blutkreislaufes, von dessen regelmäßigem Schlag das Leben abhängt. Es ist somit Träger des Lebens schlechthin und steht repräsentativ für alle lebensnotwendigen Organe. In der biblischen Bildersprache wird das Herz symbolisch als Wesen und Kern der menschlichen Person angesehen. So werden Niedergeschlagenheit (Ps 34,19), Traurigkeit (Joh 16,6), Schrecken (Joh 14,1), Trübsal und Angst (2 Kor 2,4), aber auch Freude (Joh 16,22) dem Herzen als geistlich-seelisches Zentrum des Lebens zugeordnet. Im Herzen plant der Mensch (Spr 16,9), dort haben Wille und Entschlossenheit ihre Wurzel (Neh 3,38; Rev. Elberfelder: „...und das Volk war mit ganzem Herzen bei der Arbeit"), und im Herzen haben andere Menschen ihren Platz (2 Kor 7,3). Weisheit und Treue, aber auch Torheit wohnen im Herzen (1 Kön 3,12; Ps 14,1; Spr 22,15), ebenso haben persönliche Zuneigung (1 Sam 18,1) und Haß (3 Mo 19,17) hier ihren Sitz, und die Entscheidungen über Ungehorsam und Gehorsam (Apg 7,39) werden dem Herzen als symbolische Stätte der Empfindungen zugeordnet. Wie der Arzt ein Elektrokardiogramm (EKG) anfertigt, um die Funktion des Herzens zu beurteilen, so erstellt Gott ein geistliches EKG. Er führt die Tauglichkeitsprüfung des Herzens durch: „Wie das Feuer Silber und der Ofen Gold, also prüft der Herr die Herzen" (Spr 17,3). Nur einer kennt uns wirklich, darum betet der Psalmist: „Erforsche mich, Gott, und erfahre mein Herz; prüfe mich und erfahre, wie ich's meine" (Ps 139,23).

Zitate:

Französisches Sprichwort: „Das Herz hat kein Geheimnis, das unser Verhalten nicht offenbart."

Chinesisches Sprichwort: „Tiefe Abgründe können ausgefüllt werden, aber niemals des Menschen Herz."

Hebräisches Sprichwort: „Wer ein enges Herz hat, hat eine breite Zunge. Jeder Schmerz ist besser als der des Herzens."

[3] **Foramen ovale** (lat. *foramen* = Loch): Öffnung in der Vorhofscheidewand des Herzens beim Fetus.

[4] **Ductus Botalli** (lat. *ducere, ductum* = ziehen, leiten, führen; Ductus = Verbindungsgang; *Leonardo Botalli* = ital. Arzt, 1530-1571): Ductus Botalli = Ductus arteriosus = Verbindung zwischen Lungenarterie und Aorta beim Fetus.

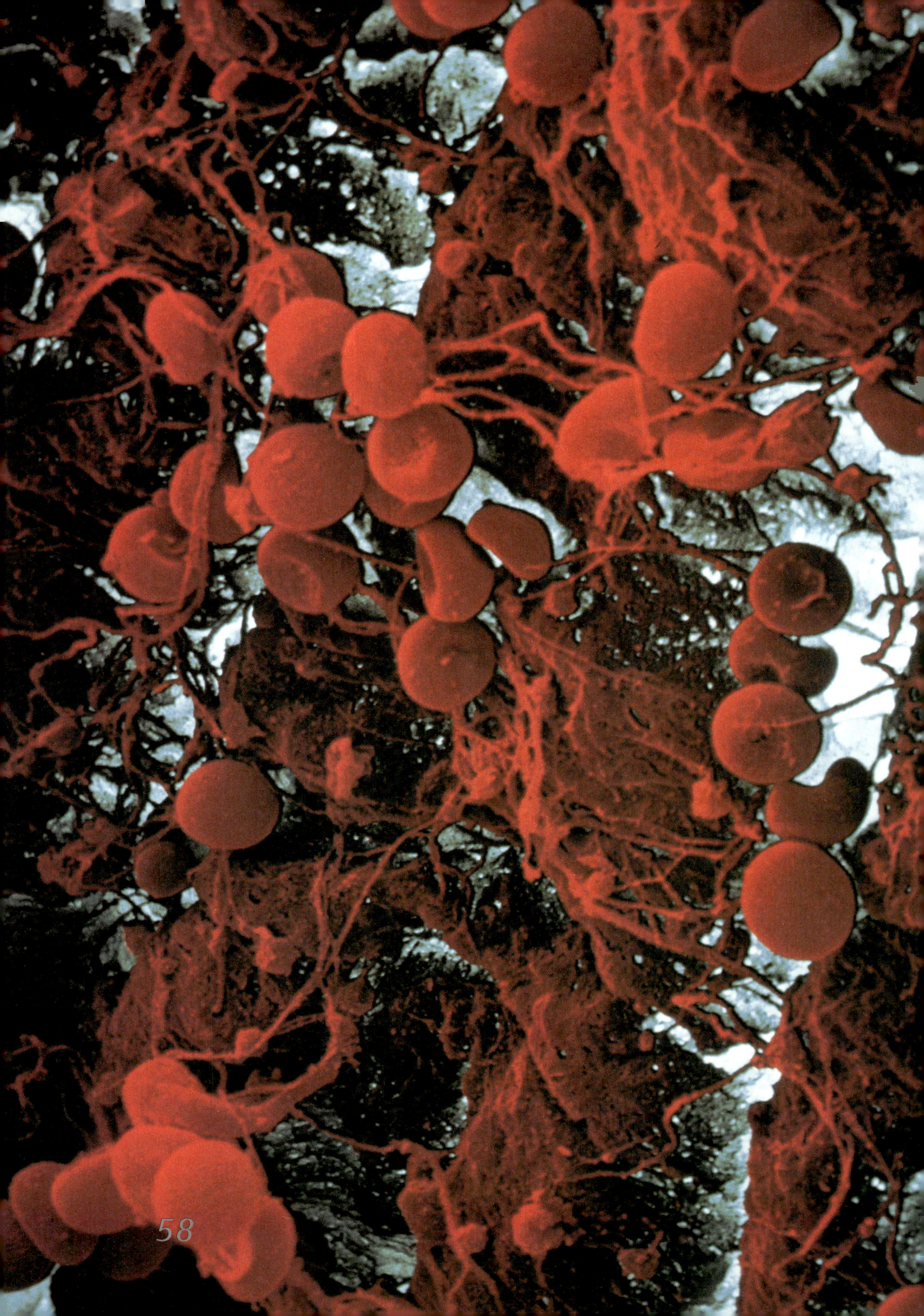

Das Blut

– ein universelles Transportmittel

Das Blut (lat. *sanguis;* griech. *haima*) ist das große flüssige[1] Transportmittel des Körpers und nimmt während seiner Zirkulation mehrere wichtige Funktionen wahr:

1. Atmungsfunktion: Über das Blut wird Sauerstoff aus den Lungen in die Gewebe transportiert und dort zur Verfügung gestellt. Ebenso wird Kohlendioxid aus den Geweben in die Lunge transportiert, um dort abgeatmet zu werden. Diese lebenswichtige Funktion wird hauptsächlich von den roten Blutkörperchen ausgeführt.

2. Nährfunktion: Die Zellen unseres Körpers müssen ständig mit Energie und Rohstoffen versorgt werden. Bei dem Weg von der Nahrung bis zur einzelnen Zelle spielt das Blut eine entscheidende Rolle. Die aus der Nahrung erschlossenen Produkte werden dem Verdauungstrakt, insbesondere dem Dünndarm, entnommen. Der fünf bis sieben Meter lange Abschnitt des Dünndarms ist hinsichtlich der Größe seiner Oberfläche noch der der Lunge überlegen. Breitete man den Dünndarm mit all seinen Ausstülpungen flach aus, so ergäbe dies mehr als die Fläche eines Tennisplatzes. Das Blut saugt aus dem Dünndarm die in Wasser gelösten Nährstoffe auf und führt sie über eine Sammelleitung (Pfortader, *Vena portae*) zur Leber. In diesem größten inneren Organ unseres Körpers, das aus etwa 100 000 sechseckigen Läppchen (*Hepatone;* griech. *hepar* = Leber) besteht, geschieht ein großes Stoffwechselwunder. Die Leberzellen in den Läppchen stellen ein einzigartiges Chemiewerk dar. Zucker, Fette, Eiweiße und andere Nutzstoffe werden hier umgewandelt, gespeichert, wiederverwertet oder freigesetzt. Etwa 30 Prozent des vom Herzen ausgeworfenen Blutes durchläuft die Leber. Nach dem Verlassen der Leber verteilt das Blut die Nährstoffe auf den gesamten Organismus

Das Blut hat noch eine weitere wichtige Funktion zu erfüllen: Überschüssige Nahrungsstoffe werden in die Nahrungsdepots gebracht und bei Bedarf von hier in die aktiven Zellen befördert.

3. Aussonderungsfunktion: Endprodukte des Stoffwechsels in den Zellen diffundieren in den Interzellularraum (= der Raum zwischen den Zellen) und von dort in das Blut. In den exkretorischen Organen, vor allem der Nieren, werden sie dann herausgefiltert (*Exkret* = vom Körper ausgeschiedenes wertloses Stoffwechselprodukt wie Harn, Kot, Schweiß; Gegensatz: *Sekret*).

4. Regelung von Konzentrationen: Das gleichbleibende innere Milieu (gleichbleibende Konzentration gelöster Stoffe, gleiche Temperatur, gleicher Säure-Base-Status) ist eine grundlegende Voraussetzung für die optimale Arbeitsweise der Zellen. Durch bestimmte Organe werden diese Milieuwerte des Blutes ständig kontrolliert und – wenn nötig – korrigiert. Die gleichbleibende Zusammensetzung der zwischenzellulären Flüssigkeiten wird durch Austauschvorgänge mit dem Blut erreicht.

5. Temperaturregelung: Die normale Körpertemperatur beträgt etwa 37 °C; hierbei funktionieren alle Abläufe im Körper optimal. In den Organen wird ein Überschuß an Wärme gebildet. Wegen der hohen spezifischen Wärme des Wassers, dem Hauptbestandteil des Blutes, verfügt das Blut über eine hohe Wärmekapazität. Weiterhin gibt es wegen der Strömung des Blutes einen erheblich schnelleren Wärmeübergang als in einer ruhenden Flüssigkeit. Einerseits wird die überschüssige Wärme vom Blut aufgenommen und über die Atemorgane und die Körperoberfläche abgegeben; andererseits sorgt der Blutkreislauf auch dafür, daß jede Stelle des Organismus die notwendige Wärme erhält.

[1] **Volumenmaße:** In diesem Kapitel kommen immer wieder Volumenangaben vor. So seien hier übliche Volumenmaße mit ihren Umrechnungen aufgeführt:
1 Kubikmeter = 1 m^3 = 1000 dm^3 = 1000 l
1 Kubikdezimeter = 1 dm^3 = 1000 cm^3 = 1 Liter
1 Kubikzentimeter = 1 cm^3 = 1000 mm^3 = 1 Milliliter
1 Kubikmillimeter = 1 mm^3 = 10^9 μm^3
1 Kubikmikrometer = 1 μm^3 = 1 milliardstel mm^3
1 Liter = 1 l = 1 dm^3 = 1000 cm^3 = 1000 ml = 100 cl
1 Zentiliter = 1 cl = 10 ml
1 Milliliter = 1 ml = 1 cm^3 = 1000 µl
1 Mikroliter = 1 µl = 1 mm^3

6. Hormontransport: Blut dient auch als Vehikel für körpereigene Wirkstoffe, die es an den Orten ihrer Bildung oder Speicherung aufnimmt. So erzeugen Drüsen mit innerer Sekretion (= die sog. endokrinen Drüsen; griech. *éndon* = innen, innerhalb; *krínein* = scheiden, trennen, sondern) verschiedene Hormone (griech. *horman* = antreiben, anregen). Viele Lebensvorgänge werden durch besondere vom Blutstrom beförderte Stoffe gesteuert. Es sind die Hormone. Sie werden von bestimmten Geweben oder Drüsen gebildet, an das Blut abgegeben und dann zu anderen oft entfernt liegenden, spezifischen Geweben oder Organen geleitet, um dort eine für die Funktion des Organismus notwendige Wirkung auszuüben. Im Blut kommen sie in verschwindend kleinen Mengen vor. Einige Hormone seien hier erwähnt: *Adrenalin* – entsteht nach Reizung der sympathischen Nervenfasern, wirkt gefäßverengend, *Renin* und *Angiotensin* – bedeutend für die Blutdruckregulation, *Histamin* – spielt eine wichtige Rolle beim Ablauf von Antigen/Antikörper-Reaktionen, *Somatotropin* – Wachstumshormon, *Insulin* – regelt die Verwertung der aus dem Darm aufgenommenen und der im Körper synthetisierten Glukose, *männliche und weibliche Geschlechtshormone, Cortison* – reguliert u. a. die Immunantwort, *Schilddrüsenhormone* – Wärmeregulation, Stoffwechselregulation.

7. Abwehrfunktion: Die weißen Blutkörperchen und bestimmte chemische Bestandteile – Antikörper des Blutes schützen den Körper gegen Gifte oder eindringende Mikroorganismen.

8. Gerinnung: Die Blutgerinnung ist ein unverzichtbarer Schutz vor Blutverlust und repariert bei Verletzungen die Gefäße.

Das Blut nimmt also äußerst wichtige und lebensnotwendige Funktionen wahr: Es ist der Erfüllungsgehilfe des Kreislaufs. Durch den Blutkreislauf wird jede Zelle mit Brennstoffen aus der Nahrung, mit Sauerstoff, Vitaminen, Hormonen und Wärme versorgt. Ebenso werden Stoffwechselprodukte sowie Wärme von jeder Zelle wieder abgeführt. Das Blut befindet sich ein Leben lang in stetem Fluß. Dabei strebt es nicht einem bestimmten Sammelpunkt zu, sondern verbleibt in einer endlosen Schleife, dem Kreislauf. Zentrum dieses Kreislaufsystems ist das Herz, das sich in jeder Sekunde mit Blut füllt, um es dann sogleich wieder auszuwerfen.

Zusammensetzung des Blutes: Das Blut besteht zu 56 % aus flüssigen Bestandteilen (Blutplasma) und zu 44 % aus geformten Bestandteilen (Blutkörperchen). Drei Arten von Blutkörperchen sind zu unterscheiden:

rotes Blutkörperchen

- Rote Blutkörperchen (= *Erythrozyten;* griech. *erythrós* = rot; *kytos* = Höhlung, Wölbung). Häufigkeit: 4,5–5 Millionen/mm^3 Blut
- Weiße Blutkörperchen (= *Leukozyten;* griech. *leukós* = hell, glänzend, weiß). Häufigkeit: 4000–10000/mm^3 Blut
  Drei Arten sind hier noch zu unterscheiden: Lymphozyten (30 %), Granulozyten (66 %), Monozyten (4 %)
- Blutplättchen (= *Thrombozyten;* griech. *thrómbos* = geronnene Blutmasse). Häufigkeit: 150 000–350 000/mm^3 Blut

Rote Blutkörperchen: Wußten Sie, daß wir Menschen in jedem Bluttropfen 250 Millionen rote Blutkörperchen haben? In seiner Lebenszeit von etwa 120 Tagen erfüllt dieses hochspezialisierte

Transportschiffchen eine äußerst wichtige Aufgabe: 175 000mal werden Sauerstoff und Kohlendioxid auf- bzw. abgeladen. Die roten Blutkörperchen haben eine Größe von nur knapp einem tausendstel Millimeter. Würde man alle 25 Billionen Erythrozyten, die wir in den etwa 5 Litern Blut haben, nebeneinander legen, so wäre damit (beim Mann) eine Fläche von 3 800 Quadratmetern bedeckt. Das ist eine Fläche, die mehr als einem halben Fußballfeld entspricht. Menschliche Erythrozyten sind flache, kreisrunde, in der Mitte beidseitig eingedellte kernlose Scheibchen, deren größte Dicke am Rand nur 2 µm beträgt und deren Durchmesser bei einem mittleren Wert von 7,5 µm (Normocyt) liegt. Ihr mittiger Querschnitt hat die Form einer Hantel, die zentral 1 µm dick ist. Die charakteristische Form der roten Blutkörperchen ist deswegen so ausgeführt, damit für die Diffusion eine möglichst große Oberfläche zustande kommt. Diese eigentümliche Form ist auch noch für einen anderen Zweck optimal: Die Erythrozyten lassen sich in engen und gekrümmten Kapillarabschnitten leicht verformen. Sie können sogar in solche Gefäße eintreten, deren lichte Weite kleiner ist als der mittlere Erythrozytendurchmesser. Das Volumen eines roten Blutkörperchens beträgt 90 μm^3. Wäre es kugelig gestaltet, so betrüge die Oberfläche 97 μm^2, durch die bikonkave Scheibenform ist die tatsächliche Oberfläche auf 140 μm^2 erhöht.

Erythrozyten besitzen keinen Zellkern und sind darum nicht teilungsfähig. Das bedeutet, daß im Verlaufe ihrer Lebenszeit der gesamte Erythrozytenbestand erneuert werden muß. Die Neubildung (= *Erythropoese*; griech. *poesis* = das Hervorbringen) geschieht im Knochenmark. Dieser Vorgang ist beachtlich: Von den 25 Billionen werden rund 0,9 % in 24 Stunden erneuert. Das bedeutet eine Neubildungsrate von 160 Millionen in jeder Minute oder 230 Milliarden pro Tag. Diese enorme Leistung erahnt man erst, wenn man die Entstehungsmenge für eine Sekunde umrechnet – dann sind es immer noch 2,7 Millionen!

Eine der wichtigsten Aufgaben des Blutes besteht darin, den in der Lunge aufgenommenen Sauer-

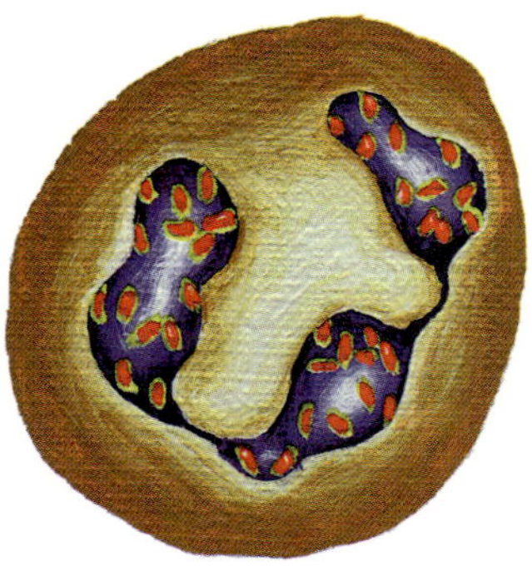

neutrophiler Granulozyt

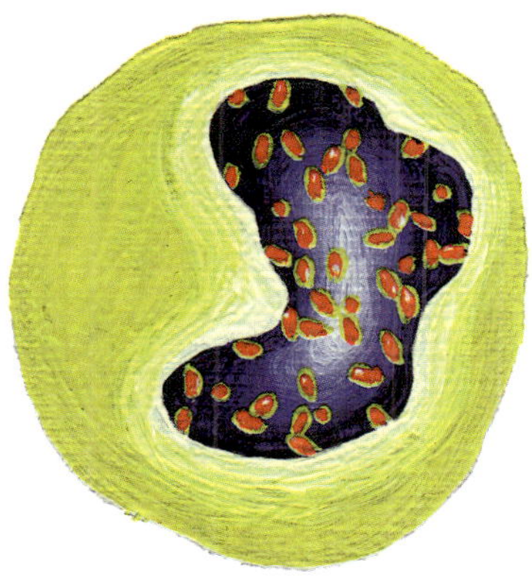

Monozyt

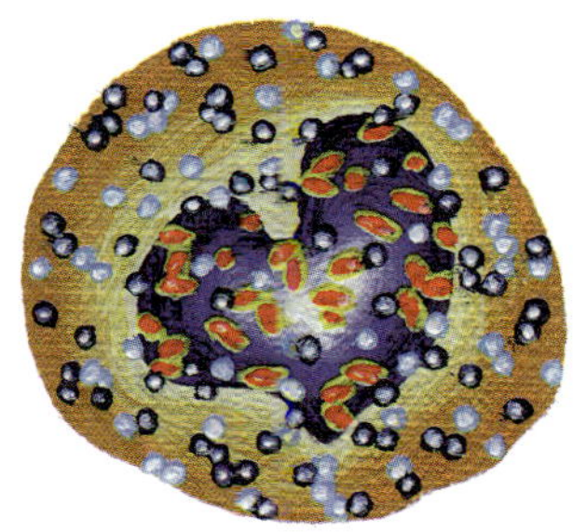

basophiler Granulozyt

Die verschiedenen Blutzellen. *Die Blutzellen werden von einer gemeinsamen Stammzelle, dem Hämozytoblasten, im roten Knochenmark gebildet und nach einer bestimmten Zeit der Reifung in das periphere Blut ausgeschwemmt. Mit Ausnahme der Lymphozyten, die sich auch in lymphatischen Organen vermehren, werden alle Blutzellen zeitlebens im roten Knochenmark hergestellt.*

stoff zu den Organen und Geweben zu transportieren sowie das hier gebildete Kohlendioxid (CO_2) der Lunge zuzuführen. Diese Funktion des Blutes wird im wesentlichen von den Erythrozyten erfüllt. Der in ihnen enthaltene rote Blutfarbstoff **Hämoglobin** (Kurzzeichen: Hb) besitzt die Fähigkeit, den Sauerstoff aus den Lungenkapillaren anzulagern und später in den Gewebekapillaren wieder abzugeben. Außerdem ist das Hämoglobin in der Lage, einen Teil des im Zellstoffwechsel entstandenen Kohlendioxids zu binden und in der Lunge wieder freizusetzen. Das Hämoglobin nimmt also in der Transportkette für die Atemgase eine zentrale Stellung ein. Neben dem Wasser stellt es die Hauptmasse der Erythrozyten. 34 Prozent ihres Feuchtegewichtes entfallen auf den Eiweißkörper Hämoglobin.

In einer Zelle befinden sich 32 pg (1 Pikogramm = 10^{-12} g) Hämoglobin, und das sind etwa 300 Millionen Moleküle. Bezüglich der Trockenmasse der Erythrozyten macht der rote Blutfarbstoff etwa 95 % aus. Bemerkenswerterweise sind die 32 pg pro Zelle im erwachsenen Organismus fast eine Konstante, die auch weitgehend im Tierreich gilt. Die auf das Blutvolumen bezogene Menge an Hb beträgt bei erwachsenen Frauen ca. 140 g/l, bei Männern 160 g/l. Demnach stehen dem Körper bei 5 bis 6 Liter Blut ca. 700–960 g Hb zur Verfügung. Da Hb 0,334 % Eisen enthält, sind 3 Gramm oder 70 % des Gesamtkörper-Eisens darin gebunden.

Jedes dieser Hb-Moleküle ist ein zusammengesetzter Eiweißkörper. Er besteht aus einer Eiweißkomponente, dem *Globin* (lat. *globus* = Kugel), das seinerseits aus vier Polypeptidketten mit je einer Farbstoffkomponente – dem eisenhaltigen *Häm* (griech. *haima* = Blut) – zusammengesetzt ist. Wegen der vier Ketten ist das Protein ein Proteintetramer (griech. *tetra* = vier). Zwei dieser Eiweißketten bestehen aus 141 Aminosäuren (α-Ketten), die beiden anderen aus 146 (β-Ketten). Die genauere Kurzbezeichnung des normalen Erwachsenen-Hämoglobins lautet darum auch $Hb\alpha_2\beta_2$ oder HbA (A von *adult* = erwachsen; lat. *adultum* = heranwachsen). Die genaue Reihenfolge der Aminosäuren in den Ketten ist von ausschlaggebender Bedeutung für die Raumstruktur der Globin-Moleküle. Schon geringe Abweichungen können zu einer starken Beeinträchtigung der Funktion führen. Das Häm besteht chemisch aus vier untereinander über Methinbrücken (— CH =) verbundenen Pyrrolringen und enthält als zentrales Atom ein zweiwertiges Eisenatom. An dieses Eisenatom kann Sauerstoff angelagert

eosinophiler Granulozyt

Blutplättchen (Thrombozyten)

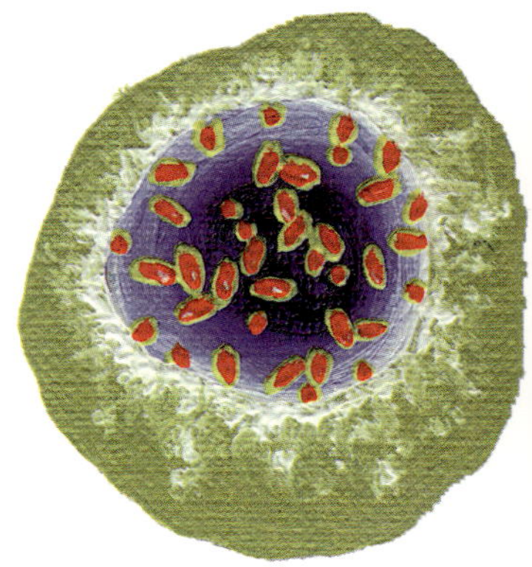

kleiner Lymphozyt

werden, ohne daß sich die chemische Wertigkeit des Eisens dabei ändert. Über die vom Schöpfer gestaltete chemische Struktur können wir nur staunen, wenn wir das folgende bedenken: Normalerweise wird das Eisen des *freien Häms* in Gegenwart von Sauerstoff und Wasser sofort zu dreiwertigem Eisen (Hämatin) oxidiert, das dann keinen Sauerstoff mehr anlagern kann. Diese folgenschwere Reaktion verhindert der Schöpfer nun dadurch, daß die Globinkette einen schützenden Mantel darstellt. Die Ketten bewirken noch andere wichtige funktionelle Eigenschaften: Zum *einen* ist die Sauerstoffanlagerung umkehrbar, weil es sich nicht um eine Bindung im chemischen Sinne handelt, deren Ablösung am Verwendungsort Energie verlangen würde –, und zum *anderen* ist die Sauerstoffanlagerung variierbar, d. h., dadurch wird eine Anpassung der Sauerstoffversorgung peripherer Organe an unterschiedliche physiologische Situationen überhaupt erst möglich. Man kann es auch so formulieren: Ohne das Hämoglobin mit seinen genau abgestimmten Eigenschaften, die aus einer wohldurchdachten Konstruktion des Moleküls stammen, wäre menschliches Leben gar nicht möglich.

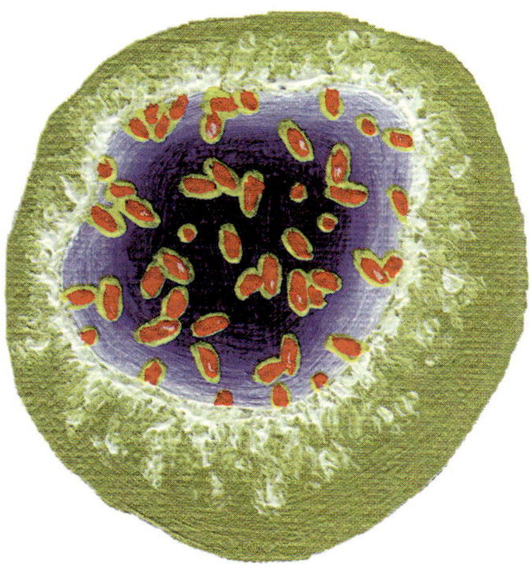

großer Lymphozyt

Das Gesamtmolekül, bestehend aus 10 000 Atomen mit einem Molekulargewicht von etwa 68 000 (Vergleiche: H_2O: 18; CO_2: 44; Insulin: 41 000), ist so gewunden, daß dabei gerade die charakteristische annähernd kugelförmige Gestalt herauskommt. Jedes der vier gleichgroßen Teilmoleküle ist auch wiederum annähernd kugelförmig (Durchmesser: 5,5 nm; 1 nm = 10^{-9} m).

Bei der Sauerstoff-Aufnahme wechselt die Farbe des Blutes von purpurrot (sauerstoffarmes, venöses Blut) zu hellem scharlachrot (sauerstoffreiches, arterielles Blut). Das mit Sauerstoff beladene Hb wird als *Oxyhämoglobin* bezeichnet. Die theoretische Gesamtbindungskapazität des Hb für Sauerstoff in den 5–6 Litern Blut des Erwachsenen liegt bei 1 100 bis 1 400 ml. Es werden aber nur 25 % dieser Ladefähigkeit ausgenutzt. In der gleichen Wassermenge von 5–6 Litern lösen sich bei 20 °C nur 150–180 ml Sauerstoff. Kohlenmonoxid (CO) wird von Hb wesentlich fester gebunden als Sauerstoff und verdrängt diesen. Darauf beruht die hohe Giftigkeit schon geringer CO-Mengen in der Luft.

Ein Teil des Sauerstoffs wird wie die anderen Atemgase im Blut in physikalisch gelöster Form als O_2 transportiert. Obwohl diese Menge von 0,3 ml Sauerstoff pro 100 ml Blut sehr gering ist, ist sie dennoch wichtig, denn nur in physikalisch gelöster Form kann der Sauerstoff in die Gewebe hineindiffundieren. Der meiste vom Blut transportierte Sauerstoff ist jedoch an das Hb gebunden. Da ein Molekül Hb maximal vier Moleküle Sauerstoff binden kann, folgt daraus: 1 g Hb ist fähig, 1,36 ml Sauerstoff anzulagern (*Hüfnersche* Zahl). Weil beim Mann durchschnittlich 15,3 g, bei der Frau 14,5 g Hb in 100 ml Blut vorhanden sind, bindet das Blut des Mannes 20,8 und dasjenige der Frau 19,7 ml O_2 pro 100 ml Blut, wenn alle Häm-Anteile mit Sauerstoff beladen sind. Diese maximale O_2-Kapazität des Blutes zeigt an, daß durch Hb 70mal mehr Sauerstoff im Blut transportiert werden kann als bei nur physikalischer Lösung im Serum. 5,5 Liter Blut enthalten 745 (bei der Frau; ca. 135 g/l) bis 820 g Hb (beim Mann; ca. 150 g/l).

Einige weitere beeindruckende Zahlen seien genannt:

Gesamtzahl der roten Blutkörperchen:	25 Billionen
Das sind	
– in einem Kubikmillimeter (mm^3) Blut	5 000 000
– in einem Bluttropfen	250 000 000
– in einem Kubikzentimeter (cm^3) Blut	5 000 000 000
Gesamtoberfläche der roten Blutkörperchen:	3 800 m^2
Gesamtzahl der weißen Blutkörperchen:	35 Milliarden
Gesamtzahl der Blutplättchen:	1,25 Billionen

Wir wollen versuchen, uns eine anschauliche Vorstellung von der Menge der Erythrozyten zu verschaffen: Würde man alle roten Blutkörperchen wie Geldrollen aufeinandertürmen, so ergäbe das einen Stapel, der 40 000 km hoch wäre, und das ist gerade der Erdumfang am Äquator. Würde man hingegen alle 25 Billionen roten Blutkörperchen hintereinanderlegen, so ergäbe das ein Band von 190 000 Kilometern Länge, und das würde fast fünfmal um den Äquator reichen.

Unterschiedliche rote Blutkörperchen vor und nach der Geburt: Es gehört zu den besonderen Wundern, daß im embryonalen (bis zum 3. Monat), im fetalen (bis zur Geburt) und im erwachsenen Stadium des Menschen nacheinander jeweils unterschiedliche Arten von Hämoglobin synthetisiert werden. Es werden Hämoglobine benötigt, die in ihrer Sauerstoffbindung an die jeweiligen Kreislaufverhältnisse und Stoffwechselsituationen angepaßt sind. Dies wird durch unterschiedliche Tetramere (= die 4 Eiweißketten) im Hämoglobinmolekül erreicht. Neben den bereits genannten α- und β-Eiweißketten gibt es noch ε- und γ-Ketten. Im dritten Schwangerschaftsmonat werden die **embryonalen** (Tetramere sind jeweils zwei α- und ε-Ketten; darum auch $Hb\alpha_2\varepsilon_2$ genannt) durch die **fetalen** (jeweils zwei α- und γ-Ketten, darum auch $Hb\alpha_2\gamma_2$ genannt) Hämoglobine ersetzt. Der Fetus muß während seiner Entwicklung ausreichend mit Sauerstoff versorgt werden. Der Austausch von Atemgas und energiereichen Substanzen findet in der Plazenta[2] statt. Der Sauerstoff-Partialdruck[3] des aus der Plazenta kommenden mütterlichen Blutes beträgt aber nur 4270 Pa und entspricht einem Wert, den man im arteriellen Blut in 10 000 m Höhe hätte. Dieser Wert liegt also weit unterhalb des Normalwertes von 21 278 Pa. Hätte der Fetus das normale adulte Hämoglobin HbA (A von adult = erwachsen), so wäre wegen des erheblich niedrigeren Sauerstoff-Partialdruckes sein Blut nur zu 60 % gesättigt. So hat der Schöpfer für dieses Stadium ein strukturell anderes Hämoglobin, das fetale Hämoglobin HbF (F von fetal), vorgesehen, das besondere Charakteristika der Sauerstoffanlagerung aufweist und abgestimmt ist auf die Koppelung von fetalem und mütterlichem Kreislauf. Aufgrund der speziellen Raumstruktur des HbF kann dieses gegenüber dem HbA 20 bis 30 % mehr Sauerstoff aus dem mütterlichen Blut aufnehmen. Der Austausch von fetalem Hämoglobin HbF gegen HbA (jeweils zwei α- und β-Ketten, darum auch $Hb\alpha_2\beta_2$ genannt) geschieht durch einen sehr bemerkenswerten Prozeß. Schon vor der Geburt beginnt für die Biosynthese der Ketten eine „Programmumschaltung", so daß bei der Geburt nur noch 60–80 % fetales Hämoglobin in den Erythrozyten vorkommt. Nach drei Monaten

[2] **Plazenta** (lat. *placenta* = flacher Kuchen): Mit zunehmendem Wachstum kann der Embryo nicht länger ausreichend durch Diffusion ernährt, mit Sauerstoff versorgt und von CO_2 und Endprodukten entsorgt werden. Dies Problem löst ein schwammiges Organ, das auch als Mutterkuchen bezeichnet wird. Es bildet sich während der Schwangerschaft aus und vermittelt den Stoffaustausch zwischen Mutter und Fetus. Das fetale Blut muß einerseits in unmittelbare Nachbarschaft zum mütterlichen Blut treten, um den Austausch zu gewährleisten, andererseits darf fetales und mütterliches Blut nicht vermischt werden, damit es nicht zu einer Immunattacke der Mutter gegen den Fetus kommt. Dieses Problem wird in der Plazenta gelöst, wo der Austausch von Gasen und Nährstoffen durch Diffusion über Kapillarwände in den Plazentazotten geschieht. Die Plazenta ist mit der Nabelschnur verbunden und wird nach der Geburt abgestoßen.

[3] **Partialdruck** (Teildruck): Der Partialdruck eines Gases entspricht dem Anteil dieses Gases am Gesamtgasdruck des Gasgemisches. Oder anders ausgedrückt: Der meßbare Gasdruck eines Gasgemisches ist gleich der Summe der Partialdrücke aller beteiligten Gase des Gemisches. In Meereshöhe beträgt der Normaldruck 101 325 Pascal (Pa). In trockener Luft sind 21 % Sauerstoff enthalten, somit beträgt der Sauerstoff-Partialdruck 0,21 x 101 325 Pa = 21 278 Pa. Er wird mit PO_2 bezeichnet.

ist das HbF-Hämoglobin fast vollständig gegen das HbA-Hämoglobin ausgetauscht. Es ist staunenswert, wie alle diese Prozesse, den Bedürfnissen entsprechend, zielorientiert ablaufen.

Leukozyten: Die Leukozyten, auch weiße Blutzellen oder weiße Blutkörperchen genannt, sind zahlenmäßig viel seltener als die Erythrozyten: In einem mm^3 Blut gibt es 4 000–10 000. Ihre Zahl ist nicht gleichbleibend. Schon nach einer Mahlzeit oder körperlicher Arbeit steigt sie an. Die Leukozyten stellen eine morphologisch heterogene Gruppe kernhaltiger Blutzellen dar. Ihre Funktionen beziehen sich auf unterschiedliche Formen der Abwehr. Sie bilden eine Armee, die bereit ist, den Körper bis zum Tode zu verteidigen. Sie sterben in Billionenzahl, wenn es eine entzündete Stelle gibt. Etwa sechs Milliarden weiße Blutkörperchen haben wir pro Liter Blut. Auf 600 bis 1000 rote Blutkörperchen kommt ein weißes. Im Gegensatz zu den Erythrozyten handelt es sich hier um vollständige Zellen mit Kern und Organellen. Fünf verschiedene Arten sind zu unterscheiden. Bei der Überzahl ist das Zellplasma körnig oder granuliert, darum heißen sie *Granulozyten.* Aufgrund ihrer unterschiedlichen Färbbarkeit unterscheidet man *neutrophile* (60 % der Leukozyten; griech. *philos* = Freund; mit neutralen Farbstoffen leicht einfärbbar), *eosinophile* (5 %; griech. *eos* = Morgenröte; Eosin = roter Farbstoff, der in der mikroskopischen Technik zur Zellfärbung verwendet wird) und *basophile* (2 %; mit basischen Farbstoffen färbbar) Granulozyten. Den Rest des weißen Blutbildes machen die *Lymphozyten* (30 %) und die *Monozyten* (3 %) aus.

Die Armee der Leukozyten ist ein großartiges Team von Spezialisten. Während die eine Hälfte der Truppe im Blut patrouilliert, hat die andere Außendienst, indem sie das Gewebe überwacht. Bakterien, Viren, Pilze und Parasiten gelangen immer wieder durch Verletzungen der Haut, über die Atmung oder aus dem Verdauungstrakt in unseren Körper. Sie werden als Feinde erkannt, und nachdem sie lokalisiert sind, tritt die Armee in Aktion. Die Feinde werden von den Basophilen und Lymphozyten mit chemischen Waffen beschossen. Als nächstes erscheinen die Neutrophilen, Eosinophilen und Monozyten auf dem Schlachtfeld. Sie umfl eßen die Eindringlinge und nehmen sie in ihr Zellplasma auf, wobei sie dann verdaut werden. An diesem Verteidigungssystem ist bemerkenswert, daß die Geheimarmee deutlich zwischen Freund und Feind, zwischen Körpereigenem und Körperfremdem unterscheiden kann.

Thrombozyten: Pro Kubikmillimeter findet man beim gesunden erwachsenen Menschen 150 000 bis 350 000 Blutplättchen. Die flachen, unregelmäßig runden, kernlosen Thrombozyten haben Längsdurchmesser von 1–4 µm und eine Dicke von 0,5–0,75 µm. Sie stellen membranumschlossene Zell-Bruchstücke dar. Die Verweildauer im Blut beträgt 5 bis 11 Tage. Die Neubildung geschieht im Knochenmark. Die Blutplättchen befinden sich normalerweise in einer Art Ruhezustand. Durch Oberflächenkontakt und durch bestimmte Blutgerinnungsfaktoren können sie in einen aktivierten Zustand überführt werden. Aktivierte Thrombozyten setzen Stoffe frei, die für die Blutungsstillung notwendig sind. Ihre Hauptfunktion ist die Blutstillung durch die Bildung eines Thrombozytenpfropfs. Dabei zerfallen sie; und ihre Inhaltsstoffe lösen dann die Blutgerinnung aus.

Blut und Bibel: Nachdem wir uns mit der grundlegenden Bedeutung des Blutes für alle Prozesse unseres Körpers vertraut gemacht haben, bekommen wir einen ganz neuen Zugang zu den biblischen Aussagen, in denen vom Blut die Rede ist. In 5. Mose 12,23 heißt es, „das Blut ist das Leben". Entsprechend der funktionellen Bedeutung des Blutes wird es nach biblischer Sicht zum Sitz des Lebens. Nachdem Kain seinen Bruder Abel erschlagen hatte, klagt Gott ihn an mit den Worten: „Die *Stimme des Blutes* deines Bruders schreit zu mir von der Erde" (1 Mo 4,10). In 1. Mose 37,27 wird die Wendung „unser Fleisch und Blut" in der Bedeutung von Sippenzugehörigkeit und Verwandtschaft verwendet. Gott schützt unser Leben, und darum verbietet er Menschenopfer (5 Mo 18,10) und Kannibalismus. Wer Menschenblut vergießt, vergreift sich am Bild Gottes und damit am Schöpfer, der das vergossene Blut rächen wird: „Wer Menschenblut vergießt, dessen Blut soll auch durch Menschen vergossen werden; denn Gott hat den Menschen zu seinem Bilde gemacht" (1 Mo 9,6). Zur Erfüllung dieser Aufgabe hat Gott der jeweiligen Obrigkeit Macht gegeben. Sie ist von Gott verordnet, und sie trägt das Schwert, um das Böse zu rächen. Indem die Regierenden das Böse bestrafen, dienen sie uns zum Guten (Röm 13,1-4).

Besonders erwähnt wird das Blut der Märtyrer (der Propheten und Gerechten, der Zeugen Jesu). In Matthäus 23,35 klagt Jesus die Schriftgelehrten und Pharisäer an: „damit über euch komme all das gerechte Blut, das vergossen ist auf Erden, von dem Blut des gerechten Abel an ..." In der Offenbarung ist mehrmals vom Blut der Zeugen Jesu die Rede, die um des Wortes Gottes willen ihr Leben verloren haben (Offb 6,10; 16,6; 17,6; 18,24; 19,2).

Schon im Alten Testament zeigt uns Gott den Wert des Blutes an. Kurz vor dem Auszug des Volkes Israel aus Ägypten gibt Gott die Anweisung, die Türpfosten und die Oberschwelle ihrer Häuser mit dem Blut des Passahlammes zu bestreichen. Auf diese Handlung hin hatte Gott die Bewahrung vor dem Tod der Erstgeborenen verheißen: „Dann aber soll das Blut euer Zeichen sein an den Häusern, in denen ihr seid: Wo ich das Blut sehe, will ich an euch vorübergehen, und die Plage soll euch nicht widerfahren, die das Verderben bringt, wenn ich Ägyptenland schlage" (2 Mo 12,13). Hier war bereits ein verborgener Hinweis auf das rettende Blut des vollkommenen Opferlammes gegeben, nämlich auf das **Blut Jesu**. Vor Gott ist ohne Blutvergießen keine Vergebung möglich (Hebr 9,22). Der Sohn Gottes mußte darum Mensch werden und das **eine** Opfer bringen, das nun für uns rettende Kraft hat. Den Emmausjüngern erklärte Jesus nach seiner Auferstehung: „**Mußte** nicht Christus solches leiden und zu seiner Herrlichkeit eingehen?" (Lk 24,26). Das *Blut Jesu* (Hebr 10,19; 1 Joh 1,7) oder die synonym verwendeten Begriffe *Blut Jesu Christi* (1 Petr 1,2), *Blut Christi* (1 Kor 10,16; Eph 2,13; Hebr 9,14) oder *Blut des Herrn* (1 Kor 11,27) nehmen im Neuen Testament eine zentrale Stellung ein. Alle diese Begriffe sind eine abgekürzte Redeweise, und sie beinhalten: das Bluten und Sterben Jesu Christi, das Sich-Opfern am Kreuz von Golgatha für die Sünden einer verlorenen Menschheit. Die große Bedeutung des Blutes Jesu wollen wir darum in Form einiger Punkte zusammentragen:

1. Das vergossene Blut Jesu ist der Preis für unsere Erlösung. Nur dadurch ist ewiges Leben für uns überhaupt erst möglich: „Denn ihr wißt, daß ihr nicht mit vergänglichem Silber oder Gold erlöst seid ..., sondern mit dem teuren Blut Christi" (1 Petr 1,18–19). „Und nichts Unreines wird hineinkommen ..., sondern allein, die geschrieben stehen in dem Lebensbuch des Lammes" (Offb 21,27). Nur in Reinheit können wir in den Himmel eingehen, und diese Voraussetzung ist von Jesus erwirkt: „Das Blut Jesu Christi, seines Sohnes, macht uns rein von aller Sünde" (1 Joh 1,7).

2. Mit dem Opfer Jesu ist unsere Schuld vor Gott beglichen. Nicht nur unsere persönliche Sünde ist abgetragen, vielmehr trat Jesus in den Riß für eine ganze verlorene Menschheit: „Siehe, das ist Gottes Lamm, das der Welt Sünde trägt" (Joh 1,29). Die prinzipielle Reichweite der Erlösungstat Jesu kommt in Römer 5,18 so deutlich zum Ausdruck: „Wie nun durch die Sünde des Einen die Verdammnis über alle Menschen gekommen ist, so ist auch durch die Gerechtigkeit des Einen für alle Menschen die Rechtfertigung gekommen, die zum Leben führt." Jesu Opfer würde für alle Menschen ausreichen; leider machen nur wenige Gebrauch davon (siehe Mt 7,13-14 und folgender Punkt 7.)

3. Der Sündenfall bewirkte eine tiefe, unüberbrückbare Kluft zwischen dem heiligen Gott und dem sündigen Menschen. Durch Jesus sind wir mit Gott versöhnt, „indem er Frieden machte durch sein Blut am Kreuz" (Kol 1,20b). Dadurch haben wir Gemeinschaft mit dem Vater und mit seinem Sohn Jesus Christus (1 Joh 1,3).

4. Mit dem Blut Jesu ist der „Neue Bund" besiegelt: „Desgleichen nahm er auch den Kelch nach dem Mahl und sprach: Dieser Kelch ist der neue Bund in meinem Blut, das für euch vergossen wird" (Lk 22,20). Im Abendmahl erhält die

Gemeinschaft mit Jesus Christus ihren sichtbaren Ausdruck. An seine Tat sollen wir uns immer wieder neu erinnern: „Das ist mein Leib, der für euch gegeben wird; das tut zu meinem Gedächtnis ... Dieser Kelch ist der neue Bund in meinem Blut; das tut, sooft ihr daraus trinkt, zu meinem Gedächtnis" (1 Kor 11,24-25). Gleichzeitig ist damit eine Verkündigung verbunden, die bis zu seiner Wiederkunft reicht: „Denn sooft ihr von diesem Brot eßt und aus dem Kelch trinkt, verkündigt ihr den Tod des Herrn, bis er kommt" (1 Kor 11,26).

5. Das von Jesus erbrachte Opfer schützt uns vor allen kommenden Gerichten Gottes: „Um wieviel mehr werden wir nun durch Christus bewahrt werden vor dem Zorn, nachdem wir jetzt durch sein Blut gerecht geworden sind" (Röm 5,9).

6. Christus hat uns mit seinem Blut aus der Macht des Teufels und aller bösen Mächte losgekauft und befreit. Damit sind wir auch von der Sklaverei der Sünde losgekauft; der Feind hat kein Anrecht mehr an uns. Durch das Blut Jesu sind die feindlichen Mächte besiegt, und von diesem Sieg dürfen auch wir leben: „Der Tod ist verschlungen in den Sieg. Tod, wo ist dein Stachel? Hölle, wo ist dein Sieg? ... Gott aber sei Dank, der uns den Sieg gibt durch unseren Herrn Jesus Christus!" (1 Kor 15,55+57). So sind wir geschützt vor List, Versuchung und Gewalt des Feindes. Von denen, die ihren Glauben durch harte Proben hindurch bis zum Ziel bewahrt haben, heißt es: „Und sie haben ihn (= den Verkläger, den Feind) überwunden durch des Lammes Blut und durch das Wort ihres Zeugnisses und haben ihr Leben nicht geliebt, bis hin zum Tod" (Offb 12,11).

7. Obwohl die Tat Jesu rettende Kraft für alle Menschen hat, muß sie doch persönlich angenommen werden. Das Opfer Jesu gilt nicht pauschal und automatisch für alle. Gott gibt sein Vergeben, seine Rettung, seinen Frieden und sich selbst nur dem, der es wirklich haben will. Gott nimmt unseren Willen sehr ernst, darum heißt es eingrenzend: „*Wer* den Namen des Herrn anrufen wird, *der* soll errettet werden" (Apg 2,21).

Die Niere

– *Filterung mit Rekorden*

Die menschliche Niere mit ihren 120–160 g Gewicht stellt eine komplexe physikalisch-chemische Fabrik dar, die für die Reinigung des Blutes unentbehrlich ist (*Bild S. 70*). Die paarigen Nieren liegen in der Lendengegend beiderseits der Wirbelsäule. Sie sind das Kontrollorgan der Körperflüssigkeiten. Sie sorgen dafür, daß Zusammensetzung und Volumen der die Zellen umspülenden Extrazellulärflüssigkeit gleichbleibend sind und garantieren damit für optimale Betriebsbedingungen aller Körperzellen. Bei einem Überschuß an Wasser oder gelösten Substanzen sorgen die Nieren für eine entsprechende Ausscheidung. Herrscht Wassermangel, werden Sparfunktionen in Gang gesetzt, die weitere Verluste eingrenzen, ohne jedoch die notwendige Ausscheidung der Endprodukte des Stoffwechsels zu beeinträchtigen. Alle diese Funktionen werden derart ausgeführt, daß die Nieren den Wasserhaushalt und den Salzgehalt des Blutes regeln und die Abbauprodukte des Eiweißstoffwechsels (Harnstoff), die Harnsäure (Endprodukt des Purinstoffwechsels) sowie Giftstoffe ausscheiden.

Zu diesem Zweck findet eine besonders reichliche Durchblutung der Nieren statt, die für uns kaum vorstellbar ist. Pro Minute strömen beim erwachsenen Menschen etwa 1,2 Liter Blut durch die Nieren, das ist immerhin das vierfache des Eigengewichtes der Nieren. Die *spezifische Durchblutung* ist ein medizinischer Kennwert, der angibt, wieviel Blut pro Minute durch ein Organ fließt, bezogen auf das jeweilige Organgewicht. Für die Nieren beträgt die spezifische Durchblutung (1200 cm^3 Blut/min)/(280 g Nierengewicht) =4,3 $cm^3/g \cdot$ min. Dieser Wert liegt beträchtlich über dem der anderen größeren Organe wie Gehirn, Leber oder Herzmuskel. Pro Tag werden die Nieren von 1700 Litern Blut durchströmt, und das ist mehr als das zwanzigfache des Körpergewichts und das 340fache der Gesamtblutmenge des Menschen. Das gesamte Blutvolumen des Menschen liegt bei etwa 5 Litern. Somit werden die Nieren in einer Stunde von dem 15fachen Blutvolumen des Körpers durchflossen.

Die etwa 2,5 Millionen Nierenkörperchen (= *Glomeruli;* lat. *glomerulus* = Verkleinerungsform von *glomus* = Knäuel: Plural: *glomeruli*) beider Nieren und die ebenso vielen Nierenschleifen mit einer Gesamtlänge von fast 100 Kilometern tragen zu einem ausgeklügelten physikalischen Filterprozeß (molekulare Siebung) bei.

Ein Maß für die Ausscheidungsfähigkeit der Nieren ist das Flüssigkeitsvolumen, das von allen Glomeruli pro Zeiteinheit filtriert wird. Diesen Wert nennt man auch die *glomeruläre Filtrationsrate* (GFR), und sie beträgt 120 cm^3 pro Minute. Daraus errechnet sich ein tägliches Filtrationsvolumen von etwa 180 Litern. Das gesamte Volumen des Blutplasmas (= Flüssigkeitsanteil des Blutes) des Körpers von ca. drei Litern ist damit 60mal am Tag Filtrations- und Klärungsprozessen unterworfen. Bezieht man die Filtrationsleistung auf die extrazelluläre Flüssigkeitsmenge (14 Liter) unseres Körpers, so wird diese 13mal am Tag durch den Nierenfilter kontrolliert. In den Nierenkörperchen werden also täglich 180 Liter Ultrafiltrat (Primärharn, Urharn oder Vorharn) ausgeschieden. Diese Menge ist nötig, um die harnfähigen Stoffe durch die Kapillarwände hindurchzubringen. Würde diese riesige Menge direkt ausgeschieden, so wäre der Wasserverlust gravierend. Die tägliche Harnmenge beliefe sich auf 18 Eimer, und wir kämen von der Toilette nicht mehr weg. Entsprechend hoch wäre der tägliche Trinkwasserbedarf.

So hat sich der Schöpfer ein raffiniertes Prinzip ausgedacht, bei dem mehr als 99 Prozent des Wassers und ein Großteil anderer lebenswichtiger Stoffe in einer Rückgewinnungsanlage dem Körper wieder zugeführt werden. Auf dem weiteren Weg durch die Nierenkanälchen (*Bild S. 71*) werden Wasser, Zucker, Kochsalz zurückgewonnen und wieder dem Blut zugeführt. Die Rückgewinnung liegt bei einem Verhältnis von etwa 100:1, so daß je nach aufgenommener Flüssigkeitsmenge einerseits und Flüssigkeitsverlust andererseits (z. B. Schwitzen) nur 1 bis 1,6 Liter Harn abgeführt werden müssen.

Auf der Schnittfläche der Niere (*Bild S. 70*) erkennt man eine äußere körnige Rindenschicht und eine strahlig gestreifte innere Markschicht. Das Nephron (von griech. *nephron* = Niere) stellt die kleinste Arbeitseinheit der Niere dar. Es besteht aus dem Nierenkörperchen (Glomerulus) mit der zu- und abführenden Blutleitung (Arteriolen), dem Nierenkanälchen sowie dem Sammelrohr (*Bild S. 71, linker Teil*). Die Nierenkörperchen haben von der äußeren Gestalt her eine körnerartige Struktur. Sie stellen aber eine äußerst ideenreiche verfahrenstechnische Apparatur dar: Die ankommende Blutleitung (*Vas afferens*[1] 20–50 µm Durchmesser) fächert sich in ein Knäuel feinster Blutgefäße auf, die einen Durchmesser von nur 7 µm = 0,007 mm haben. Alle diese feinen Äderchen (ca. 30 Schlingen; siehe (*Bild S. 71 rechter Teil*) bündeln sich dann wieder zu einer einzigen abgehenden Blutleitung (*Vas efferens*). Dieses System für sich ist schon in Bezug auf die Herstellung ein Wunderwerk für sich. Das Knäuel der aufgefächerten Blutgefäße wird von einem doppelwandigen Becher umschlossen (*Bowman-Kapsel*). Diese Kapsel hat einen Durchmesser von nur etwa 0,17 mm. Die Stelle der Kapsel, wo die zu- und abführenden Gefäße einmünden, heißt

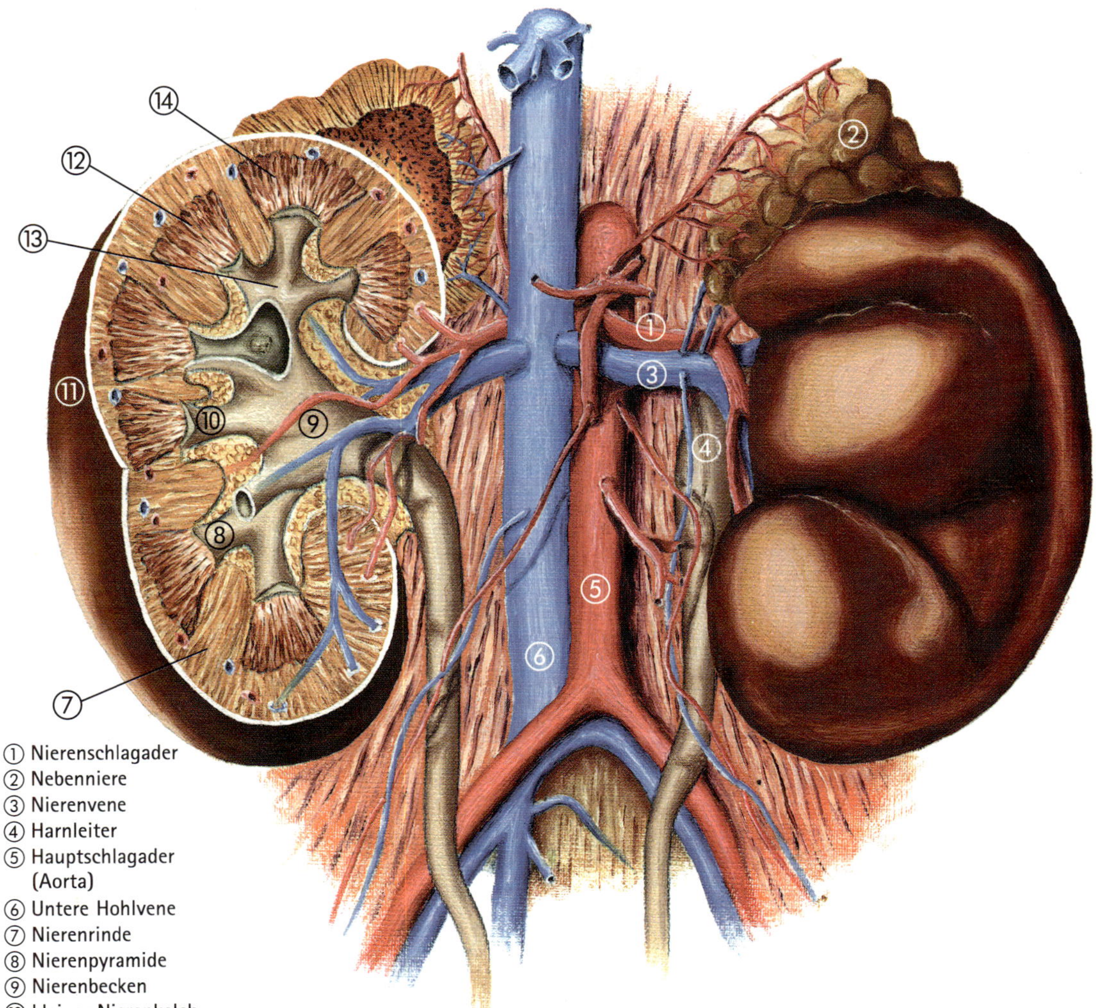

① Nierenschlagader
② Nebenniere
③ Nierenvene
④ Harnleiter
⑤ Hauptschlagader (Aorta)
⑥ Untere Hohlvene
⑦ Nierenrinde
⑧ Nierenpyramide
⑨ Nierenbecken
⑩ kleiner Nierenkelch
⑪ bindegewebige Kapsel der Niere
⑫ Nierenkörperchen in der Rinde
⑬ großer Nierenkelch
⑭ Nierenmark

[1] **Vas afferens, Vas efferens** (lat. *vas* = Gefäß; *afferre* = hinbringen; *efferre* = herausbringen, fortführen): Aus der Arteria interlobularis kommendes und in den Glomerulus der Niere führendes Gefäß. Vas efferens = aus dem Glomerulus der Niere austretendes Gefäß.

Gefäßpol. Aus dem Innern der Kapsel gibt es nur *eine* abführende Leitung; diese Stelle heißt *Harnpol.* Die Wand der Kapillarschlingen verhält sich wie ein Filter mit äußerst feinen Poren. Die Porengröße ist gerade so bemessen, daß Wasser und kleinmolekulare Stoffe durch die Wand dieser feinen Blutgefäße in den Kapselraum gepreßt werden, während die Blutkörperchen und die großen Eiweißmoleküle nicht durchtreten können.

Durch diese geniale Konstruktion der Ultrafiltration entstehen in 24 Stunden aus 1 700 Litern Blut etwa 180 Liter Ultrafiltrat (Primärurin oder Vorharn), d. h., das Blut verliert etwa 10 Prozent der Flüssigkeit. Im Anschluß an den Kapselausgang (Harnpol) befinden sich die Nierenkanälchen (= *Tubuli renales;* lat. *tubuli* = kleine Röhre; lat. *ren* = Niere). In diesem Bereich findet die Wiederaufnahme (Rückresorption, Rückdiffusion) von Wasser, Traubenzucker und anderen Stoffen aus dem Primärharn statt, um sie wieder dem Blut zurückzuführen. Der von der Kapsel ausgehende Schlauch besteht aus einem gewundenen und

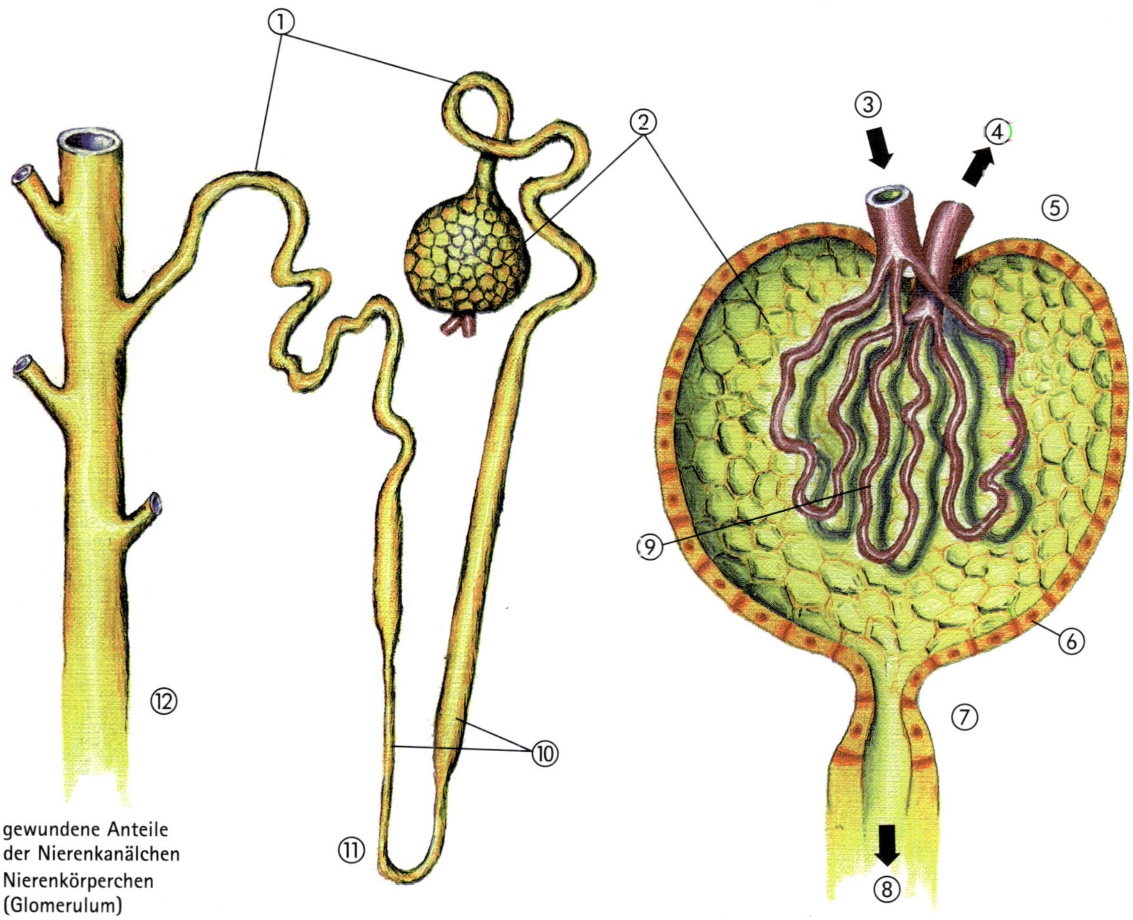

① gewundene Anteile der Nierenkanälchen
② Nierenkörperchen (Glomerulum)
③ Blutzufluß
④ Blutabfluß
⑤ Gefäßpol
⑥ Bowman-Kapsel 0,17 mm Ø
⑦ Harnpol
⑧ Vorharn
⑨ Kapillarknäuel
⑩ gerade Anteile der Nierenkanälchen
⑪ Henle-Schleife
⑫ Sammelrohr

Details der menschlichen Niere.
Links: Das Nephron als Arbeitseinheit der Niere.
Rechts: Ausschnittsvergrößerung eines Nierenkörperchens.

einem sich anschließenden geraden Hauptstückteil, dem sich dann die dünne *Henlesche Schleife* anschließt (*Bild S. 71, linker Teil*). Diese geht in den geraden Teil und dann in den gewundenen Teil des Zwischenstückes über. Schließlich mündet die Leitung in eine Sammelröhre ein. Die Sammelröhren enden bündelweise an Ausstülpungen der Markschicht (Nierenpapillen), die in kelchartige Erweiterungen des Nierenbeckens (Nierenkelche) eingefügt sind (*Bild S. 70*). Hier ergießen sie den Harn in das Nierenbecken und von dort weiter über den Harnleiter in die Harnblase.

Niere und Bibel: In der Bibel spielen die Organe Herz und Niere eine besondere Rolle. Oft werden beide gleichzeitig genannt (z. B. Ps 7,10; Jer 11,20; Offb 2,23). Gott prüft den Menschen auf Herz und Nieren: „Ich, der Herr, kann das Herz ergründen und die Nieren prüfen und gebe einem jeglichen nach seinem Tun, nach den Früchten seiner Werke" (Jer 17,10). In der Bildersprache der Bibel sind die Nieren im Zusammenhang mit den lebenswichtigen zentralen Organen genannt. Sie werden darum bei der Schöpfertätigkeit Gottes besonders erwähnt: „Denn du hast meine Nieren bereitet und hast mich gebildet im Mutterleibe" (Ps 139,13). Die Nieren sind weiterhin ein Symbol des Schmerzes der Seele: „Da es mir wehe tat im Herzen und mich stach in meinen Nieren" (Ps 73,21). Die Nieren haben wir vom medizinischen Standpunkt als notwendiges Reinigungsorgan des Körpers erkannt. So wird es verständlich, warum die Bibel in Analogie dazu die Nieren auch als Symbol für die Reinigung des inwendigen Menschen von Schlacke und Sünde ansieht. So stellt Gott uns die Frage, ob unsere „geistlichen Nieren" einwandfrei arbeiten: Ist alle Sünde bereinigt und vergeben? Wie sieht es mit den Schadstoffen unserer Seele aus? Gott stellt uns auf seinen Prüfstand: „Aber du, Herr Zebaoth, du gerechter Richter, der du Nieren und Herzen prüfst ..." (Jer 11,20).

Der ständige Umgang mit dem Wort Gottes wirkt auf unser Leben wie reinigende Nieren. Jesus sagt darum seinen Jüngern: „Ihr seid schon rein um des Wortes willen, das ich zu euch gesagt habe" (Joh 15,3). Die vergebende Kraft des Blutes Jesu ist die Grundlage der Reinigung; im Wort Gottes ist sie der Gemeinde verheißen: „... daß er (= Jesus) sie (= die Gemeinde) heiligte, und hat sie gereinigt durch das Wasserbad im Wort" (Eph 5,26).

Ohne Niere stirbt der Mensch. Hat jemand keine Vergebung der Sünden, so daß alle Schlacken des Lebens nicht abgeführt werden können, so ist der Mensch den geistlichen Tod gestorben. Ohne geistliche Nieren kann niemand lebendig sein, darum sagt Jesus: „Laß die (geistlich) Toten ihre (leiblich) Toten begraben" (Mt 8,22).

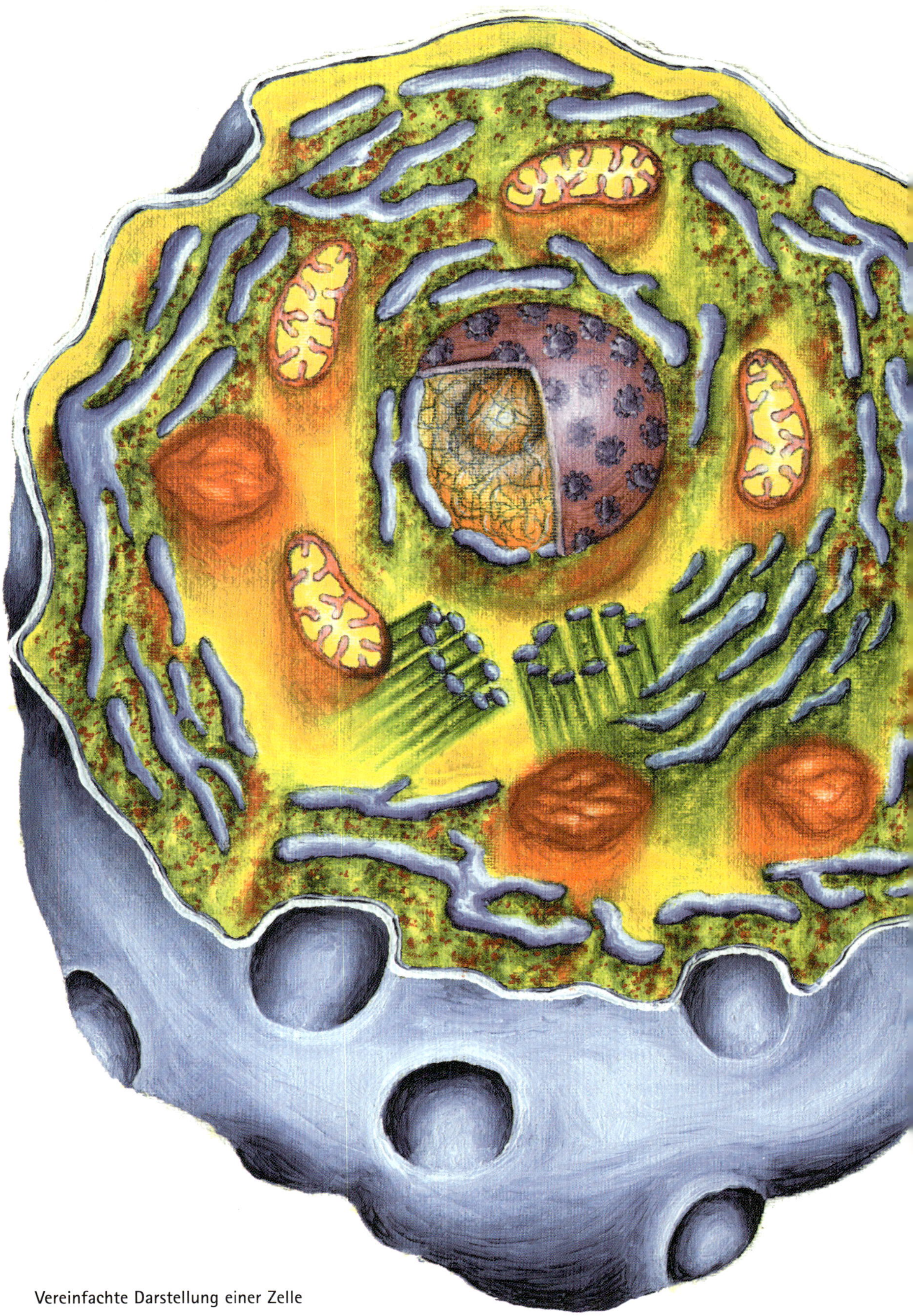

Vereinfachte Darstellung einer Zelle

Die Zellen

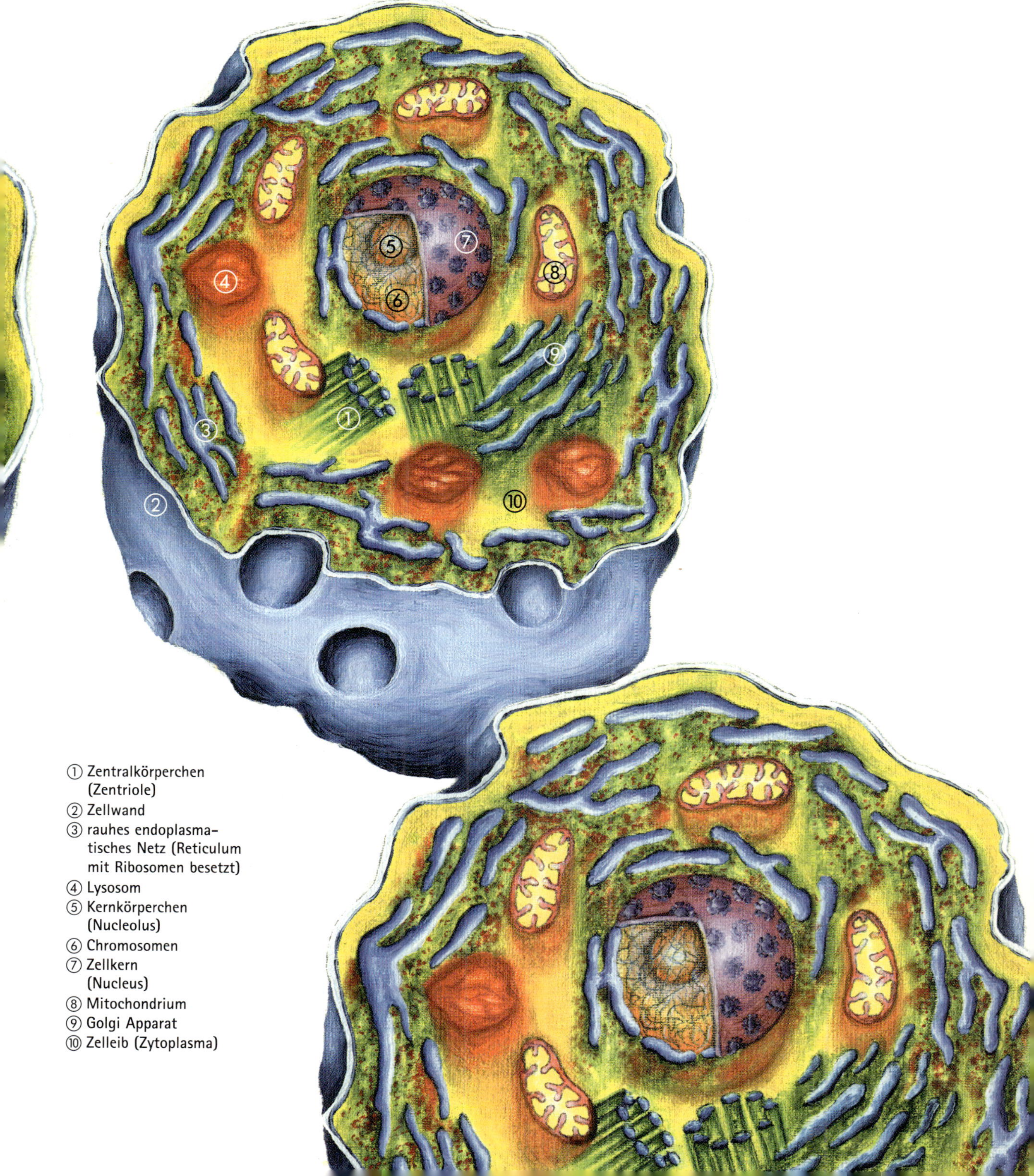

① Zentralkörperchen (Zentriole)
② Zellwand
③ rauhes endoplasmatisches Netz (Reticulum mit Ribosomen besetzt)
④ Lysosom
⑤ Kernkörperchen (Nucleolus)
⑥ Chromosomen
⑦ Zellkern (Nucleus)
⑧ Mitochondrium
⑨ Golgi Apparat
⑩ Zelleib (Zytoplasma)

Die Zellen

- Bausteine für ein Haus mit 100 Billionen Einzelteilen

Wußten Sie, daß der menschliche Körper aus etwa 100 Billionen Zellen besteht, von denen jede aus etwa 10 000mal so vielen Molekülen besteht, wie die Milchstraße Sterne hat? Dabei ist zu bedenken: Unsere Milchstraße besteht aus mindestens 100 Milliarden Einzelsternen.

Die kleinsten Baueinheiten des menschlichen Körpers sind, wie bei Pflanzen und Tieren, die Zellen. Zusammen mit den zwischen den Zellen liegenden Materialien, den Interzellularsubstanzen, bauen sie die Strukturen des Körpers auf. Bei den Einzellern tritt die Zelle als selbständiger Organismus auf; sie stellt damit die kleinste noch allein lebensfähige morphologische Einheit dar. Bei den Mehrzellern *(Metazoen)* bildet sie große Verbände und ist Elementarorganismus oder Baustein der übergeordneten Struktur. Die Zellen sind hinsichtlich Größe, Gestalt und Aufgaben sehr unterschiedlich.

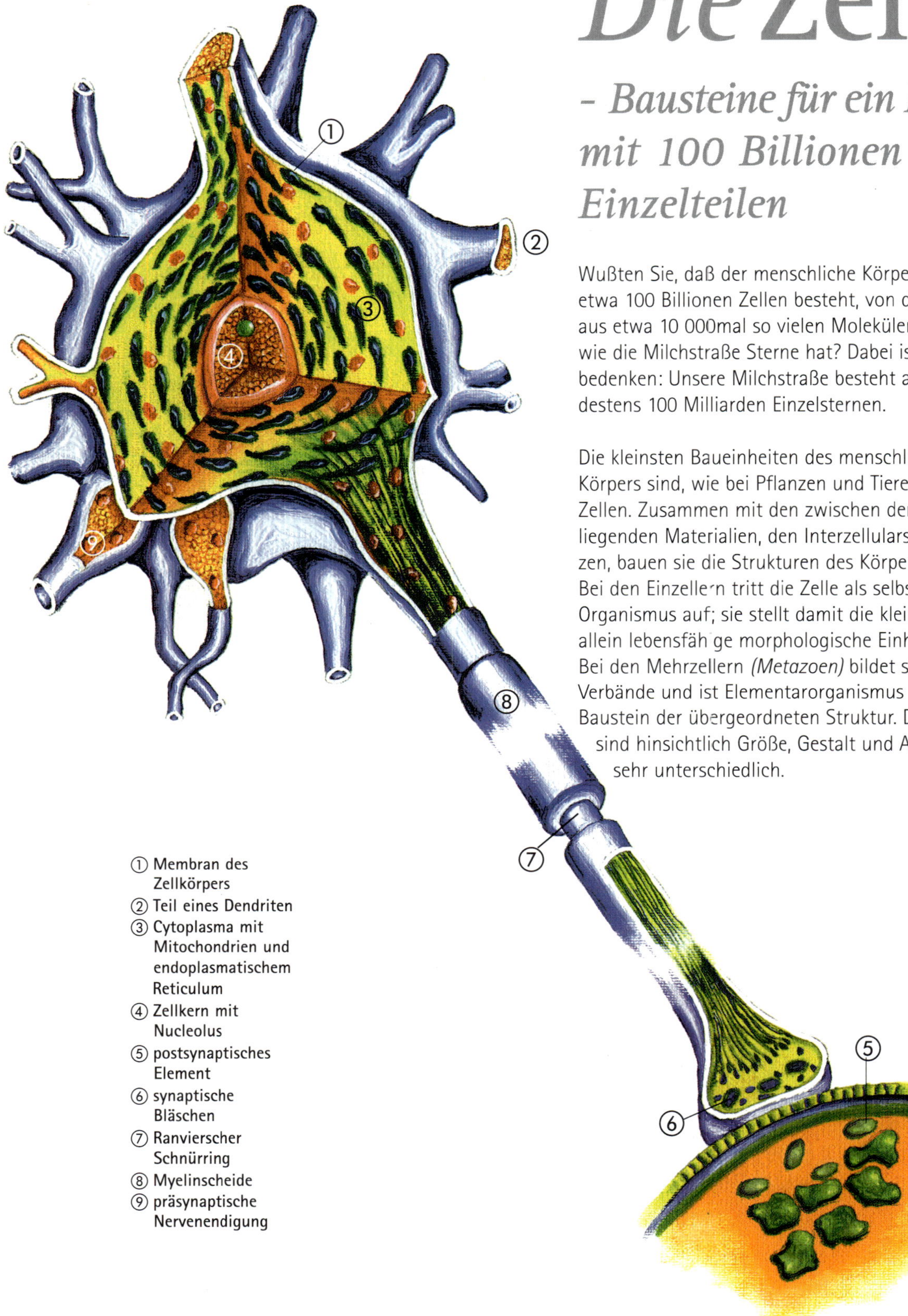

① Membran des Zellkörpers
② Teil eines Dendriten
③ Cytoplasma mit Mitochondrien und endoplasmatischem Reticulum
④ Zellkern mit Nucleolus
⑤ postsynaptisches Element
⑥ synaptische Bläschen
⑦ Ranvierscher Schnürring
⑧ Myelinscheide
⑨ präsynaptische Nervenendigung

Prinzipskizze einer Nervenzelle.

Größe: Die Größen menschlicher Zellen sind sehr verschieden. Mit unbewaffnetem Auge oder mit einer Lupe lassen sich nur wenige Zellen des menschlichen Körpers erkennen. Am größten sind die Eizellen, die mit einem Durchmesser von 0,15 mm = 150 µm die Grenze der unmittelbaren Sichtbarkeit erreichen (1 µm = 1 Mikrometer = 1 tausendstel Millimeter). Zu den großen Zellen gehören auch die Zelleiber mancher großer Nervenzellen mit einem Durchmesser von 0,12 bis 0,2 mm = 120–200 µm. Viele Nervenzellen haben Ausläufer, die bis zu einem Meter lang oder noch länger sind, dennoch beträgt ihr Querschnitt nur wenige Mikrometer. Die Größe der anderen menschlichen Zellen schwankt je nach Gewebeart zwischen 5 µm und 20 µm. Einige Nervenzellen, Riesenzellen im Knochenmark u. a., übersteigen mit 80 µm und mehr ein Mehrfaches der gängigen Zellengröße. Zu den kleinsten Zellen des menschlichen Organismus gehören die 4–5 µm messenden kleinen Gliazellen (lat. *glia* = Leim), die Spermien, deren Köpfe einen Durchmesser zwischen 3–5 µm haben, sowie die roten Blutkörperchen, deren mittlerer Durchmesser bei 7,5 µm liegt. Zellen mittlerer Größe weisen einen Durchmesser von 30–50 µm auf.

Form: Wegen der deutlichen Beziehung zu ihrer Funktion sind Zellen recht unterschiedlich geformt. Sie sind oft der Umgebung angepaßt, wie z. B. im Abschlußgewebe (Epithelgewebe). Es gibt dort kubische, flache oder hochprismatische Zellen, die dicht aneinandergepackt sind und so ihre spezifische Form bedingen. Manche Zellen sind spindelförmig (z. B. bei der glatten Muskulatur) oder kugelig. Andere wiederum haben lange und verzweigte Ausläufer, wie die Bindegewebs- und Nervenzellen.

Aufgabenvielfalt: Auch wenn Zellen in ihrem Grundmuster ein einheitliches Bild zeigen, so gibt es bezüglich ihrer Aufgabenvielfalt beträchtliche Unterschiede. Jeder Zelltyp ist darauf spezialisiert, eine ganz besondere Aufgabe innerhalb des Organismus zu übernehmen. So transportieren die *roten Blutkörperchen* (Erythrozyten) Sauerstoff, die *Nervenzellen* stehen im Dienste der Informationsverarbeitung, *Drüsenzellen* sondern bestimmte Stoffe ab und dienen damit der Sekretion, *Muskelzellen* besorgen die Motorik des Körpers, und die *Keimzellen* dienen der Fortpflanzung. Die jeweilig erbrachten Leistungen einer Zelle beruhen auf einer spezifischen genetischen Information. Sie ist in der Zelle in bestimmten Abschnitten der DNS (Desoxyribonucleinsäure) in den Erbanlagen gespeichert. Hier findet sich ein Programm zur Steuerung der Zellvermehrung sowie zur Synthese aller benötigten Eiweißstoffe. Diese beiden Eigenschaften sind unabdingbare Voraussetzungen dafür, daß sich aus einer befruchteten Eizelle ein vielzelliger Organismus bildet und aus gemeinsamen Vorläuferzellen so unterschiedlich differenzierte Zellen wie Gehirn-, Lungen-, Muskel- oder Leberzellen bilden können. Zellen unterschiedlicher Differenzierung und Funktion haben auch eine unterschiedliche Lebenserwartung. Manche sterben bereits nach Stunden oder wenigen Tagen ab (z. B. Darmepithelzellen), und andere erreichen das Lebensalter des gesamten Organismus (z. B. Nervenzellen).

Zahl: Atemberaubend hoch ist die errechnete bzw. abgeschätzte Zahl aller Zellen, die den menschlichen Körper aufbauen: 100 Billionen! Diese Zahl ist kaum vorstellbar; es sind 10^{14} oder 100 000 Milliarden. Wollte jemand bis zu dieser Zahl zählen, und würde er das ununterbrochen, Tag und Nacht, im Takt einer Sekunde tun, so reichte kein Menschenleben dazu aus. Der Zeitbedarf betrüge nämlich drei Millionen Jahre! Alleine im Blut kommen $25 \cdot 10^{12}$ oder 25 Billionen rote Blutkörperchen vor. Sie stellen damit den am häufigsten vorkommenden Zelltyp dar, und sie haben entgegen dem Bauplan aller anderen Zellen weder einen Zellkern noch Zellorganellen. Von den verbleibenden Zellen entfallen weitere 100 Milliarden (= 0,1 Billionen) auf die Nervenzellen des Gehirns.

Nimmt man eine mittlere Zellgröße von 40 µm an, und würde man alle Zellen hintereinander aufreihen, so könnte man aus den Zellen unseres Körpers eine Zellkette bilden, die 100mal um den Äquator reichen würde.

Die DNS

– von Computern unerreichte Speichertechnik

Tief im Innern der Zelle, in ihrem mikroskopisch kleinen Kern, wird das wertvollste Material des Körpers aufbewahrt – das Genom, die genetische Information. Wußten Sie, daß diese Informationen, als Buchstaben aufgeschrieben, 1000 tausendseitige Bücher mit je 3000 Zeichen pro Seite füllen würden? Das **Genom des Menschen** (Erbsubstanz) besteht somit aus 3 Milliarden genetischen Buchstaben. Würde man diese mit der Schreibmaschine in eine einzige Zeile schreiben, so reichte diese Buchstabenkette vom Nordpol bis zum Äquator. Würde eine gute Sekretärin mit 300 Anschlägen pro Minute an 220 Arbeitstagen pro Jahr bei einem Achtstundentag ununterbrochen daran schreiben, so würde ihr gesamtes Berufsleben nicht ausreichen, um diese Buchstabenmenge auch nur zu tippen. Sie wäre nämlich 95 Jahre damit beschäftigt!

Ein wissenschaftlicher Programmierer kann im Mittel etwa 40 Zeichen Programmcode pro Tag entwerfen, wenn man die Zeit von der Konzeption bis zur Systempflege mit einbezieht. Geht man nur einmal von der Menge der Zeichen im Genom des Menschen aus, so wäre für diese Programmieraufgabe eine Heer von über 8000 Programmierern erforderlich, das sein gesamtes Berufsleben nur an diesem Projekt arbeitete. Kein menschlicher Programmierer aber weiß, wie dieses Programm zu gestalten ist, das auf einem gestreckten DNS-Faden von nur einem einzigen Meter[1] Platz hat.

Das DNS-Molekül. *Schematische Darstellung (Bild S. 78) der räumlichen DNS-Doppelhelixstruktur (DNS = Desoxyribonucleinsäure). Zwei Polynucleotidstränge sind schraubenförmig umeinander gewunden und bilden eine Doppelspirale. Die durch Wasserstoffbrücken gekoppelten Basenpaare sind in einer zur Helixachse senkrechten Ebene angeordnet. Aus dem Prinzip der Basenpaarung Adenin mit Thymin und Cytosin mit Guanin folgt für das molare Mengenverhältnis A : T = C : G = 1 : 1. Die Steigung des „Rechtsgewindes" beträgt 3,4 Nanometer (nm), der Durchmesser 2 nm und der Abstand der aufgestockten Basen 0,34 nm (1 nm = 10^{-9} m = 1 milliardstel Meter bzw. 1 millionstel Millimeter).*

Speicherdichte: Als Speichermedium der genetischen Information dient die doppelsträngige DNS (chemischer Name: Desoxyribonukleinsäure; s. *Bild S. 78*). Sie benötigt beim Menschen nur das extrem kleine Volumen[2] von drei milliardstel Kubikmillimetern ($3 \cdot 10^{-9}$ mm^3). Hier wurde eine immense Speicherdichte realisiert, von der die Chips der modernsten Computer noch um Zehnerpotenzen entfernt sind. Es ist die höchste bekannte Speicherdichte! Von der Speicherdichte dieses Materials wollen wir uns einmal einen anschaulichen Eindruck verschaffen:

Stellen wir uns vor, wir nähmen das Material eines Stecknadelkopfes von 2 mm Durchmesser und zögen daraus einen so extrem dünnen Draht, daß er denselben Durchmesser hat wie das DNS-Molekül. Wie lang würde dieser Draht wohl sein? Nun, er würde sage und schreibe 33mal um den Äquator reichen! Hätten Sie das gedacht?

Würde man die Informationsmenge, die im menschlichen Genom enthalten ist, in Taschenbüchern (à 160 Seiten) zu Papier bringen, so benötigte man dafür fast 12 000 Exemplare. Vergleicht man die DNS-Speicherung mit üblichen 16-Megabit-Chips in Computern, so kommen wir ins Staunen, denn im menschlichen DNS-Faden ließe sich die 1400fache Informationsmenge unterbringen. Fragt man gar, wie viele solcher Taschenbücher in dem DNS-Volumen, das einem Stecknadelkopf entspricht, unterzubringen wären, so kommt man auf 15 Billionen Stück. Aufeinandergelegt ergäbe das einen Stapel, der noch 500mal höher wäre als die

[1] **Gesamtlänge des DNS-Fadens:**
$L = 3 \cdot 10^9$ Buchstaben x $0{,}34 \cdot 10^{-9}$ m Buchstabenabstand = 1,02 m

[2] **Volumen des DNS-Fadens:**
$V = (\pi/4) \times (2 \cdot 10^{-9}\ m)^2 \times 1{,}02\ m = 3{,}2 \cdot 10^{-18}\ m^3 = 3{,}2 \cdot 10^{-9}\ mm^3 = 3{,}2\ \mu m^3$
1 m^3 (Kubikmeter) = 10^9 mm^3 (Kubikmillimeter)
1 mm^3 = 10^9 μm^3 (Kubikmikrometer)

Entfernung Erde-Mond, und das sind immerhin 384 000 Kilometer. Anders ausgedrückt: Würde man diese Menge der Bücher auf alle Bewohner der Erde (fast 6 Milliarden Menschen) verteilen, so erhielte jeder 2500 Exemplare!

Strukturierung: Die gesamte genetische Information ist mit einer Bibliothek vergleichbar. Die einzelnen Bände heißen **Chromosomen**, und ihre Kapitel nennt man Gene. Die Gene sind wie Eintragungen in einem gigantischen Lexikon. Menschliche Zellkerne enthalten 46 Chromosomen (diploider Chromosomensatz in den Körperzellen; griech. *diplóos* = doppelt) in Form von 23 Chromosomenpaaren (je 23 väterliche und mütterliche Chromosomen). Die einzelnen Chromosomen sind aufgrund ihrer Gesamtlänge, der Länge der Chromosomenarme sowie der Lage der Einschnürungen zu unterscheiden. Mit Ausnahme der Geschlechtschromosomen entsprechen sich väterliche und mütterliche Chromosomen in der Art und Anordnung der Erbmerkmale. Während das weibliche Geschlecht zwei gleich große Geschlechtschromosomen (XX) aufweist, besitzt das männliche ein großes und ein kleines Geschlechtschromosom (XY).

Beim Menschen enthalten 23 Chromosomenpaare zweimal etwa 100 000 Erbmerkmale oder Gene. Jedes Gen kommt als väterliches und mütterliches Gen, also zweimal vor; darum spricht man vom diploiden Chromosomensatz. Im Gegensatz zu diesen Körperzellen haben Keimzellen (Ei- und Samenzelle) jeweils nur einen einfachen (= haploiden; griech. *haploeides* = einfach) Chromosomensatz. Bei 23 Chromosomen mit insgesamt 100 000 Merkmalen enthält also jedes Chromosom rund 4 400 Gene. Pro Gen sind das etwa 30 000 genetische Buchstaben.

Informationsverarbeitung: Unsere rund 100 000 genetischen Merkmale geben der Zelle präzise Hinweise, damit sie alles Notwendige herstellen kann, auf das sie programmiert ist: Hormone, Enzyme, Schleim, Talg, die Waffen des Immunsystems bis hin zu den Impulsen in den Nervenzellen des Zentralnervensystems. Man kann nun fragen, wie die codierte Information entschlüsselt und wie diese abstrakte Wortschrift in konkrete Proteinmoleküle umgewandelt wird. Dies ist ein unaufhörlicher Prozeß in unseren Zellen, der auf einem unglaublich kleinen Raum stattfindet, nämlich in den Zellen, die nur ein paar Hundertstel eines Millimeters als Durchmesser haben. Wie geschieht das? Spezielle Eiweißmoleküle suchen ein bestimmtes Stück der Information – ein Gen – aus, kopieren es und fertigen einen Boten an, einen chemischen Verwandten der DNS mit Namen Boten-RNS. Er wird aus dem Kontrollzentrum im Zellkern heraus- und zu den Ribosomen gebracht. Das sind kleine Körnchen, die sich im Zytoplasma der Zelle befinden und die die Orte der Proteinsynthese sind. Die Boten treffen hier ein und sagen, was zu tun ist, d. h., in welcher Reihenfolge die Bausteine der Proteine, nämlich die 20 Aminosäuren, zusammengestellt werden müssen. Die Proteinmoleküle werden wie Häuser Stein auf Stein zusammengebaut und dann losgeschickt, um die einzelnen Lebensvorgänge zu realisieren. Der nächste wichtige Schritt, aus den so gefertigten einzelnen Molekülen zu strukturierten, geformten Einheiten (z. B. Zellen und Organe) zu kommen, ist etwas sehr Komplexes. Dieser Vorgang ist bis heute unverstanden. Dennoch ist er in unserer Erbinformation codiert, die die Grundlage für das ist, was wir sind. Die Gene sorgen dafür, daß wir Menschen werden und keine Tiere. Unser spezielles Genom bestimmt unser Geschlecht, unsere Körpergröße, unsere Augen-, Haut- und Haarfarbe. Es steuert unsere Intelligenz und macht uns zu der einmaligen, nicht wiederholbaren Persönlichkeit. Alle diese Eigenschaften werden in dem Augenblick festgelegt, in dem die Chromosomen aus dem männlichen Samen mit denen der weiblichen Eizelle zusammenkommen. Der Augenblick der Befruchtung mit seiner unkontrollierbaren Verschmelzung von Genen zweier Individuen ist der Startpunkt unseres Lebens.

Ein bemerkenswerter Vergleich: Jeder Mensch besteht aus etwa 100 Billionen (= 10^{14}) Zellen; dabei enthält eine Zelle folgende Hauptkomponenten: eine Zellmembran, viele Poren und Kanäle in der Zellmembran, viele Mitochondrien für die Energieversorgung, viele Ribosomen, die die Erbinformation in Proteine übersetzen, einen Zellkern, der die Erbinformation in Form von DNS enthält. Viele kennen sich mit den Bauteilen eines Personalcomputers (PC) aus, und Festplatte, Lesekopf, Interface und Netzteil sind vertraute Begriffe geworden.

Um die Leistungen und komplexe Funktionsweise einer biologischen Zelle richtig einzuschätzen und zu würdigen, hat der Biophysiker *Zoltán Takács* Analogien zwischen der Informationsverarbeitung und -speicherung in der Zelle und heutigen Computern hergestellt. Beschreibt man eine Zelle vereinfacht als einen Computer, dann ergeben sich folgende Zuordnungen:

- Die *Zellmembran* wäre das Computergehäuse, das aber nur eine Dicke von 10 Nanometern hätte (= ein Hunderttausendstel eines Millimeters).
- Die *Poren* und die *Kanäle* wären die Interfaces des Computers.
- Die *Mitochondrien* wären das Netzteil des Computers, wobei hier 800 Netzteile vorhanden sind.
- Die *Ribosomen* wären die Zentraleinheit (CPU = Central Processor Unit), wobei der biologische Computer über 6 Millionen CPUs verfügt.
- Der *Zellkern* wäre das Gehäuse der Festplatten. Dann wären in einem biologischen Computer 23 verschiedene Festplatten installiert (= Chromosomen), wobei jede noch über eine eigene Backup-Festplatte verfügt. Die Informationskapazität der 23 verschiedenen Platten beträgt etwa 1 Gigabyte. Die Festplatten im biologischen Computer sind eigentlich keine „Festplatten", sondern eher „Weichplatten", denn sie sind nicht „fest" angeordnet und drehbar, viel mehr liegen die insgesamt 46 DNS-Fäden als lose Knäuel im Zellkern vor.
- Der Durchmesser des biologischen Computers liegt bei 20 Mikrometer (20 µm = 2 Hundertstel eines Millimeters).

Diese wenigen Daten über den biologischen Computer zeigen uns bereits, welche Miniaturisierung, Komplexität und ausgeklügelte Spitzentechnik dieses Sytem darstellt im Vergleich zu den dazu vergleichsweise simplen technischen Computern.

Alle unsere Zellen enthalten die gleiche Information, unabhängig davon, wo sie lokalisiert sind (z. B. Niere, Leber, Arm). Der Unterschied ist, daß je nach Zellart unterschiedliche Information abgelesen und verarbeitet wird. Wie bei den technischen Computern, so wird auch hier nicht die Originalinformation zu den CPUs transportiert, sondern Kopien davon. Dabei lagert sich ein Lesekopf an die Startposition des Anwendungsprogramms (Applikation) einer Festplatte und erstellt eine Kopie. Hier können mehrere solcher Leseköpfe hintereinander an der Applikation anlagern und dort simultan Kopien erzeugen. Auf allen Festplatten werden so gleichzeitig die verschiedenen Informationen für den jeweiligen Zelltyp abgelesen. Zwei wesentliche „Rechenaufgaben" führt der biologische Computer aus: Die bereits beschriebene Informationsverarbeitung zur Herstellung aller Proteine und die Verdoppelung des biologischen Computers (Zellteilung)

Das Genom-Projekt: In einem ehrgeizigen, auf 15 Jahre angelegten Gemeinschaftsprojekt haben Wissenschaftler aus aller Welt sich daran gemacht, die gesamte Erbinformation des Menschen zu kartieren und Buchstabe für Buchstabe zu entziffern (zu sequenzieren). Der eigens dazu gegründeten „Human-Genom-Organisation" gehören inzwischen rund 900 Mitglieder aus 40 Ländern an. Offizieller Start des Projektes war der 1. Oktober 1990. Der Arbeitsaufwand, um die Buchstabenfolge der DNS zu ermitteln, wurde damals auf zigtausend Personenjahre geschätzt. Von der gesamten Sequenz haben wir uns bereits einen zahlenmäßigen Eindruck verschafft. Man nimmt an, daß nur etwa drei Prozent der gigantischen Informationsmenge für die etwa 100 000 Gene des Menschen reserviert sind, die sich auf die 23 Chromosomen verteilen. Wozu die restlichen 97 % dienen, ist noch weithin unbekannt.

Zur Struktur des DNS-Moleküls: Chemisch und strukturell ist das DNS-Molekül eines der vielseitigsten Moleküle. Dies ist auch nötig, um allen ihren Aufgaben gerecht zu werden. Die äußere Gestalt entspricht einer Doppelwendel (Doppelhelix; griech. *hélix* = Windung, Spirale), deren Rückgrat aus zwei umeinander gewundenen

Strängen besteht. Jeder Strang ist ein langes Kettenmolekül, wobei die beiden parallel geführten Stränge eine Richtung aufweisen. In der Doppelhelix winden sie sich gegenläufig in einer rechtsgängigen Schraube umeinander. Die vier chemischen Buchstaben Adenin (A), Guanin (G), Thymin (T) und Cytosin (C) bilden das Alphabet für die genetische Information. Bemerkenswert ist, daß viele Gene nicht aus einem zusammenhängenden DNS-Stück bestehen, vielmehr müssen sie mosaikartig aus mehreren gestückelten Abschnitten zusammengesetzt werden.
In allen Zellen steuert die in den DNS-Molekülen gespeicherte genetische Information die Bildung von Proteinen, und eine andere Nukleinsäure, die Ribonukleinsäure (RNS), übermittelt dabei die Informationen. Im allgemeinen enthalten alle Zellen eines Organismus die gleichen DNS-Moleküle, aber nicht alle Gene sind auch in allen Zellen zur gleichen Zeit aktiv.

Proteine (Eiweißstoffe): Die Proteine sind der Hauptwerkstoff des Lebens. Betrachtet man die DNS-Moleküle als den Konstruktionsplan des Lebens, so stellen die vielen Proteinarten Ziegel und Mörtel des Baus dar. Mehr noch: Proteine sind auch das nötige Werkzeug für den Zusammenbau einer Zelle oder eines Organismus, ja, sie übernehmen auch die Rolle der Handwerker, die den Aufbau durchführen. Unsere Gene bilden die konzeptionelle Grundlage (sie speichern die „Software"), aber das, was wir sind (unsrere „Hardware"), sind wir durch unsere Proteine. DNS-Molekülen und Proteinen ist gemeinsam, daß sie lange Kettenmoleküle aus aneinandergereihten Untereinheiten darstellen. In ihrer Funktion unterscheiden sie sich jedoch grundlegend. Die DNS-Moleküle bilden das genetische Archiv. Proteine hingegen falten sich zu dreidimensionalen Gebilden von unvorstellbarer Vielfalt, die sich in einer entsprechenden Vielfalt von Funktionen widerspiegelt. So dienen Proteine u. a. als Strukturelemente zum Aufbau des Körpers, als Botenmoleküle, als Rezeptoren für solche Boten, als individuelle Zellmarker und als Abwehrstoffe gegen Zellen, die fremde Marker tragen. Die vielleicht wichtigsten Proteine sind die Enzyme, die als Katalysatoren die Geschwindigkeit biochemischer Prozesse regeln. Ein geeignetes Enzym kann eine Reaktion auf das Millionenfache und mehr beschleunigen. Schließlich sind sie bei der Umsetzung der genetischen Information in ausgeführte Handlung unverzichtbar.

Struktur und Chemie der Proteine: Obwohl es viele Aminosäuren gibt, hat der Schöpfer nur 20 von ihnen ausgewählt, um damit alle denkbaren Proteine des Lebens und damit die Strukturen des Lebens aufzubauen. Im genetischen Code bezeichnen drei Buchstaben gerade eine Aminosäure. Jedes Protein ist eine genau festgelegte Folge (Sequenz) von Aminosäuren. Die Länge der Ketten und die spezifische Reihenfolge der Aminosäuren legen alle physikalischen und chemischen Eigenschaften der Proteine fest. Von besonderer Bedeutung ist, wie sich die Kette räumlich faltet (= anordnet). Ein Protein faltet sich gerade so zusammen, daß die freie Energie möglichst gering bleibt; d. h., das Protein nimmt seine „bequemste" Lage ein. Prinzipiell könnte man allein aus der Aminosäurensequenz die dreidimensionale Struktur eines Proteins bestimmen, wenn man alle Kräfte kennen würde, die auf die Tausende seiner Atome sowie auf die umgebenden Moleküle des Lösungsmittels einwirken. Eine solche Berechnung ist beim heutigen Kenntnisstand – auch mit den größten Computeranlagen – nicht möglich. Bei der Erschaffung aller Lebewesen hat der Schöpfer jedoch jedes der verwendeten Proteine so konstruiert, daß die gewünschten Eigenschaften dabei herauskommen.

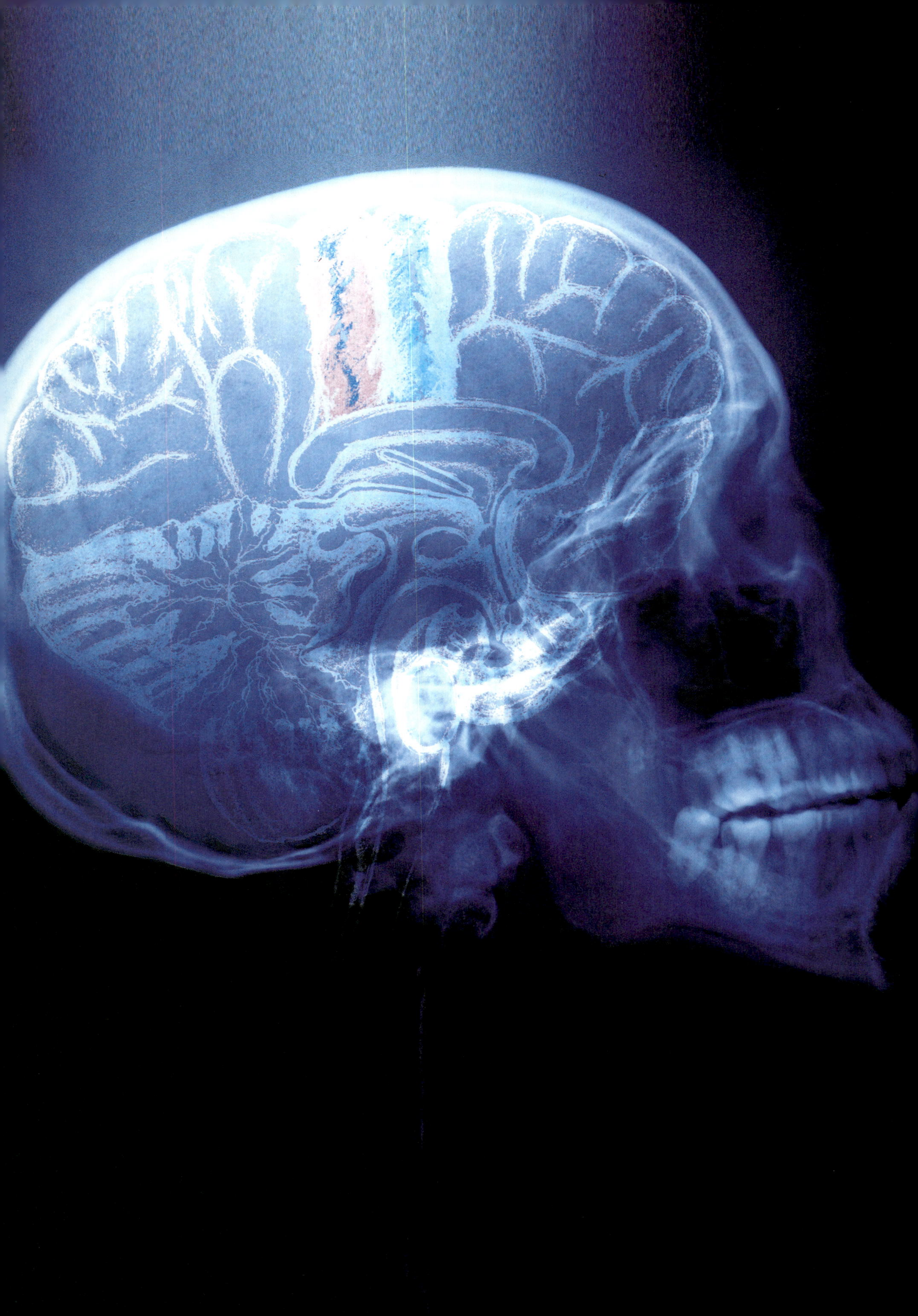

Das Gehirn

– das komplexeste Gebilde im Universum

„Seit Jahrtausenden mühen sich die Menschen ab, das Gehirn zu verstehen. Die alten Griechen hielten es für eine Art Kühlaggregat zur Regelung der Bluttemperatur. In unserem Jahrhundert hat man es mit einer Schalttafel, einem Computer, einem Hologramm verglichen – und man wird es zweifellos noch mit vielen anderen Maschinen vergleichen, die nach und nach erfunden werden. Doch alle Vergleiche hinken, da das Gehirn einzigartig im Universum ist und keinem von Menschenhand geschaffenen Ding gleicht."
(Robert Ornstein/Richard F. Thompson: Unser Gehirn: das lebendige Labyrinth; rororo, 1993, S. 7)

Mit diesen Worten beschreiben die beiden kalifornischen Professoren *Robert Ornstein* (University of California) und *Richard F. Thompson* (Stanford University) das etwa 1,5 Kilogramm schwere Gebilde unter unserer Schädeldecke. Zu Recht können wir es als die komplexeste materielle Struktur des Universums bezeichnen.

Das Gehirn ist das zentrale übergeordnete Organ unseres Nervensytems. Es steuert, überwacht und koordiniert fast alle Abläufe, die im Organismus vor sich gehen. Es sammelt und verwertet Sinneseindrücke, speichert sie und bewirkt ihre sinnvolle Beantwortung.

Über die eigentliche Informationsverarbeitung im Gehirn ist so gut wie nichts bekannt. Niemand weiß, wie aus den ankommenden elektrischen Signalen der Sinnesorgane die eigentliche semantische Information gewonnen wird. Wir wissen, daß bestimmte Aktivitäten ihren Ursprung in der Großhirnrinde haben; wir wissen auch, daß bestimmte Erinnerungen dort gespeichert sind. Wir wissen aber nicht, wo und wie sie gespeichert werden; wir wissen auch nicht, wie wir bestimmte Erinnerungen abrufen. Unbekannt ist, wie wir auf neue Ideen kommen und was im Gehirn geschieht, wenn wir etwas Neues lernen. Unser weniges Grundwissen über die Funktionsweisen der verschiedenen Gehirnteile leiten wir im wesentlichen aus Veränderungen ab, die nach Hirnverletzungen oder Tumoren beobachtet wurden. Nur statistische Angaben über die Menge der Bauelemente und die Anzahl ihrer Verknüpfungen sind (durch Abschätzung) bekannt. Diese geben uns aber schon einen staunenswerten Eindruck von der komplexesten Konstruktion in unserem Universums.

Anzahl der Bauelemente: Das Gehirn besteht aus etwa 100 Milliarden Nervenzellen (= $100 \cdot 10^9$). Der synonym verwendete Begriff Neuron wurde von *W. v. Waldeyer* (1891) geprägt. Die Nervenzellen sind die Bauelemente des Gehirns, und ihre Zahl liegt in der Größenordnung der Zahl der Sterne in unserer Milchstraße. Keine zwei dieser Zellen haben genau die gleiche Form. Zu der immensen genannten Zahl von Nervenzellen kommen noch weitere 100 Milliarden Stoffwechsel- und Stützzellen hinzu.

Jedes Neuron steht über Synapsen (griech. *synapsis* = Verbindung) mit Tausenden von anderen Neuronen in Verbindung. Auch wenn nicht jede Nervenzelle mit jeder anderen direkt verbunden ist, so bestehen diese Verbindungen doch über mehrere Zellen hinweg. Auf diese Weise gilt: In jedem menschlichen Gehirn ist die Zahl der möglichen Verbindungen zwischen diesen Zellen größer als die Zahl aller Atome im Universum. Würde man nur diejenigen Verbindungen in einem Buch notieren, die ein einzelnes Neuron direkt eingeht, dann brauchte man hierfür schon 40 Druckseiten. Wie groß wird der Registrieraufwand dann für alle Neuronen-Verbindungen? Rechnerisch braucht man insgesamt 40 Seiten/Neuron x $100 \cdot 10^9$ Neuronen = $4000 \cdot 10^9$ Seiten.

Rechnet man ein Buch großzügig mit 400 Seiten Umfang, so kommt man auf $4000 \cdot 10^9/400 = 10 \cdot 10^9$ Bände. Das Ergebnis ist atemberaubend: Um nur alle Kontaktstellen unseres Gehirns zu registrieren, brauchte man eine riesige Bibliothek mit zehn Milliarden Bänden zu je 400 Seiten. Die Größe dieser Bibliothek wird uns erst bewußt, wenn wir sie mit einer der größten Bibliotheken der Welt, der Kongreßbibliothek in Washington *(Library of Congress)*, vergleichen. Diese besitzt etwa 20 Millionen Bände. Um nur die Kontaktstellen des menschlichen Gehirns aufzuzeichnen, wäre demnach eine Bibliothek erforderlich, die noch 500mal größer wäre als die Kongreßbibliothek!

Die Anzahl der Synapsen ist also erheblich größer als die der Neuronen. Eine Nervenzelle erhält gewöhnlich Informationen von Hunderten bis Tausenden anderer Zellen und überträgt sie auf Partner, deren Anzahl in der gleichen Größenordnung liegt.

Nervenzellen sind die Bausteine des Gehirns. Sie besitzen dieselben Gene, sie sind nach denselben Prinzipien gebaut und leben mit denselben biochemischen Prozessen wie andere Zellen. Dennoch unterscheiden sie sich in einigen sehr wesentlichen Punkten – sie sind in vieler Hinsicht die außergewöhnlichsten Zellen, die wir in lebenden Organismen finden: in der Zellform, in der Art der Zellmembran, die die Fähigkeit besitzt, Nervensignale zu erzeugen, und in der Existenz einer als Synapse bezeichneten Struktur, in der die Nervensignale mit Hilfe von Überträgersubstanzen (Neurotransmittern) von einer Nervenzelle zur anderen weitergegeben werden. Weiterhin ist bemerkenswert, daß Nervenzellen sich nach Abschluß der embryonalen Entwicklung nicht mehr teilen. Während der Entwicklung des Organismus aus der befruchteten Eizelle bilden sich die Nervenzellen jedoch in einem erstaunlichen Tempo: 250 000 pro Monat, und das neun Monate lang. Anders ausgedrückt: Der bis zur Geburt entstandene Vorrat an Nervenzellen muß ein Leben lang ausreichen.

Die Nervenzellen mit ihren zehn- bis fünfzigtausend Verbindungen je Zelle stellen ein derart verzweigtes und verschachteltes System dar, daß ein Schaltplan – würde man ihn kennen – eine Fläche von mehreren Quadratkilometern einnähme, selbst wenn die einzelnen Nervenzellen nicht größer als ein Stecknadelkopf sind (ein km^2 hat eine Million m^2). Komplizierte ingenieurmäßige Konstruktionen werden auf DIN-A 0-Zeichnungen dargestellt (DIN-A 0-Format: 841 x 1189 mm^2 = 1 m^2). Dabei wäre ein solcher Schaltplan noch einige hundertmal komplizierter als das gesamte Telefonnetz der Erde. Niemand aber kennt die Verschaltung des Gehirns.

Die Länge der Nervenfasern im Großhirn ergäbe aneinandergereiht eine Strecke von sage und schreibe 500 000 km; manche Autoren gehen sogar von einer Million km aus. Die Kommandozentrale Gehirn wäre arbeitslos, wenn der menschliche Körper nicht mit Befehlsleitungen verkabelt wäre. 380 000 km Nervenfasern gibt es noch außerhalb unseres Gehirns. Sie durchlaufen unseren Körper und ergeben aneinandergereiht die Strecke von der Erde bis zum Mond. In diesen teils nur ein tausendstel Millimeter dünnen Nervenleitungen und Verästelungen laufen ständig Informationen und Befehle zwischen dem Gehirn und allen Teilen des Körpers hin und her. Dies geschieht mit einer Geschwindigkeit von etwa 40 Metern in der Sekunde oder 144 Kilometern in der Stunde. Diese Geschwindigkeit entspricht der Windstärke 12, also einem Orkan.

Verarbeitungsgeschwindigkeit: Innerhalb des unglaublich dichten Netzwerkes der neuronalen Verschaltung ist eine sehr hohe Signalverarbeitung möglich. Nicht diese rein materielle Seite ist das Faszinierende, sondern die einzigartige Fähigkeit zur Verarbeitung von Information, von deren Ausmaß und Art wir kaum eine rechte Vorstellung haben. Das Gehirn kann in einer Sekunde 10^{18} = 1 Milliarde Milliarden = 1 Trillion Rechenoperationen ausführen. Unsere schnellsten Supercomputer schaffen heute etwa 10 Milliarden (= 10^{10}) Rechenschritte in einer Sekunde. Damit arbeitet unser Gehirn noch 100 Millionen Male schneller als der schnellste technische Computer.

Energieverbrauch: Vergleicht man die Größe des Gehirns und seines Energieverbrauchs beim Menschen mit den entsprechenden Werten eines Tieres, dann ergibt sich ein festes Verhältnis, das bei den meisten Säugetieren unabhängig von ihrer Körpergröße fast gleich ist. Nur die Primaten (Halbaffen, Affen, Mensch) bilden eine Ausnahme. Während Hunde und Katzen zwischen fünf und sechs Prozent ihrer Energie im Gehirn verbrauchen, liegt dieser Anteil bei Rhesusaffen bei neun Prozent und erreicht beim Menschen die eindrucksvolle Größe von 20 Prozent. Der Energieverbrauch des Gehirns liegt bei 20 Watt, das ist ein Fünftel des Energieverbrauchs des ganzen Körpers (= 100 Watt). Gänzlich anders ist der

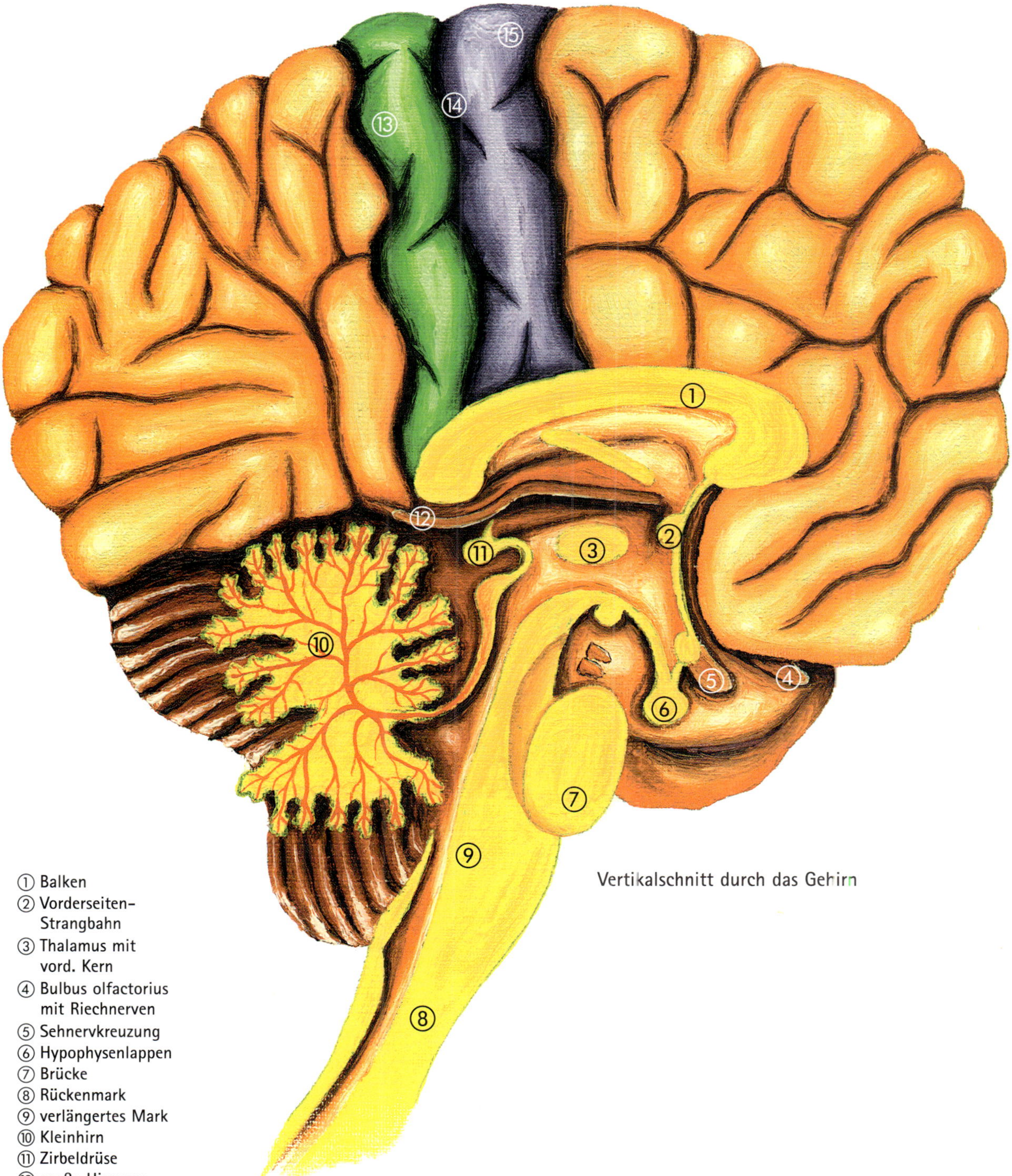

Vertikalschnitt durch das Gehirn

① Balken
② Vorderseiten-Strangbahn
③ Thalamus mit vord. Kern
④ Bulbus olfactorius mit Riechnerven
⑤ Sehnervkreuzung
⑥ Hypophysenlappen
⑦ Brücke
⑧ Rückenmark
⑨ verlängertes Mark
⑩ Kleinhirn
⑪ Zirbeldrüse
⑫ große Hirnvene
⑬ Körperfühlfeld (sensorische Rinde)
⑭ Zentralfurche
⑮ Körperbewegungsfeld (motorische Rinde)

Energieverbrauch während der Embryonalentwicklung; in dieser Zeit verbraucht das Gehirn sogar 60 Prozent.

Struktur: Den größten räumlichen Anteil des menschlichen Gehirns nimmt das Großhirn ein. Es ist in zwei Hälften oder Hemisphären unterteilt, die funktionell für die jeweils gegenüberliegende Körperhälfte zuständig sind. Die beiden Hemisphären sind durch einen Strang, den Balken *(Corpus callosum)*, miteinander verbunden, der ein Kabel mit ungefähr 300 Millionen Nervenfasern darstellt. Jede Hemisphäre ist von einer drei Millimeter starken, vielfach gefalteten Schicht aus Nervenzellen bedeckt, *Cortex cerebri* oder *Großhirnrinde* genannt. Die gesamte Oberfläche beträgt etwa 2 200 cm^2. Der Cortex[1] versetzt uns in die Lage, zu organisieren, uns zu erinnern und zu verstehen, zu kommunizieren und kreativ zu sein, etwas zu erfinden und wertzuschätzen.

Zum Bereich des Gehirns gehört auch das *limbische System*, das aus einer Gruppe von Zellstrukturen zwischen Hirnstamm und Hirnrinde besteht. Es ist an der Steuerung von Körpertemperatur, Blutdruck, Pulsfrequenz und Blutzuckerspiegel beteiligt. Hypothalamus und Hypophyse sind zwei wichtige Teile dieses Systems. Der *Hypothalamus* ist das „Gehirn" des Gehirns und der wohl komplizierteste und erstaunlichste Teil des Gehirns. Er ist nur so groß wie eine Erbse und wiegt etwa vier Gramm. Von hier aus werden Essen, Trinken, Schlafen, Wachen, Körpertemperatur, das Gleichgewicht vieler physiologischer Größen, Pulsfrequenz, Hormone und Sexualität gesteuert. Durch eine Kombination aus elektrischen und chemischen Botschaften steuert der Hypothalamus auch die wichtigste Drüse des Gehirns, die Hypophyse. Diese Drüse reguliert den Körper mit Hilfe von Hormonen, jenen chemischen Substanzen, die durch das Blut zu bestimmten Zielzellen transportiert werden.

[1] **Cortex:** lat. *cortex* = Rinde, Schale, Borke. Cortex ist eine anatomische Bezeichnung für die äußere Zellschicht bzw. das äußere Schichtungsgefüge eines Organs. So bedeutet *Cortex cerebri* die Großhirnrinde, *Cortex cerbelli* die Kleinhirnrinde und *Cortex renis* die Nierenrinde.

Speicherung: Auf der Zellebene gibt es zwei grundlegende Arten der Informationsspeicherung. Das eine ist die Speicherung der genetischen Information in den DNS-Molekülen der Zelle. Es ist eine unvorstellbar große Informationsmenge, die hier gespeichert ist. Die andere Art der Informationsspeicherung geschieht im Gehirn. Auch diese Informationsmenge ist riesig groß. Der grundlegende Unterschied zwischen dem genetischen Code und dem Gedächtniscode liegt darin, daß jeder Mensch den Inhalt seines Gedächtnisspeichers durch Erfahrung und Lernen erwirbt. Die Besonderheit des Menschen liegt nicht zuletzt in seinem Gedächtnis, wo er die Erinnerungen eines ganzen Lebens mit den vielen Erfahrungen und Erlebnissen festhalten kann. Die Lernfähigkeit ist offenbar geknüpft an eine Eigenschaft der komplexen Netzstruktur. Die Fähigkeit an sich ist zweifellos genetischen Ursprungs. Sämtliche Vokabeln der Sprachen, die wir beherrschen, sind ebenso abgespeichert wie die komplette grammatische Struktur, mit der wir flexibel umgehen können. Ein besonderer Bereich ist die Welt der Bilder, die wir in Erinnerung behalten und ständig anschaulich abrufen können. Vorstellungsvermögen und Phantasie sind weitere wichtige Aspekte unseres Menschseins, die in irgendeiner Weise mit dem Gehirn zu tun haben.

Gedächtnis: Das Gedächtnis ist die Fähigkeit, Informationen zu speichern und abzurufen. Ohne Gedächtnis könnten wir weder sehen noch hören oder denken. Wir hätten keine Sprache, um unsere Anliegen auszudrücken, und wir wären uns nicht einmal unserer persönlichen Identität bewußt. Wir können es auch so formulieren: Ohne Gedächtnis wären wir biologische Maschinen und in intellektueller Hinsicht tot. Ein Erwachsener kennt die Bedeutung von 20 000 bis 100 000 Wörtern. Diese Zahl vergrößert sich noch bei Kenntnissen fremder Sprachen. Um in einer Gesellschaft zu leben, müssen wir viele alltägliche Gewohnheiten beherrschen – wie man sich im Großstadtverkehr zurechtfindet, wie man einkauft, wie man telefoniert und wie man ein Hotel bucht. Hinzu kommt ein nicht zu knappes Spezialwissen, das wir in Ausbildung und Beruf erworben haben. In unserer Freizeit beschäftigen wir uns zusätzlich mit vielen anderen Themen aus dem Hobbybereich. All das haben wir in unserem Gedächtnis griffbereit verfügbar. Wenn wir einmal bedenken, was es bedeutet, eine derartige Wissensquelle herzustellen, die so umfassend ist und so schnell und präzise abgefragt werden kann, beginnen wir zu ahnen, wie faszinierend unser Gedächtnis ist.

Schauen wir uns einmal die folgenden Fragen an: Hatte *Archimedes* Hände? Hat *Bismarck* am Dreißigjährigen Krieg teilgenommen? Wie lautet *Bachs* Telefonnummer?

Wäre unser Gehirn ein Computersystem mit einer großen Festplatte, das lediglich früher gelernte Inhalte registriert und ausschließlich auf diese Informationen zurückgreifen kann, könnten wir die drei obigen Fragen nur mit „Ich weiß es nicht" beantworten. Wir besitzen aber die unverzichtbare und nicht hoch genug einzuschätzende Fähigkeit des schlußfolgernden Denkens (siehe auch Kapitel

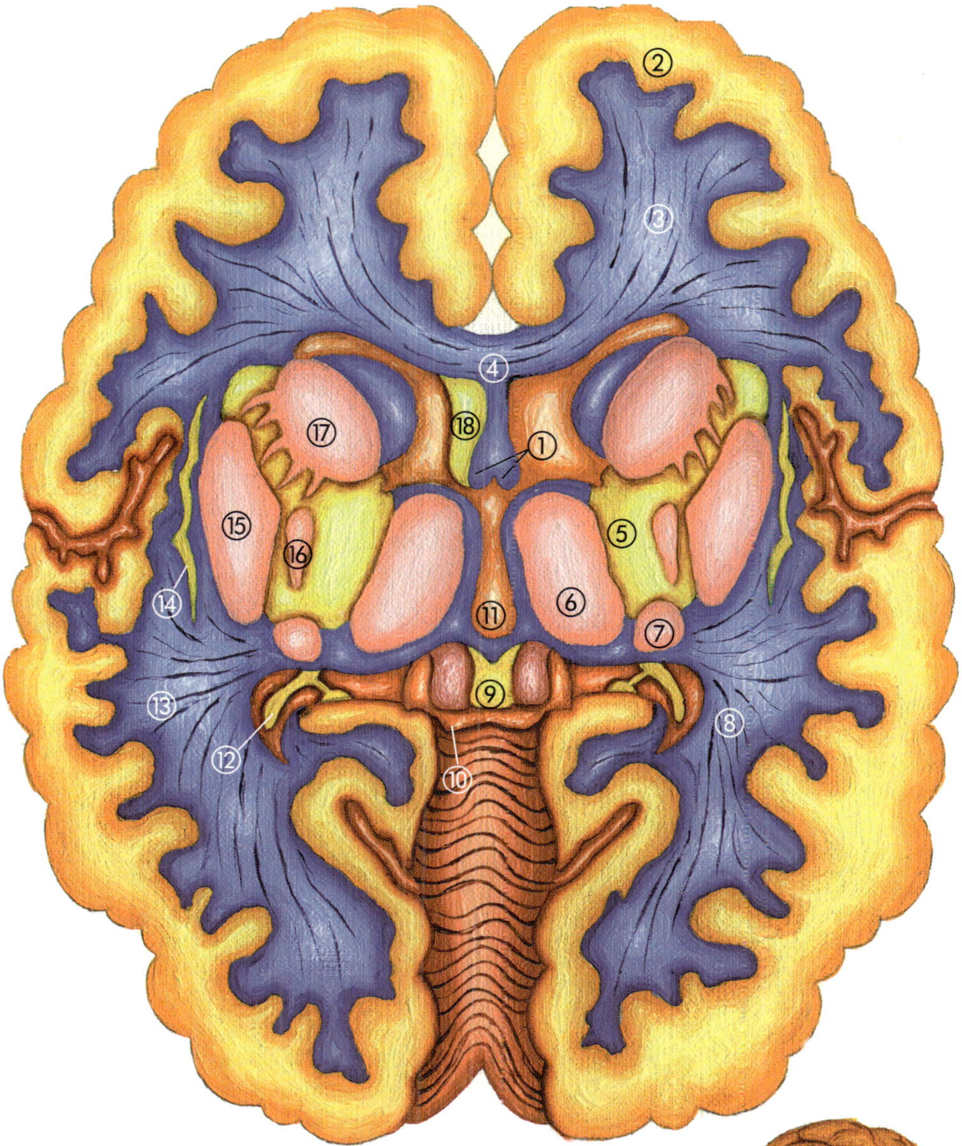

Horizontalschnitt durch Großhirn und Zwischenhirn.
Im Ausschnitt b ist Lage der Schnittebene eingezeichnet.

b)

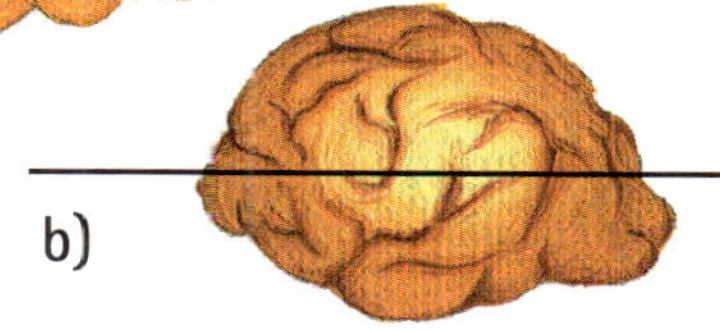

① Gewölbe
② graue Substanz der Hirnrinde
③ weiße Substanz des Marklagers
④ Balken
⑤ Knie
⑥ Thalamus
⑦ Schwanz des Schwanzkerns
⑧ Sehstrahlung
⑨ Zirbeldrüse
⑩ Vierhügelplatte
⑪ III. Ventrikel
⑫ Hinterhorn des Seitenventrikels
⑬ Hörstrahlung
⑭ Vormauer
⑮ Schalenkern
⑯ bleicher Kern
⑰ Kopf des Schwanzkerns
⑱ Vorderhorn des Seitenventrikels

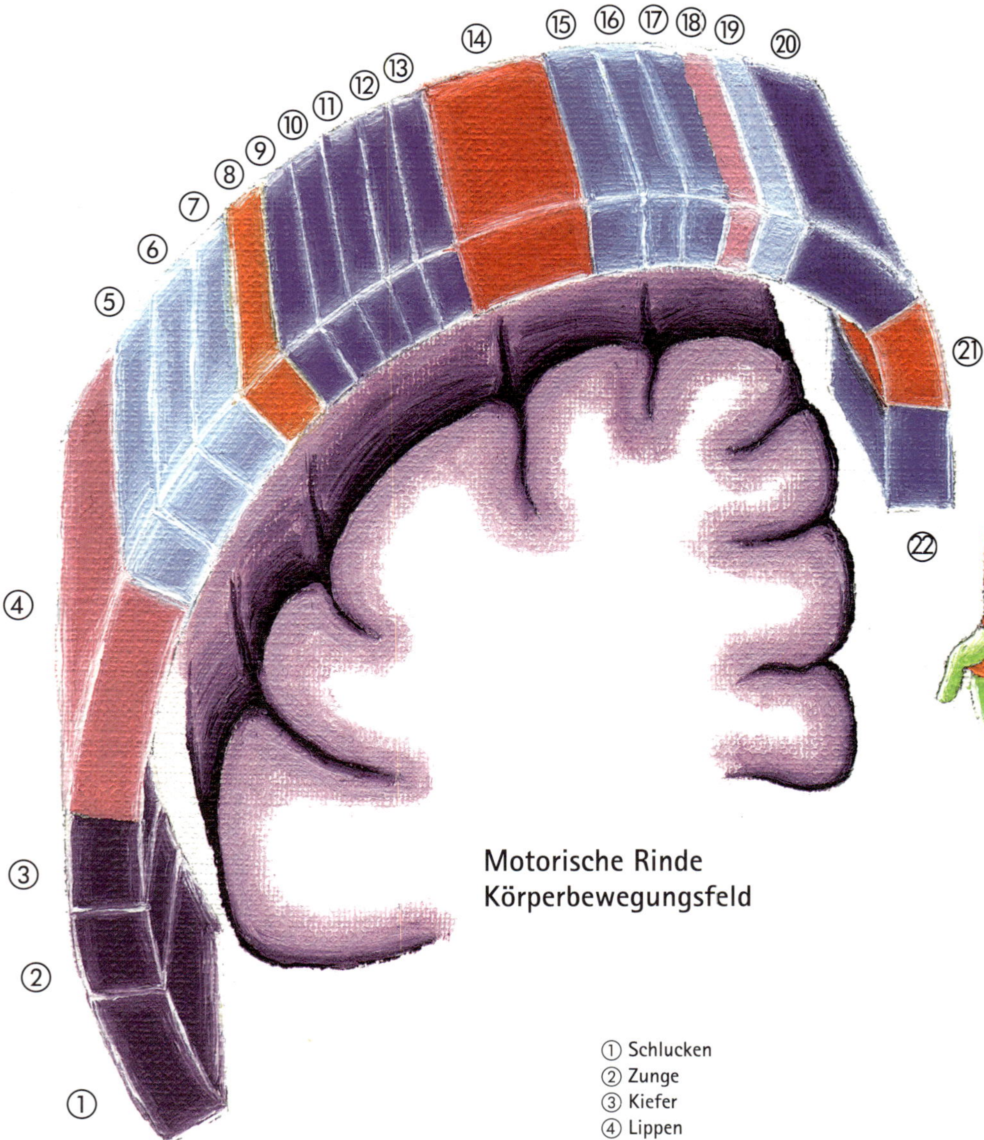

① Schlucken
② Zunge
③ Kiefer
④ Lippen
⑤ Gesicht
⑥ Augapfel, Lid
⑦ Braue
⑧ Hals
⑨ Daumen
⑩ Zeigefinger
⑪ Mittelfinger
⑫ Ringfinger
⑬ Kleinfinger
⑭ Hand
⑮ Handgelenk
⑯ Ellenbogen
⑰ Schulter
⑱ Rumpf
⑲ Hüfte
⑳ Knie
㉑ Knöchel
㉒ Zehen

Motorische und sensorische Rinde mit Angabe der Körperregionen, die in der Großhirnrinde repräsentiert sind. *Auffallend ist, daß die Körperabschnitte, deren Muskulatur differenzierte Bewegungen auszuführen hat, in besonders großen Arealen repräsentiert sind. Somit ist die Fläche der Neurone, die beispielsweise die Hand versorgt, besonders groß und spiegelt die große Anzahl von Neuronen wider, die nötig ist, um so feine und komplizierte Bewegungen, wie z. B. beim Violinespielen, Operieren oder Schreiben auszuführen.*

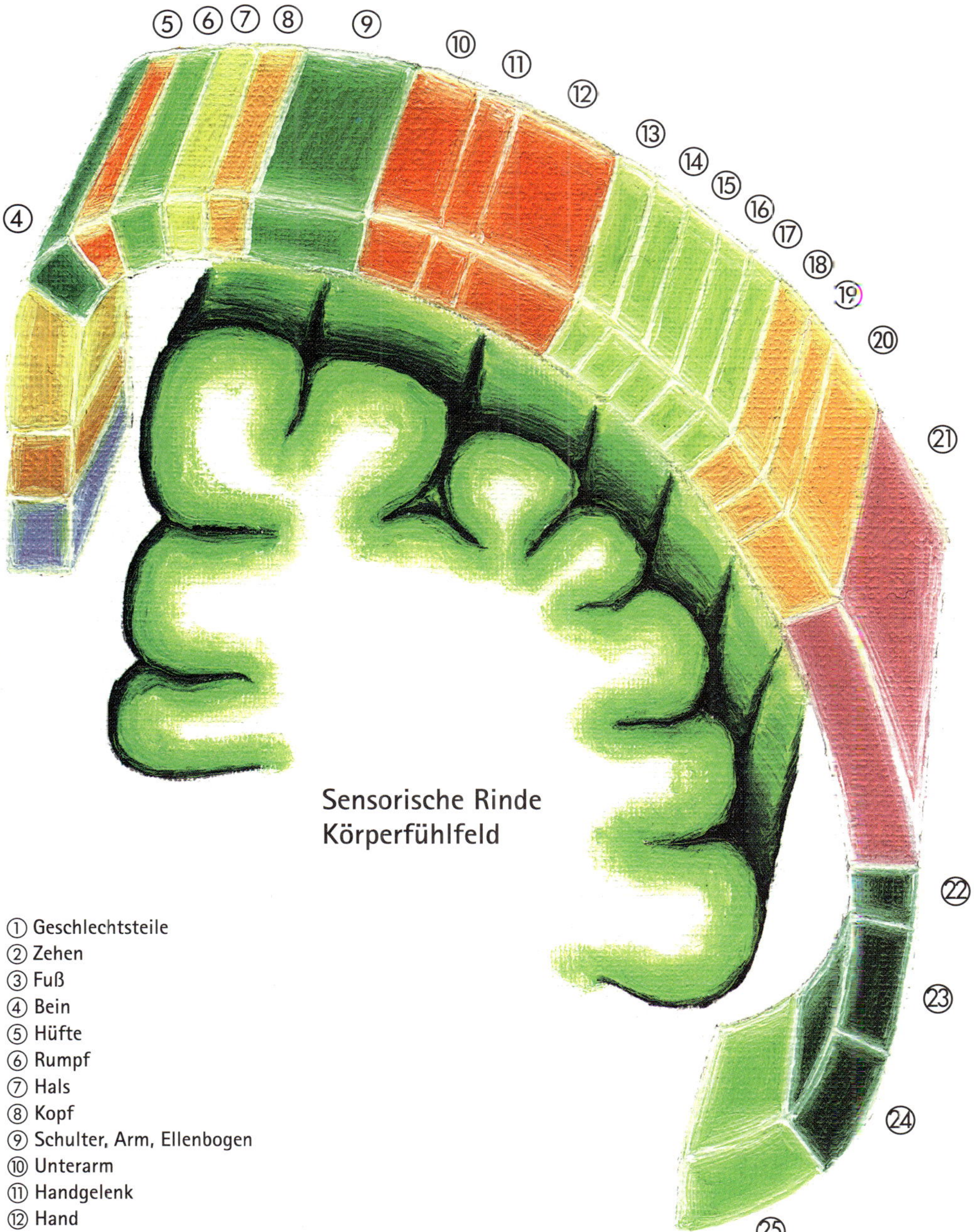

Sensorische Rinde
Körperfühlfeld

① Geschlechtsteile
② Zehen
③ Fuß
④ Bein
⑤ Hüfte
⑥ Rumpf
⑦ Hals
⑧ Kopf
⑨ Schulter, Arm, Ellenbogen
⑩ Unterarm
⑪ Handgelenk
⑫ Hand
⑬ Kleinfinger
⑭ Ringfinger
⑮ Mittelfinger
⑯ Zeigefinger
⑰ Daumen
⑱ Auge
⑲ Nase
⑳ Gesicht
㉑ Lippen
㉒ Zähne, Zahnfleisch, Kiefer
㉓ Zunge
㉔ Rachen
㉕ Bauchhöhle

„Der Mensch kann denken, wie Gott auch", *S. 106*). Nirgenwo haben wir abgespeichert, daß *Archimedes* Hände hatte. Mit großer Sicherheit können wir schließen, daß er welche hatte, und so antworten wir mit „Ja". Hätte er nämlich keine Hände gehabt, so wäre diese Tatsache bekannt. Zur zweiten Frage können wir feststellen, daß es viele Männer gab, die am Dreißigjährigen Krieg (1618-1648) teilgenommen haben und deren Namen wir nicht kennen, aber die Tatsache, daß *Bismarck* (1815-1898) erst im übernächsten Jahrhundert geboren wurde, berechtigt uns zu der sicheren Schlußfolgerung, daß er kein Teilnehmer jenes schrecklichen Krieges war. Nun noch zu *Bach* (1685-1750). Ein Computer würde lange Listen von Telefonnummern durchsuchen und dann mitteilen, daß der Komponist entweder kein Telefon hat oder noch nicht im Telefonbuch steht. Auch hier kommen wir aufgrund der Lebensdaten und dem Zeitpunkt der Erfindung des Telefons schnell zu dem Ergebnis, daß er kein Telefon haben konnte und damit auch keine Telefonnummer.

Interpretation statt bloßer Datenerfassung: Unsere Sinnesorgane liefern dem Gehirn etwa eine Million Male mehr Information, als es bewußt verarbeiten kann. Das Gehirn bildet die wahrgenommene Außenwelt nicht einfach ab, wie das ein Fotoapparat oder ein Tonbandgerät tut. Es findet eine geniale Datenreduktion in dem Sinne statt, daß die von außen erhaltenen Signale gleichzeitig interpretiert und zu einer ganz persönlichen Welt zusammengesetzt werden. Die so geschaffene Innenwelt ist im allgemeinen von der Außenwelt deutlich unterschieden. Eine rote Rose ist in Wirklichkeit eine stoffliche Struktur, die Licht in einer bestimmten Wellenlänge abstrahlt. Erst in unserem Gehirn wird daraus die Farbe Rot und das Wissen darum, daß diese Struktur eine Blume ist. Dazu vergleicht das Gehirn nicht nur die Signale von außen mit dem gespeicherten Wissen früher gesehener Rosen, sondern Erinnerungen an Begebenheiten und Emotionen werden geweckt. Unsere Nervenzellen erstellen nicht nur ein Abbild derselben, sie bewerten sie auch. So kann das Bild einer roten Rose unwillkürlich den Duft der Blume in uns aufsteigen lassen, vielleicht auch die zärtliche Erinnerung an eine große Liebe. All das geschieht, ohne daß davon etwas in unser Bewußtsein dringt. Der amerikanische Neurophysiologe *Benjamin Libet* fand heraus, daß das Bewußtsein etwa eine halbe Sekunde hinter den Aktivitäten des Gehirns hinterherhinkt. Wenn unser Bewußtsein glaubt, eine Entscheidung zu fällen, hat unser Gehirn schon längst zuvor alle Informationen der Außenwelt analysiert und bewertet.

Bisher haben wir alle Eigenschaften allein dem materiellen Gebilde Gehirn zugeschrieben. Wie wir im folgenden Kapitel noch zeigen werden, ist diese Sichtweise den wirklichen Funktionen nicht angemessen.

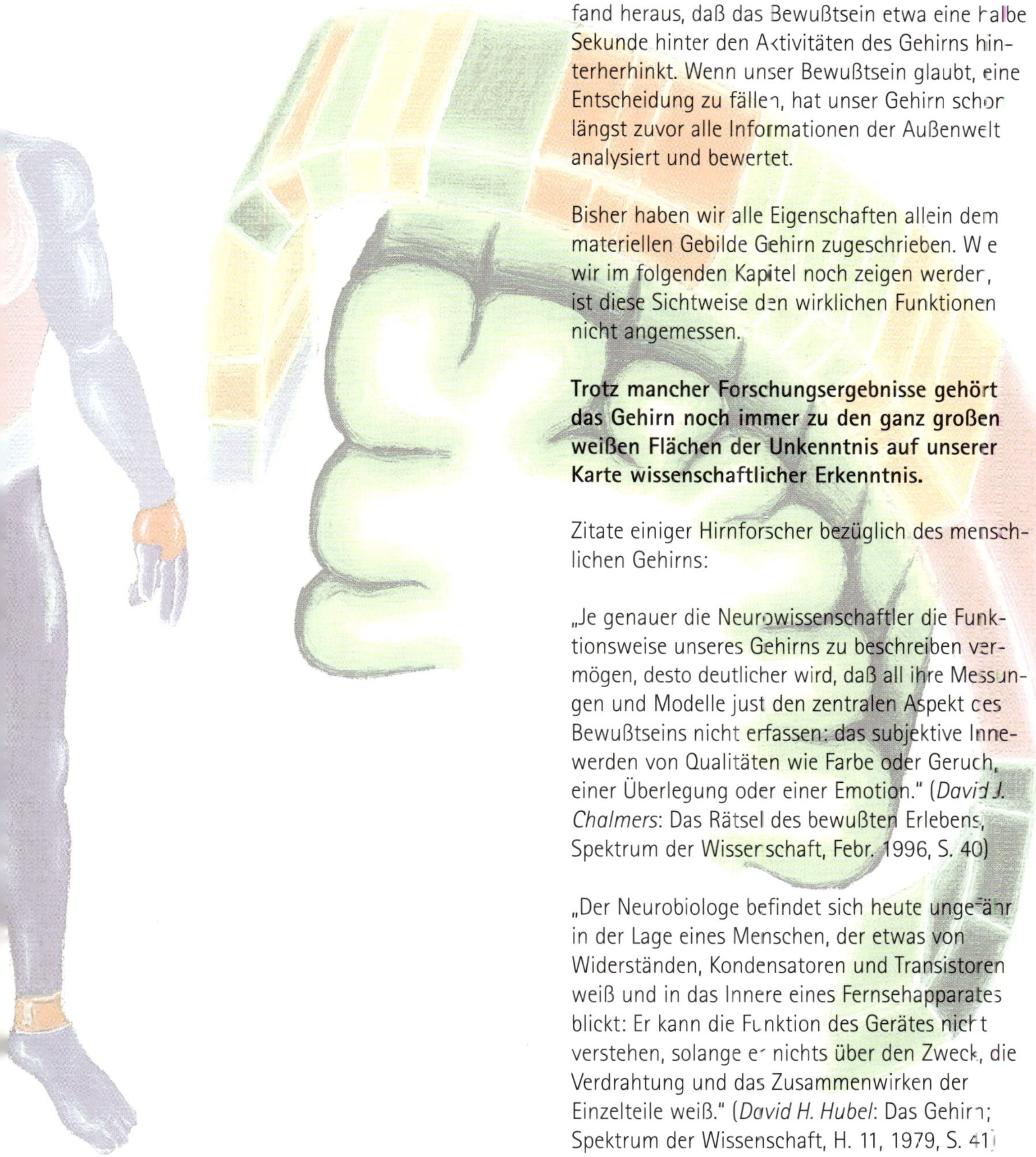

Trotz mancher Forschungsergebnisse gehört das Gehirn noch immer zu den ganz großen weißen Flächen der Unkenntnis auf unserer Karte wissenschaftlicher Erkenntnis.

Zitate einiger Hirnforscher bezüglich des menschlichen Gehirns:

„Je genauer die Neurowissenschaftler die Funktionsweise unseres Gehirns zu beschreiben vermögen, desto deutlicher wird, daß all ihre Messungen und Modelle just den zentralen Aspekt des Bewußtseins nicht erfassen: das subjektive Innewerden von Qualitäten wie Farbe oder Geruch, einer Überlegung oder einer Emotion." (*David J. Chalmers*: Das Rätsel des bewußten Erlebens, Spektrum der Wissenschaft, Febr. 1996, S. 40)

„Der Neurobiologe befindet sich heute ungefähr in der Lage eines Menschen, der etwas von Widerständen, Kondensatoren und Transistoren weiß und in das Innere eines Fernsehapparates blickt: Er kann die Funktion des Gerätes nicht verstehen, solange er nichts über den Zweck, die Verdrahtung und das Zusammenwirken der Einzelteile weiß." (*David H. Hubel*: Das Gehirn; Spektrum der Wissenschaft, H. 11, 1979, S. 41)

„Nachdem Tausende von Wissenschaftlern das Gehirn jahrhundertelang untersucht haben, wird ihm nur ein einziges Wort gerecht: Es ist ein Wunder." (*Robert Ornstein/Richard F. Thompson*: Unser Gehirn: das lebendige Labyrinth; rororo, 1993, S. 27)

Leib, Seele, Geist

– der Mensch ist mehr als Materie

Nach den bisherigen Darlegungen könnte man den Eindruck gewinnen, der Mensch ist zwar sehr komplex hinsichtlich seiner Konstruktion, aber letztlich besteht er nur aus Materie. In der Tat gibt es philosophische Denkrichtungen, die dem Menschen eine solche ausschließlich materielle Struktur zuschreiben. Solche Vorstellungen werden zum Bereich des Monismus gerechnet.

Monismus (griech. *mónos* = allein) bedeutet Einheitslehre. Von dem Philosophen *Christian Wolff* (1679–1754) wurde dieser Begriff eingeführt. Diese monistische Denkrichtung leugnet in ihrer strengen Form die Verschiedenheit der Seinsbereiche, weil versucht wird, alles Existierende aus einem einzigen Prinzip herzuleiten. Hierzu gehört auch der Materialismus, weil er alle Phänomene in dieser Welt allein aus den Eigenschaften der Materie zu erklären sucht. Diese Auffassung finden wir z. B. bei *Friedrich Engels* (1820-1895), dem Mitbegründer des Marxismus: „Die stoffliche, sinnlich wahrnehmbare Welt, zu der wir selbst gehören, ist das einzig Wirkliche ... die Materie ist nicht ein Ergebnis des Geistes, sondern der Geist ist nur das höchste Produkt der Materie."

Der heute weithin vertretene *Evolutionismus* ist ebenfalls ein Gedankensystem, das dem Monismus zuzurechnen ist. Da die Evolution von ihrem Grundgedanken her rein materialistisch ist, kennt sie weder Planung noch Ziel. Der Freiburger Genetiker *Carsten Bresch* hat die Konsequenzen des Evolutionismus beschrieben: „Die Natur scheint eine ziel- und sinn-lose Maschinerie zu sein. Haben wir die neue geistige Freiheit mit dem Sinn unserer Existenz bezahlt? Allein steht der halbwissende Mensch entwurzelt in der Grenzenlosigkeit eines eisigen Universums – verloren in der Kette der Generationen. Sie kamen aus dem Nichts – sie gehen ins Nichts. Wozu das Ganze?" (aus: Zwischenstufe Leben – Evolution ohne Ziel?).

Der Monismus ist beispielsweise nicht in der Lage, das Leben in all seinen Ausprägungen zu erklären. Am Beispiel des menschlichen Gehirns hat der australische Gehirnforscher und Nobelpreisträger Sir *John C. Eccles* (*1903) den Monismus widerlegt. So vertritt er bezüglich des Menschenbildes den Dualismus.

Dualismus (lat. *duális* = auf zwei gegensätzliche Dinge zielend): Nach dieser philosophischen Lehre besteht die Wirklichkeit aus zwei einander entgegengesetzten Seinsbereichen wie z. B. Materie und Geist. Aufgrund seiner Forschungen am Gehirn

Bild 1: *Sinnestäuschungen bei der Betrachtung regelmäßiger Figuren, bei denen zusätzliche Linien eingezeichnet wurden.*

beschreibt *Eccles* den Menschen als dualistisches Wesen. Wir wollen darauf eingehen, weil er uns (ungewollt!?) eine Brücke zum biblischen Menschenbild baut. In *Bild 1* finden wir mehrere Beispiele von Sinnestäuschungen. Dabei sind wir beim Betrachten der verschiedenen Zeichnungen irritiert:

- Die Strecken zwischen den Pfeilspitzen sind gleich lang. Wegen der Richtung der Pfeile erscheinen sie uns unterschiedlich lang (Täuschung hinsichtlich der Länge).
- Parallele Linien scheinen aufeinander zuzulau-

fen oder gekrümmt zu sein, weil eingezeichnete Linien störend wirken (Täuschung hinsichtlich der Richtung).
- Im unteren Teil des Bildes erscheinen der Kreis und das Quadrat deformiert, weil geknickte Linien uns täuschen (Täuschung hinsichtlich der Form).

In *Bild 2* sehen wir drei Männer, die längs eines Weges gehen. Der erste erscheint uns als der größte und der letzte als der kleinste. Auch hier handelt es sich um eine Sinnestäuschung, denn alle drei Männer sind gleich groß. Nur durch das Umfeld der Linien erscheinen sie uns unterschiedlich groß.

In *Bild 3* finden wir drei Zeichnungen, bei denen im Gegensatz zu den *Bildern 1* und *2* nicht unsere Sinne getäuscht werden, sondern unsere Wahrnehmung mit mehreren Deutungen konfrontiert wird:

- Das halb aufgeschlagene Buch können wir sowohl als ein von innen betrachtetes als auch ein von außen gesehenes deuten.
- Das Treppenbi d ist ebenfalls doppeldeutig: Entweder ist es ein Treppenaufgang, oder wir identifizieren es als eine Treppe von unten gesehen.
- Noch komplizierter wird es bei dem Würfelbild.

Bild 2: *Drei Männer gleicher oder unterschiedlicher Größe? (Beispiel für Sinnestäuschung).*

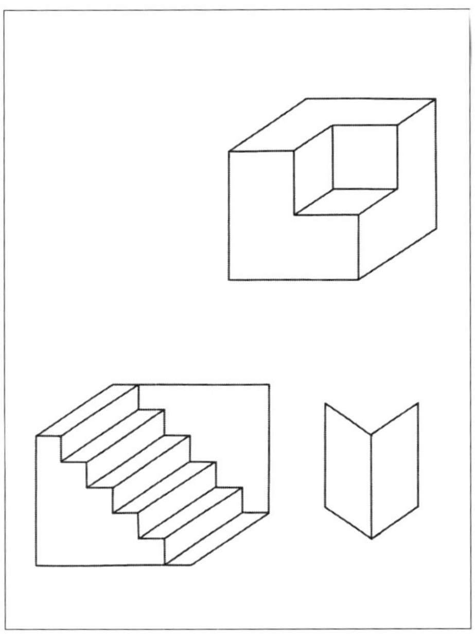

Bild 3: *Wahrnehmungstäuschungen an drei geometrischen Gebilden. Je nach Interpretation sind für ein und dasselbe Bild mehrere Deutungen möglich.*

Bild 4: *Eine junge oder eine alte Frau? (Beispiel für Wahrnehmungstäuschung).*

Hier sind gleich drei Deutungsvarianten möglich:

a) In einer Raumecke liegt der kleine Würfel.
b) Vor einem großen Würfel ist an der vorderen Ecke ein kleiner Würfel aufgesetzt.
c) Wie b) jedoch ist der kleine Würfel nicht aufgesetzt, sondern es ist ein Loch im großen Würfel, das der Größe des kleinen Würfels entspricht.

Was sehen wir in *Bild 4*? Eine junge oder eine alte Frau? Beides ist möglich. Auch hier handelt es sich um eine **Wahrnehmungstäuschung**.

John Eccles zieht daraus Konsequenzen: Wenn ein und dasselbe Bild auf unterschiedliche Weise interpretiert werden kann, dann ist eines sicher; das Bild wird eindeutig und nur als eine einzige Darstellung auf der Netzhaut abgebildet und mit Hilfe elektrischer Signale an das Gehirn geleitet. Im Gehirn entspricht dieses optische Bild einer definierten Neuronenverbindung – wie immer diese auch aussehen mag. *Eccles* folgert daraus, daß es eine andere, vom Gehirn unabhängige Instanz geben muß, die diese Gehirnschaltung in beobachtender Weise interpretiert. Er nennt diesen Interpreter den Geist (nach sonst üblicher Nomenklatur ist dies die Seele). Gehirn und Geist

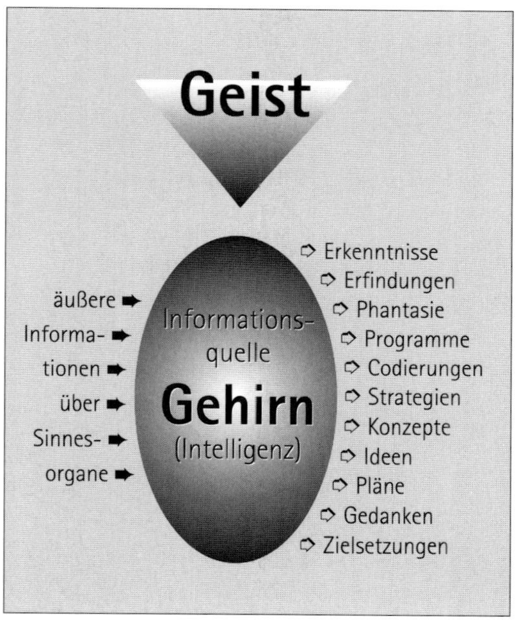

Bild 5: *Das dualistische Bild vom Menschen. Welt 1 repräsentiert den materiellen (Körper mit allen anatomischen Details) und Welt 2 steht für den nichtmateriellen Anteil (das Ich, das Selbst, die Seele, der Wille). Mit Liaisonhirn bezeichnet John Eccles die Module des Gehirns, die von dem nichtmateriellen Teil „betrachtet" und interpretiert werden.*

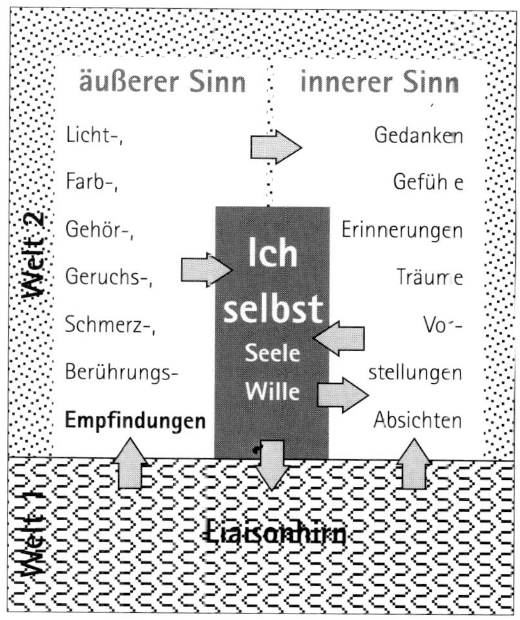

Bild 6: *Das Zusammenwirken von Gehirn und Geist nach dem dualistischen Bild vom Menschen.*

Herkunft des Menschen

▼

1. Plan

1. Mose 1,26: „Lasset uns Menschen machen...“

▼

2. Ausführung

1. Mose 2,7: „Und Gott der Herr...

machte den Menschen aus einem Erdenkloß,

und er blies ihm den lebendigen Odem in seine Nase.

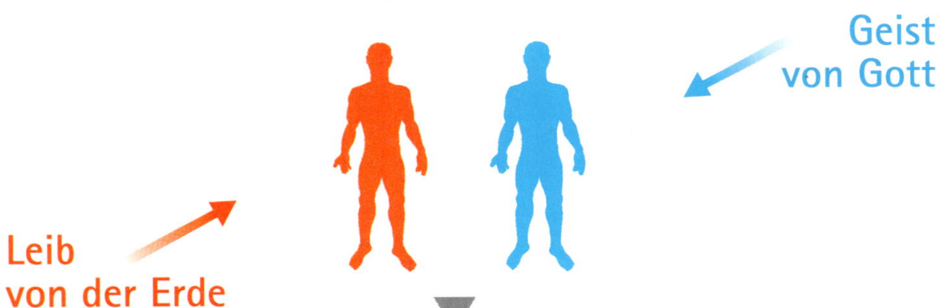

▼

3. Ergebnis

Leib – Seele – Geist

Und also ward der Mensch eine lebendige Seele.“

Bild 7: *Das Bild des Menschen nach der Bibel. Gemäß der Schöpfungsordnung besteht der Mensch aus Leib, Seele und Geist.*

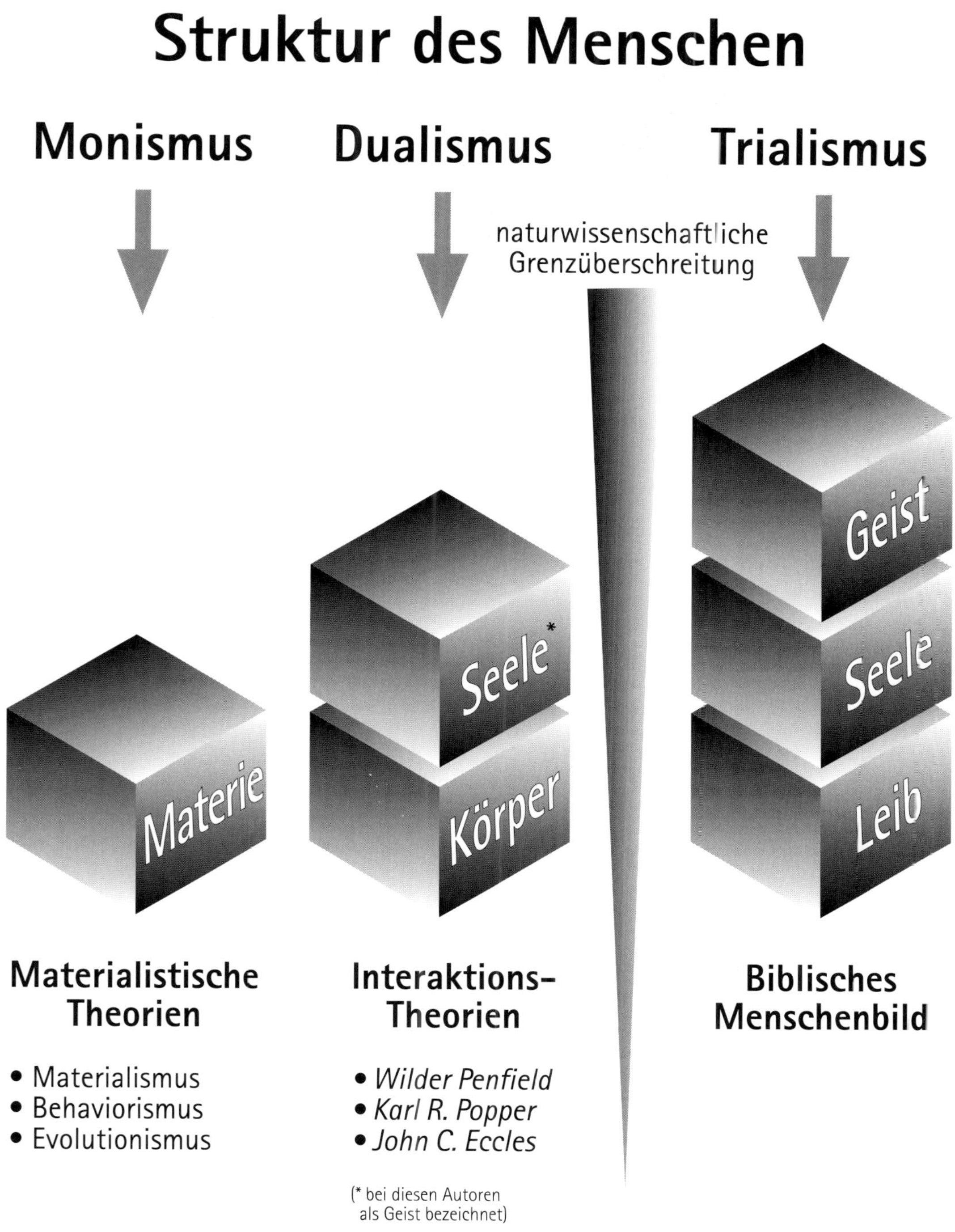

Bild 8: *Die drei generellen und sich stark unterscheidenden Sichtweisen über den Menschen. Die Informationsquellen unterscheiden sich grundlegend voneinander. Der Monismus ist eine rein philosophische Festlegung, der Dualismus ist aus wissenschaftlicher Forschung ableitbar, und der biblische Trialismus ist allein durch Offenbarung erkennbar.*

stehen also in einem Informationsaustausch, wobei der Geist die Freiheit hat, ein und dasselbe Bild unterschiedlich zu deuten. In *Bild 5* sehen wir diesen Dualismus (bestehend aus Welt 1 und Welt 2) graphisch veranschaulicht. Welt 1 repräsentiert den notwendigen materiellen Teil – das Gehirn, und Welt 2 steht für den nichtmateriellen Anteil – den Geist, womit nach *Eccles* das Ich, das Selbst, die Seele, der Wille gemeint ist. Beide Komponenten sind über den äußeren Sinn (Empfindungen, die uns mittels der Sinnesorgane bewußt werden) und den inneren Sinn (Gedanken, Gefühle, Erinnerungen, Träume, Vorstellungen, Absichten) miteinander verknüpft.

Die wissenschaftlichen Schlußfolgerungen sind leicht nachvollziehbar. Wollte man dieses dualistische Bild vom Menschen mit seinem komplizierten Apparat, dem Gehirn, graphisch darstellen, so kommt man zu *Bild 6*, das die beiden Komponenten – eine materielle und eine nichtmaterielle – deutlich herausstellt. An diesem Modell wird deutlich, daß Erkenntnisse, Strategien, Gedanken und Zielsetzungen nicht materieller Herkunft sein können.

Hiermit haben wir auch eine naturwissenschaftliche Grenze erreicht, denn Fragen der Herkunft des Menschen und sein Verbleib nach dem Tode können in diesem Modell nicht beantwortet werden. Dennoch hat *Eccles* eine richtige Ahnung gehabt, wenn er schreibt: „Die Komponente unserer Existenz in Welt 2 ist nicht materieller Art und braucht daher beim Tod des Menschen nicht der Auflösung unterworfen zu sein, der alle zu Welt 1 gehörenden Komponenten des Individuums anheimfallen" (aus: *Eccles, Zeier*: Gehirn und Geist, München 1980, S. 190).

Um mehr über die wirkliche Struktur des Menschen zu erfahren, müssen wir den befragen, der ihn geschaffen hat. Dazu schauen wir in die Bibel hinein. Diese wichtige Frage finden wir bereits auf den ersten Seiten der Bibel beantwortet. Zuallererst ist Gott da, und er hat geschaffen. Die Bibel beginnt mit dem markanten Satz: „Am Anfang schuf Gott" (1 Mo 1,1). Das Ziel dieser Schöpfung war der Mensch. Das hatte Gott so geplant. Von diesem Unternehmen lesen wir in 1. Mose 1,26: „Lasset uns Menschen machen!" Wer – wie der Verfasser – vom ingenieurmäßigen Denken herkommt, freut sich, in Gottes konzeptioneller Gestaltung für die Erschaffung des Menschen geläufige Vorgehensweisen anzutreffen:

1. Plan
2. Ausführung
3. Ergebnis

Diese Gliederung ist in *Bild 7* veranschaulicht. Der eine Vers in 1. Mose 2,7 ist eine Meisterleistung präziser, knapper und doch höchst informativer Mitteilung.

Ausführung: Die Erschaffung des Menschen geschieht in zwei Phasen:

- Zunächst gestaltet Gott den Leib des Menschen, den er aus der Erde formt. Unser Körper enthält die gleichen chemischen Elemente wie der Ackerboden. Es war eine wissenschaftliche Sensation, als man im vergangenen Jahrhundert erkannte, daß die organischen Substanzen dieselben Atome enthalten wie die unbelebten anorganischen Stoffe.

- Zum Menschen gehört eine weitere wichtige Komponente: „... und er blies ihm den lebendigen Odem in seine Nase." Erst durch den von Gott in den materiellen Körper hineingeblasenen nichtmateriellen Geist wird dieses Geschöpf zum Menschen. Es ist zu beachten, daß dieser Geist nicht mit dem Heiligen Geist zu verwechseln ist. Weiterhin sei darauf hingewiesen, daß der immaterielle Teil, von dem *Eccles* spricht und den er Geist nennt, in biblischer Bezeichnungsweise die Seele meint.

Ergebnis: Nach dem Zusammenfügen der beiden unterschiedlichen Teile „Leib von der Erde" und „Geist von Gott" entsteht etwas völlig Neuartiges, die Seele: „Und also ward der Mensch eine lebendige Seele." In *Bild 7* ist das Ergebnis des Schöpfungshandelns Gottes durch das Überschneiden zweier Bereiche veranschaulicht. Zwei völlig unterschiedliche Komponenten kommen zusammen und ergeben in ihrer Vereinigung die Seele. Das

Wort „Seele" kommt in der Bibel in doppelter Bedeutung vor. Es bezeichnet hiermit den Menschen sowohl in seiner Gesamtheit als auch die eine von drei Komponenten, die den Menschen ausmachen: Leib, Seele und Geist (1 Thess 5,23). Erst in dieser Kombination wird die ganze Wirklichkeit des Menschseins erfaßt. Unser Dasein verdanken wir dem Willen Gottes, der den Plan zu unserem Leben hatte und diesen zielorientiert verwirklichte.

Trialismus: Nach den o. g. biblischen Aussagen wird deutlich, daß mit dem *Eccles*'schen Dualismus der Mensch von seinem Wesen her zwar besser als beim Monismus, aber immer noch unzureichend beschrieben wird. Da die Bibel uns drei deutlich zu unterscheidende Komponenten des Menschen nennt, führen wir in Analogie den Begriff Trialismus (griech. *tri* = drei) ein (*Bild 8*). Das Entstehen eines neuen Phänomens beim Zusammenbringen zweier Komponenten können wir uns auch an Hand eines technischen Analogons verdeutlichen: Wenn einer Lampe (steht hier für den Leib) elektrischer Strom (steht hier für Geist) zugeführt wird, dann entsteht Licht (steht hier für Seele) als neues Phänomen.

Sündenfall: Ohne das biblische (trialistische) Menschenbild bleiben uns grundlegende Gedanken der Bibel verschlossen. Im Garten Eden gab Gott das Gebot: „Du darfst essen von allen Bäumen im Garten, aber von dem Baum der Erkenntnis des Guten und Bösen sollst du nicht essen; denn an dem Tage, da du von ihm issest, mußt du des Todes sterben" (1 Mo 2,16-17). Leiblich lebten Adam und Eva zwar auch nach ihrem Ungehorsam – dem Sündenfall – noch weiter, aber der Geist, jener Teil, der für die Verbindung mit Gott zuständig ist, war in den Tod gekommen. Die innige Gemeinschaft mit Gott war an der Sünde zerbrochen. Als Folge der Sünde kam damit auch der leibliche Tod in die Welt: „Der Sünde Sold ist der Tod" (Röm 6,23). In Fortsetzung der Todeslinie endet der Mensch im ewigen Tod. Damit ist aber nicht seine Existenz ausgelöscht (Lk 16,19-31), er muß existieren im endgültigen Abgetrenntsein von Gott. Der Zorn Gottes bleibt über ihm, weil „durch eines Sünde die Verdammnis über alle Menschen gekommen ist" (Röm 5,18).

Rettung: Gott aber sei Dank, er hat alle Voraussetzungen geschaffen, damit wir aus dem Todeszug, in dem wir uns von Natur aus alle befinden, aussteigen können. Wie dies geschieht, d. h. wie der Geist wieder lebendig wird, soll ausgiebig im zweiten Teil des Buches erklärt werden.

Teil II

Was ist der Mensch?

Wie wir uns an Hand der vielen staunenswerten Details des Menschen informiert haben, ist der Mensch zweifellos eine geniale Konstruktion. Es ist darum unklug, anzunehmen, daß wir das Ergebnis einer planlosen, der Materie sich selbst überlassenen Entwicklung sein sollen. So stellt sich von seinem Ursprung her die brennende Frage: Was ist der Mensch? Ohne die Annahme einer Schöpfung verrennen wir uns im Dickicht evolutionärer Gedankensysteme und werden der Wirklichkeit nicht gerecht. Nach Römer 1,20 ist die gedankliche Schlußfolgerung vom Betrachten der Werke auf die Existenz des Schöpfers zwingend, denn „Gottes unsichtbares Wesen ... wird wahrgenommen an seinen Werken." Daß ein Gott ist, ist also ohne weiteres aus seinen Werken zu folgern. Wie steht es aber mit der zweiten Informationsquelle, der Bibel? Können wir allem glauben, was darin geschrieben steht? Die Bibel ist entgegen weitverbreiteter Meinung nicht eine altertümliche Sammlung menschlicher Gedanken aus einer Zeitspanne von anderthalb Jahrtausenden. Gott benutzte vielmehr etwa 45 ausgewählte Menschen, um uns seine Gedanken mitzuteilen: „Denn alle Schrift, von Gott eingegeben, ist nütze zur Lehre, zur Aufdeckung der Schuld, zur Besserung, zur Erziehung in der Gerechtigkeit" (2 Tim 3,16). Einen weiteren Hinweis auf die gedankliche Herkunft der Bibel finden wir in 2. Petrus 1,21: „Denn es ist noch nie eine Weissagung aus menschlichem Willen hervorgebracht worden, sondern getrieben von dem Heiligen Geist haben Menschen im Namen Gottes geredet." Darum betete Jesus zum Vater: „Dein Wort ist die Wahrheit" (Joh 17,17), und Paulus bekannte „ich glaube allem, was geschrieben steht" (Apg 24,14). Diesen grundlegenden Bekenntnissen schließen auch wir uns an und gehen im folgenden von der Wahrheit der Bibel in allen ihren Aussagen aus. (Auf die Glaubwürdigkeit der Bibel wird in zwei anderen Büchern des Verfassers ausführlicher eingegangen: „So steht's geschrieben" [Hänssler-Verlag, Neuhausen] und „Fragen, die immer wieder gestellt werden" [Christliche Literatur-Verbreitung, Bielefeld]).

Nur in der Bibel finden wir eine Beschreibung des Menschen, die alle Bereiche seines Wesens umfaßt. Schon im ersten Kapitel erfahren wir, daß wir gemäß der Schöpfungsordnung Gottes zur Ebenbildlichkeit berufen waren.

Der Mensch: Konzipiert als Ebenbild Gottes?

1. Der Erschaffung des Menschen liegt ein Plan zugrunde: „Lasset uns Menschen machen, ein Bild, das uns gleich sei, die da herrschen über die Fische im Meer und über die Vögel unter dem Himmel und über das Vieh und über die ganze Erde und über alles Gewürm, das auf Erden kriecht" (1 Mo 1,26; *Luther*-Übers.). Den schwer verständlichen ersten Teil dieses Satzes wollen wir uns in verschiedenen Übersetzungen ansehen, um uns den Sinn dieser Aussage zu verdeutlichen. So heißt es in der Revidierten Elberfelder: „Laßt uns Menschen machen in unserm Bild, uns ähnlich!" (1 Mo 1,26). Die englische New International Version formuliert: „Then God said: ‚Let us make man in our image, in our likeness'." (Gen 1,26a).

Dem Plan folgt direkt die Ausführung. Auch hier nennen wir wieder drei verschiedene Übersetzungen, um denselben Gedanken in unterschiedlichen Worten auf uns wirken zu lassen:

„Und Gott schuf den Menschen ihm zum Bilde zum Bilde Gottes schuf er ihn; und schuf sie einen Mann und ein Weib" (1 Mo 1,27; *Luther*).

„Und Gott schuf den Menschen nach seinem Bild, nach dem Bild Gottes schuf er ihn; als Mann und Frau schuf er sie" (1 Mo 1,27; *Rev. Elberfelder*).

„So God created man in his own image, in the image of God he created him; male and female he created them" (Gen 1,27). – (engl. *image* = Bild, Ebenbild, Vorstellung).

Der Plan enthält mehrere Fakten, die es festzuhalten gilt:

- Zur Ausführung kommt er, nachdem die gesamte Tierwelt bereits erschaffen war. Der Mensch ist somit als eine separate Schöpfung konzipiert, die, allen evolutiven Gedanken zum

Trotz, keine Verbindung zum Tierreich zuläßt.

- An dem Erschaffungshandeln Gottes ist nicht nur Gott Vater allein beteiligt, sondern der Plural weist uns hier schon auf Gott, den Vater, den Sohn und den Heiligen Geist hin.

- Der Mensch ist zur Herrschaft über die Schöpfung eingesetzt. Er ist ihr Repräsentant, dem Verantwortung und Sorgepflicht übertragen sind. In guter Haushalterschaft soll er das Geschaffene bewahren und erhalten.

Was bedeutet es, daß der Mensch nach dem Bilde Gottes gemacht ist? Gott hat ihn nach seiner Vorstellung, nach seinen Gedanken, nach seinem Ebenbild, d. h., mit seinen „gespiegelten" Eigenschaften geschaffen. Er ist vorgesehen zur Gemeinschaft mit Gott, zu seinem geschätzten Gegenüber. Wir tragen seine Prägung, seine Handschrift, wir sind in sein Bild gestaltet. Er ist geschaffen zur Ehe und zur Liebe. Der Mensch sollte das Bild Gottes weitertragen, er sollte sich vermehren, sich abbilden. Gott hat uns mit ausgezeichneten Fähigkeiten versehen, die wir sonst nirgendwo in der gesamten geschaffenen Welt finden können und die uns an unseren Schöpfer erinnern. In Psalm 8,6 kommt dieser Gedanke deutlich zum Ausdruck: „Du hast ihn wenig niedriger gemacht denn Gott, und mit Schmuck und Ehre hast du ihn gekrönt." Unsere schöpfungsmäßige Bestimmung lautet also: Gestaltet nach dem Ebenbild Gottes – ihm also *ähnlich*!

2. Jeder Mensch ist ein Original Gottes: Gott schuf nicht nur die Gattung Mensch, sondern er hat individuelle Personen mit unterschiedlichen äußeren und inneren Merkmalen gestaltet. Neben vielen Details unterscheiden wir uns im Geburtsdatum, in Größe, Gewicht, Haut-, Augen- und Haarfarbe. Ich bin so einmalig, daß ich nicht mit dem Paß eines anderen über die Landesgrenze reisen kann. Meine Sorgen und Freuden, meine Ideen, Gedanken und Gefühle sind so einmalig, daß niemand auf der ganzen Erde mir gleicht. Der deutsche Historiker *Leopold Ranke* (1795-1886) hat gesagt: „Jeder Mensch ist ein anderer Gedanke Gottes."

3. Wer ist unser Schöpfer? Das Neue Testament führt uns tiefer in den Schöpfungsgedanken ein und sagt zur Person des Schöpfers: „Im Anfang war das Wort (griech. *der Logos*), und das Wort war bei Gott, und Gott war das Wort. Dasselbe war im Anfang bei Gott. Alle Dinge sind durch dasselbe gemacht, und ohne dasselbe ist nichts gemacht, was gemacht ist" (Joh 1,1-3).

Wer oder was ist dieses Wort? Hier ist es noch nicht zu erkennen. Wir erfahren nur, daß von diesem Schöpfungshandeln nichts, aber auch gar nichts ausgenommen ist – weder das Universum, unsere Erde, irgendein Grashalm noch der Mensch. In Vers 10 wird diese Verschlüsselung teilweise decodiert. Wir erfahren, daß es eine Person war, die sich in dieser Welt, also auf unserer Erde aufgehalten hat: „Er war in der Welt, und die Welt ist durch ihn gemacht." Wer aber ist dieser „Er"? Vollständig decodiert wird das erst in Vers 14: „Und das Wort ward Fleisch und wohnte unter uns, und wir sahen seine Herrlichkeit, eine Herrlichkeit als des eingeborenen Sohnes vom Vater, voller Gnade und Wahrheit." Der Sohn Gottes, Jesus Christus, ist also damit unser Schöpfer. „Ihn hat Gott gesetzt zum Erben über alles; durch ihn hat er auch die Welt gemacht" (Hebr 1,2). In Kolosser 1,16-17 wird die Schöpfungstätigkeit Jesu noch weiter gefaßt, indem auch die für uns noch unsichtbare Welt ihm seine Herkunft verdankt:

„Durch ihn (= Jesus Christus) ist alles geschaffen, was im Himmel und auf der Erde ist, alles Sichtbare und alles Unsichtbare, alle Königreiche und Mächte, alle Herrscher und Gewalten; alles ist durch ihn und auf ihn hin geschaffen. Denn Christus war vor allem anderen; und nur durch ihn besteht alles" *(Hoffnung für alle)*.

Damit ist auch die Frage nach unserer Herkunft verbindlich beantwortet: Jesus Christus ist unser Schöpfer! Dieser Gedanke mag manchem Leser überraschend vorkommen, aber es ist die eindeutige Lehre des Neuen Testaments.
Jede uns vorgelegte Idee über die Herkunft des Menschen, die diesen Schöpfer nicht nennt und anerkennt, ist darum schon im Ansatz falsch.

Im Sündenfall – davon wird in folgenden Kapiteln noch Grundlegendes ausgeführt – entfernte sich der Mensch von seinem Schöpfer. Dadurch ging Vieles der Ebenbildlichkeit verloren. Nur Christus repräsentiert jetzt noch das vollständige Ebenbild Gottes, wie es uns die drei folgenden neutestamentlichen Zitate belegen:

„Er ist das *Ebenbild des unsichtbaren Gottes*, der Erstgeborene vor allen Kreaturen" (Kol 1,15).
„Christus ist das *Ebenbild Gottes*" (2 Kor 4,4b).
„Er (= der Sohn Gottes) ist der Abglanz seiner (= Gottes) Herrlichkeit und das *Ebenbild seines Wesens*" (Hebr 1,3).

Trotz des folgenschweren Ereignisses des Sündenfalles ist uns dennoch Vieles von dem Ursprünglichen erhalten geblieben, was sich vom Wesen Gottes ableitet. Bei Gott ist alles vollkommen und in höchster Stufe vorhanden, aber in „wenig niedrigerer" Stufe war es auch für den Menschen vorgesehen (Ps 8,6). In den folgenden zehn Punkten wollen wir dies zusammentragen:

Der Mensch kann sprechen, wie Gott auch

Gott ist der Redende: „Und Gott sprach" heißt es zehnmal im Schöpfungsbericht. In 1. Mose 1,28 steht: „Gott segnete sie und *sprach* zu ihnen". Gott spricht zu den Menschen; er redete mit Adam und Eva. Der Mensch ist ein von Gott Angesprochener und ein zur Antwort Gerufener. Kein Tier kann sprechen! Die Bibel nennt uns nur zwei Ausnahmesituationen, die Schlange im Garten Eden und die Eselin bei Bileam. Beide Tiere aber waren fremdgesteuert; die Schlange durch den Teufel und die Eselin durch Gott.

Die Gabe der Sprache hat nur der Mensch. Damit ist er deutlich vom Tierreich abgehoben und verfügt somit über eine Eigenschaft, die sonst nur noch Gott hat. Es ist die Gabe des Wortes, mit dem wir schöpferisch umgehen können. Freilich verfügt unser Wort nicht über jene schöpferische Macht, wie es Gottes Wort vermag. Unser Wort kann andere Menschen segnen und auferbauen, es kann aber auch zerstören. Mit dem Wort vermögen wir alle uns bewegenden Gedanken auszudrücken, und wir können vertraute Kontakte knüpfen, die allen anderen irdischen Lebewesen unbekannt sind. Neben der „Software" für die Sprache ist uns auch die erforderliche „Hardware" gegeben:

Die morphologischen Voraussetzungen für die Sprache bestehen nicht nur in der Existenz eines einzigen Organs, vielmehr sind ein Stimmerzeugungsapparat, ein geeigneter Rachenraum in Zusammenarbeit mit der Zunge sowie ein hochgradig komplexes Steuerungssystem (Gehirn) miteinander funktionell gekoppelt. Fehlt eines, dann ist kein Sprechen mehr möglich. Im Mittelalter brachte man mißliebige Personen dadurch zum Schweigen, daß man ihnen die Zunge herausschnitt. Die durch die Stimmbänder erzeugten Laute wandern nach oben und werden im Rachenraum zu spezifischen Sprachlauten oder Phonemen gestaltet. Dies geschieht durch die fein abgestimmten Bewegungen der Zunge in Zusammenarbeit mit den Lippen. Dabei entsteht eine Reihe von Resonanzgängen in der Mundhöhle, die zur Gestaltung verständlicher Laute erforderlich ist. Für jeden einzelnen der 600 möglichen Laute in den verschiedenen menschlichen Sprachen gibt es präzise Bewegungen und exakt abgestimmte Formänderungen der Zunge. *Johann Peter Süßmilch* stellte fest (1756), daß der Mensch die Sprache nicht erfinden konnte ohne den Besitz des Denkvermögens und daß das Denken wiederum abhängig ist von der vorherigen Existenz der Sprache. Die einzige Lösung dieses Paradoxons ist, daß Gott dem Menschen die Sprache gegeben hat.

Bemerkenswert an unserer Sprache ist:

- Wir können neue Wörter kreieren und beliebig viele diskrete Spracheinheiten so aneinander reihen, daß dabei gut formulierte neue Sätze entstehen.
- Wir können Sätze konstruieren, die wir nie zuvor gesprochen haben.
- Wir können Sätze verstehen, die wir nie zuvor gehört haben.
- Die Anzahl der ausdrückbaren Gedanken in der menschlichen Sprache ist unbegrenzt

Die Kommunikationssysteme der Tiere sind fest und begrenzt. Sie erlauben keinen kreativen Umgang. Sie können nur äußerst begrenzte Sachverhalte ausdrücken (z. B. Nahrung, Gefahr, Geschlechterwerbung) und dürfen nicht mit Sprache verglichen werden.

Der Mensch kann denken, wie Gott auch

Bei Gott ist die Quelle des Denkens. Er hat keinen Ratgeber, weil er selbst der Ursprung der Weisheit ist: „O welch eine Tiefe des Reichtums, beides, der Weisheit und der Erkenntnis Gottes! Wie gar unbegreiflich sind seine Gerichte und unerforschlich seine Wege. Denn wer hat des Herrn Sinn erkannt, und wer ist sein Ratgeber gewesen?" (Röm 11,33-34).

In Jesaja 55,8-9 vergleicht Gott seine Gedanken mit den unseren: „Denn meine Gedanken sind nicht eure Gedanken, und eure Wege sind nicht meine Wege, spricht der Herr; sondern so viel der Himmel höher ist denn die Erde, so sind auch meine Wege höher denn eure Wege und meine Gedanken denn eure Gedanken."

Trotz dieses deutlichen Abstands zu Gott können auch wir denken, nachdenken, bedenken. In Psalm 90,12 steht, daß wir über ganz Grundlegendes reflektieren können: „Lehre uns bedenken, daß wir sterben müssen, auf daß wir klug werden" (Ps 90,12).

Wir haben die Fähigkeit, mit sehr unterschiedlichen Denkkategorien umgehen zu können, wie z. B. logisches Denken, schlußfolgerndes Denken, kausales Denken, komplementäres Denken. Eine sehr wichtige Denkart, die wir im täglichen Leben ständig anwenden und die in allen Wissenschaften grundlegend ist, wollen wir hier herausgreifen:

Das schlußfolgernde Denken: Diese Denkform ist verwandt mit dem logischen Denken. Unter schlußfolgerndem Denken verstehen wir das formale logische Verfahren, aus den Voraussetzungen eine Schlußfolgerung abzuleiten. Diese ist eine neue Aussage, die erst durch den Denkprozeß gewonnen wurde. In den Naturwissenschaften, aber auch in allen Geisteswissenschaften spielt das schlußfolgernde Denken eine zentrale Rolle bei der Gewinnung neuer Erkenntnisse.

Auch beim Lesen der Bibel müssen wir dieses Denkprinzip anwenden. Ohne schlußfolgerndes Denken bleiben uns viele Gedanken Gottes verschlossen. Würde die Bibel auch alle diejenigen Aussagen enthalten, die wir durch Schlußfolgerung selbst gewinnen können, dann müßte sie mehrere Bände umfassen. Gott hat uns aber *nur ein einziges Buch* gegeben und dazu die Gabe des Denkens. So können wir selbst wichtige Schlüsse ziehen. Schauen wir uns dazu drei bemerkenswerte biblische Beispiele an:

1. Heirat der Söhne Adams: Die viel gestellte Frage „Wen heirateten die Söhne Adams?" ist in der Bibel nicht explizit ausgeführt. Es ist auch nicht nötig, weil sie leicht durch Schlußfolgerung beantwortet werden kann. In 1. Mose 5,4 steht: „Und Adam lebte danach 800 Jahre und zeugte Söhne und Töchter." Was für eine riesige Nachkommenschaft kann daraus entstehen! Die Ehe unter Geschwistern, aber auch zwischen den Nachkommen der Geschwister war die einzig mögliche. So nahe am Ursprung war sie auch genetisch nicht schädlich. Erst ab 3. Mose 18 (über 2000 Jahre später) wird von Gott die Heirat mit nahen Blutsverwandten ausdrücklich verboten (Inzest).

Das nächste Beispiel ist ein Lehrstück Jesu bezüglich des schlußfolgernden Denkens:

2. Gott ist nicht ein Gott der Toten: Bei der Berufung des Mose sagt Gott: „Ich bin der Gott deines Vaters, der Gott Abrahams, der Gott Isaaks und der Gott Jakobs" (2 Mo 3,6). Es ist für uns erstaunlich, wie Jesus aus dieser Textstelle in Matthäus 22,31-33 (durch Schlußfolgerung!) die Auferstehung der Toten begründet: „Doch wenn ihr behauptet, daß es keine Auferstehung gibt, möchte ich euch an Gottes Wort erinnern. Dort heißt es (2 Mo 3,6): ‚Ich bin der Gott Abrahams, Isaaks und Jakobs.' Gott ist doch nicht ein Gott der Toten, sondern er ist der Gott der Lebenden. Diese Worte Jesu hinterließen einen tiefen Eindruck bei allen, die ihm zuhörten" *(Hoffnung für alle).* Wenn Gott Leben ist, kann er nur Gott über Lebende sein. Da aber Abraham, Isaak und Jakob gestorben sind, kann er nur dann ihr Gott sein, wenn diese auch auferstehen.

Noch ein drittes Beispiel für das schlußfolgernde Denken sei hier genannt:

3. Schlußfolgerung von der Schöpfung auf den Schöpfer: In Römer 1,19-20 finden wir eine Stelle, bei der unser schlußfolgerndes Denken in besonderer Weise gefordert wird. Es geht dabei um die folgende Denkkonsequenz: Aus dem, was in diesem Universum existiert und was um uns lebt und wächst, können wir schließen, daß ein Schöpfer sein muß: „Dabei wissen sie ganz genau, daß es Gott gibt, er selbst hat ihnen dieses Wissen gegeben. Gott ist zwar unsichtbar, doch an seinen Werken, der Schöpfung, haben die Menschen seit jeher seine göttliche Macht und Größe sehen und erfahren können. Deshalb kann sich niemand damit entschuldigen, daß er von Gott nichts gewußt hat" *(Hoffnung für alle).*

Dieser vorliegende Bildband hebt auf diese uns schöpfungsmäßig geschenkte Denkkategorie ab. Nicht durch Beweis, sondern durch Mitdenken und Betrachtung der Werke finden wir selbst heraus, daß da ein Schöpfer sein muß. Wer diese Schlußfolgerung ignoriert, muß sein Denken arg verbiegen.

Der Mensch kann schreiben, wie Gott auch

Nach biblischem Zeugnis hat Gott nur zweimal geschrieben. Das erste Mal war es auf dem Berg Sinai, als er Mose die Zehn Gebote übergab: „Und da der Herr ausgeredet hatte mit Mose auf dem Berge Sinai, gab er ihm zwei Tafeln des Zeugnisses; die waren steinern und beschrieben mit dem *Finger* Gottes" (2 Mo 31,18). Das zweite Mal war es bei dem König Belsazar, als das Menetekel an der Wand erschien: „Plötzlich wurde eine Hand sichtbar, die etwas auf die gekalkte Wand des Königspalastes schrieb. Es war genau an der Stelle, auf die das volle Licht des Leuchters fiel. Als der König die schreibende Hand sah, wurde er bleich und erschrak so sehr, daß seine Knie zitterten" (Dan 5,5-6). „Deshalb hat er diese Hand geschickt und die Schrift an die Wand schreiben lassen. Was da geschrieben steht, lautet: ‚mene mene tekel u-parsin'. Das bedeutet: Gezählt hat Gott die Tage deiner Herrschaft – und ihr ein Ende gemacht. Gewogen hat er dich – und dich zu leicht gefunden. Zerteilt hat er dein Reich und es den Medern und Persern gegeben" (Dan 5,24-28).

Von Jesus ist nur einmal berichtet, daß er geschrieben hat, als man eine Ehebrecherin zu ihm brachte: „Aber Jesus bückte sich nieder und schrieb mit dem *Finger* auf die Erde" (Joh 8,6+8). Gott und Jesus haben beide mit dem Finger geschrieben!

Der Mensch hat sich diverse Schriftsysteme ausgedacht und ist nun in der Lage, Gedanken schriftlich zu fixieren. Die Erfindung der Schrift können wir zu den größten Geistesleistungen des Menschen rechnen. Der menschliche Gedächtnisspeicher ist kurzlebig, und die Speicherkapazität des Gehirns ist begrenzt. Information in Schriftform überwindet das Problem sowohl über Entfernungen als auch über Jahre und Jahrhunderte. Erst die Schrift verhilft einem Volk zu Literatur, Geschichtsschreibung und Technologie. Völker und Stämme ohne Schriftform sind darum über eine gewisse Kulturstufe nicht hinausgekommen (z. B. Indianer, Naturvölker). Erst die Schriftsprache bietet die Möglichkeit der Informationsspeicherung, so daß getätigte Erfindungen und gewonnene Erkenntnisse (z. B. in Medizin und Technik) nicht verlorengehen, sondern noch weiterentwickelt werden können.

Der Mensch hat schöpferische Fähigkeiten, wie Gott auch

In der Schöpfung hat Gott kreativ gehandelt. Über den Ideenreichtum in all seinen Werken können wir nur staunen. Gottes Gedanken sind auch hier (in den Werken der Schöpfung) höher als unsere Gedanken: Bedenken wir nur die geniale Speichermethode bei den DNS-Molekülen oder die unverstandene Konzeption des Gehirns.

Auch wir können erfinden und kreativ schaffen, wenn auch deutlich unterschieden von Gottes Art. Die Schriften, diverse technische Geräte (z. B. Autos, Computer, Mondraketen), aber auch die zahlreichen von Menschen erkannten neuen Ideen und Problemlösungen belegen eindrücklich diese Gabe Gottes an uns Menschen.

Wir haben ein ästhetisches Empfinden und können künstlerisch gestalten, wie Gott auch

Jesus weist uns in der Bergpredigt auf ein wichtiges Merkmal seiner Schöpfung hin: „Schauet die Lilien auf dem Felde ... Ich sage euch, daß auch Salomo in aller seiner Herrlichkeit nicht bekleidet gewesen ist wie derselben eine" (Mt 6,27-28). Gott hat seine Schöpfung nach ästhetischen Gesichtspunkten gestaltet. Wir brauchen uns nur die Farbenvielfalt der Blüten, Schmetterlinge, Käfer, Vögel und Fische oder den Formenreichtum der verschiedenen Schneeflocken, Blüten oder Blätter vor Augen zu halten.

Ebenso hat der Schöpfer auch uns mit einem ästhetischen Empfinden ausgestattet. In unterschiedlicher Verteilung verfügen wir über künstlerische Begabungen, um uns in Musik, Literatur, Malerei kreativ zu betätigen oder aber konsumierend zu genießen. Nicht nur nach zweckmäßigen, sondern auch nach ästhetischen Gesichtspunkten kleiden wir uns und gestalten Wohnung und Garten.

Wir haben einen eigenen Willen, wie Gott auch

Über den Willen Gottes finden wir zahlreiche Belegstellen in der Bibel. „Lasset uns Menschen schaffen" macht den ausdrücklichen Willen zum schöpferischen Handeln deutlich. Die Rettung des Menschen ist im Willen Gottes begründet: „Gott will, daß allen Menschen geholfen werde und sie zur Erkenntnis der Wahrheit kommen" (1 Tim 2,4). In Römer 9,18+21 erfahren wir etwas über den freien Willen Gottes: „So erbarmt er sich nun, wessen er will, und verstockt, welchen er will ... Hat nicht ein Töpfer Macht, aus einem Klumpen zu machen ein Gefäß zu Ehren und das andere zu Unehren?" Einen weiteren wichtigen Text in diesem Zusammenhang finden wir in 1. Korinther 1,26-29: „Seht doch einmal auf euch selbst, liebe Brüder! Sind unter euch, die Jesus nachfolgen, wirklich viele, die man als gebildet, einflußreich oder angesehen bezeichnen könnte? Nein, denn Gott hat sich die Schwachen ausgesucht, die aus menschlicher Sicht Einfältigen, um so die Klugen zu beschämen. Gott nahm sich der Schwachen dieser Welt an, um die Starken zu demütigen. Wer von Menschen geringschätzig behandelt, ja verachtet wird, wer bei ihnen nichts zählt, den will Gott für sich haben. Aber alles, worauf Menschen so großen Wert legen, das hat Gott für null und nichtig erklärt" *(Hoffnung für alle)*. Hier wird deutlich, daß Gottes Wille daran beteiligt ist, wenn jemand zum Glauben findet. In welchem Maße und in welcher Weise das geschieht, bleibt für uns ein unergründliches Geheimnis. Fest steht dennoch: Wie Gott nun einen freien Willen hat, so hat er auch uns einen Willen gegeben:

- Er schuf keine Marionetten, die genau das tun, was der Marionettenspieler gerade will.
- Er schuf keine Roboter, die nach einem festen Programm ablaufen.
- Er schuf keine dressierten Wesen, die nur das genau Eingeübte können. Wir befinden uns nicht in der Manege Gottes. Unser Leben ist kein Zirkusspiel.

Allerdings haben wir zu beachten, daß unser Wille in dieser gefallenen Welt auch in Mitleidenschaft gezogen wurde. Das sehen wir sogar bei dem großen Apostel Paulus, der von sich bekennt: „Das Gute, das ich will, das tue ich nicht; sondern das Böse, das ich nicht will, das tue ich" (Röm 7,19).

Der uns geschenkte Freiraum ist sehr groß, und das macht uns manchmal zu schaffen:

- Wir können aufbrechen zum Himmel oder zur Hölle. Größer ist der Freiheitsradius kaum denkbar.

- Wir können Kriege führen, aber auch Frieden halten.
- Wir können Gutes oder Böses tun. Die Spannweite umfaßt einen sehr weiten Bogen – er reicht von den Auschwitz-Tätern bis hin zu dem aufopfernden Dienst der Missionare.

Gott schaut sich alles in großer Geduld an. Sein Urteil kommt allerdings gewiß: „Und die Toten wurden gerichtet nach dem, was geschrieben steht in den Büchern, nach ihren Werken" (Offb 20,12).

Wir haben die Fähigkeit zur Bewertung und Beurteilung, wie Gott auch

Gott bewertet unser Leben im Gericht: „Wir werden alle vor dem Richterstuhl Gottes dargestellt werden" (Röm 14,10). Und in 2. Korinther 5,10 heißt es: „Denn wir müssen alle offenbar werden vor dem Richterstuhl Christi, auf daß ein jeglicher empfange, wie er gehandelt hat bei Leibesleben, es sei gut oder böse." Auch wir haben die Fähigkeit, unser Leben und Situationen zu analysieren, Prioritäten zu setzen und Arbeitsergebnisse und Lösungen zu beurteilen. Untereinander aber sollen wir uns nicht richten und verurteilen: „So wird nun jeder von uns für sich selbst Gott Rechenschaft geben. Darum laßt uns nicht mehr einer den andern richten; sondern richtet vielmehr darauf euern Sinn, daß niemand seinem Bruder einen Anstoß oder Ärgernis bereite" (Röm 14,12-13).

Wir haben die Fähigkeit zu lieben, wie Gott auch

„Gott ist Liebe", so heißt es in 1. Johannes 4,16. Wenn wir zu Gott gehören, wird auch unser Kennzeichen die Liebe sein: „Daran wird jedermann erkennen, daß ihr meine Jünger seid, so ihr Liebe untereinander habt" (Joh 13,35). Die Liebe sollte geradezu das Markenzeichen eines Christen sein: „Alle eure Dinge lasset in der Liebe geschehen!" (1 Kor 16,14). Der bekannte englische Erweckungsprediger *Spurgeon* brachte es auf die Formel: „Solange ihr lebt, tut alles aus Liebe zu Christus. Laßt die Finger der Liebe wirken, das Gehirn der Liebe, Augen der Liebe, die Hände der Liebe, kämpft mit Liebe, betet mit Liebe, sprecht mit Liebe, lebt mit Liebe." Die Liebe ist mit der Barmherzigkeit verwandt. Auch hier ist Gott der Urgrund: „Gelobt sei Gott, der Vater unseres Herrn Jesus Christus, der *Vater der Barmherzigkeit*" (2 Kor 1,3). In Konsequenz dazu sollen auch wir diese Fähigkeit ausüben: „Seid barmherzig, wie auch euer Vater barmherzig ist" (Lk 6,36).

Wir haben die Fähigkeit, treu zu sein, wie Gott auch

In der Treue begegnet uns eine weitere Eigenschaft Gottes: „Sind wir untreu, so bleibt er doch treu; er kann sich selbst nicht verleugnen" (2 Tim 2,13). Seine Treue ist unwandelbar. Was Gott versprochen hat, wird er unbedingt einhalten. Zu alttestamentlicher Zeit hat Gott in nicht abreißendem Versprechen das Kommen des Retters zugesagt. In Jesus löste er dieses Versprechen zum optimalen Zeitpunkt ein: „Als aber die Zeit erfüllt war, sandte Gott seinen Sohn" (Gal 4,4). Mehrfach hat Gott einen Bund mit den Menschen geschlossen, wie z. B. den Noah-Bund (1 Mo 8,21-9,17), den Abraham-Bund (1 Mo 15,7-21; 17,3-14) oder den Sinai-Bund (2 Mo 19-24). Nie gab es einen besseren Vertragspartner als Gott selbst.

Unter Treue verstehen wir eine innere Haltung, aus der heraus wir Versprechen und Verpflichtungen einhalten. Diese grundsätzliche Zuverlässigkeit ist eng verknüpft mit Wahrheit und Gerechtigkeit. „Auf Treu und Glauben" ist eine juristische Formel, die aus Jesaja 33,8 entlehnt ist und besagt, daß die Partner ohne schriftliche Bestätigung ihre Abmachungen einhalten werden. Grund und Voraussetzung aller menschlichen Treue ist die Treue Gottes. Die Ehe ist von Gott gestiftet, und sie ist auf Treue hin angelegt. Er erwartet auch von uns Treue, sowohl in unserem täglichen Leben als auch ihm gegenüber: „Sei getreu bis in den Tod, so will ich dir die Krone des Lebens geben" (Offb 2,10).

Wir haben die Fähigkeit, mit Gott Gemeinschaft zu haben, wie Gott auch mit uns

Mit jemandem Gemeinschaft haben, heißt gegenseitig in einer engen Beziehung zu stehen, aneinander Anteil zu nehmen und zu geben. Nach Kolosser 1,16 sind wir zu Christus hin geschaffen. Wenn dies das schöpfungsmäßig vorgesehene Ziel für uns Menschen ist, dann ist der Mensch auf Gemeinschaft mit seinem Schöpfer angelegt. Diese wurde jedoch durch den Sündenfall zerstört, was dem Zustand einer zerbrochenen Ehe vergleichbar ist. In beiden Fällen haben die Partner die ursprüngliche gute Gemeinschaft aufgegeben. Die Folgen bleiben nicht aus – Tränen und Herzeleid.

Durch eine gründliche Bekehrung zu Jesus hin (siehe folgende Kapitel) kommt es wieder zur Gemeinschaft mit Gott und mit seinem Sohn. Das Neue Testament verwendet eine kurze Formel für die wiederhergestellte gute Gemeinschaft mit dem Schöpfer, nämlich „in Christus". 80mal finden wir dieses wichtige Kürzel. So heißt es z. B. in 2. Korinther 5,17: „Ist jemand in Christus, so ist er eine neue Kreatur." Wie innig die Verbindung ist, schreibt Paulus in Galater 2,20: „Ich lebe; doch nun nicht ich, sondern Christus lebt in mir." Hier ist das Schöpfungsziel wieder hergestellt. Wer zu Christus gehört, der ist auch regelmäßig in der Gemeinschaft mit anderen Christen. Paulus verwendet für die Gläubigen mit ihren unterschiedlichen natürlichen und geistlichen Gaben das Bild von den Gliedern eines Leibes. Zusammen aber bilden alle Glieder den Leib Christi (1 Kor 12,27). Im Abendmahl feiern wir die Gemeinschaft mit Christus. Johannes beschreibt das Wesen der wiederhergestellten Gemeinschaft zwischen Gott und Mensch: „damit auch ihr mit uns Gemeinschaft habt; und unsere Gemeinschaft ist mit dem Vater und mit seinem Sohn Jesus Christus" (1 Joh 1,3). Die Konsequenzen der Gemeinschaft mit Christus sind weitreichend:

- wir haben Anteil am Leben Christi (Röm 6,8)
- wir haben Anteil an seiner Auferstehung (Kol 2,12)
- wir sind Miterben Christi (Röm 8,17)
- wir werden mit ihm zur Herrlichkeit erhoben (Röm 8,17)
- wir werden mit ihm herrschen (2 Tim 2,12).

Weitere Besonderheiten des Menschen, die ihn vom Tier unterscheiden

Die vorgenannten zehn Punkte sind nur dem Menschen zuzuordnen und heben ihn deutlich vom Tierreich ab. Dies sei in aller Deutlichkeit gesagt, weil uns in vielerlei Darlegungen suggeriert wird, wir seien Emporkömmlinge aus irgendeiner tierischen Abstammungslinie. Einige weitere Aspekte unseres Menschseins seien hier noch angefügt:

- Wir sind *geschichtsfähig*. Wir registrieren die Ereignisse der Vergangenheit, erzählen sie, reflektieren sie, und manchmal lernen wir auch daraus.

- Wir haben das *Bedürfnis nach kausaler Welt- und Lebenserklärung*. Nur wir Menschen fragen danach, woher wir kommen, wozu wir leben und wohin wir gehen.

- Nur wir *denken über die Todesfrage nach* und bestatten unsere Toten. Uns Menschen ist die Ewigkeit ins Herz gelegt (Pred 3,11). Allein die Pyramiden von Gizeh sind ein Beleg für diese Tatsache. Weil die Ägypter von einem Leben nach dem Tod wußten, versuchten sie, nach ihren Ideen Vorsorge zu treffen.

Hat Gott

In Johannes 4,24 sagt Jesus: „Gott ist Geist, und die ihn anbeten, die müssen ihn im Geist und in der Wahrheit anbeten." Im Ersten Gebot verbietet Gott, daß wir uns eine räumlich strukturierte Vorstellung von ihm machen:

„Ich bin der Herr, dein Gott ... Du sollst dir kein Bildnis noch irgendein Gleichnis machen, weder des, das oben im Himmel, noch des, das unten auf Erden, oder des, das im Wasser unter der Erde ist" (2 Mo 20,2+4).

Dennoch berichtet die Bibel immer wieder von den Sinnesorganen Gottes, aber auch von seinem Mund, seiner Hand, seinem Arm, seinem Finger und seinem Herzen:

auch Sinnesorgane?

Ohr: Gott ist der Hörende. Der Psalmist hat diese gute Erfahrung gemacht: „Denn er (= Gott) neigte sein Ohr zu mir; darum will ich mein Leben lang ihn anrufen" (Ps 116,2). Der König Hiskia erbittet das Hinhören und Hinsehen Gottes: „Herr, neige deine Ohren und höre; tue deine Augen auf und siehe" (2 Kön 19,16). Gott hört das Schreien des bedrängten Volkes (2 Mo 3,7), sein Weinen und Seufzen (Ps 6,9; Ps 102,21), sein Murren (2 Mo 16,7; 4 Mo 12,2), aber auch sein Rufen und Flehen und seine Anbetung (1 Kön 8,28; 1 Kön 9,3). Zusammengefaßt gilt: „Der das Ohr gepflanzt hat, sollte der nicht hören?" (Ps 94,9).

Auge: Gottes Augen übersehen nichts: „Denn des Herrn Augen schauen alle Lande, daß er stärke, die mit ganzem Herzen bei ihm sind" (2 Chr 16,9). Auch all das, was uns verborgen ist, wird von Gottes Augen erkannt: „Deine Augen sahen mich, als ich noch nicht bereitet war" (Ps 139,16).
Er sieht auch schon das Zukünftige und alles für uns Unsichtbare. Niemand kann sich vor Gott verbergen (Ps 139,3+7).

Mund: Gott hat einen Mund, denn in der Schöpfungsgeschichte heißt es zehnmal „Und Gott sprach". Alles, was aus dem Munde Gottes kommt, ist definitionsgemäß Wort Gottes. Sein Wort ist für uns lebensnotwendig: „Der Mensch lebt nicht vom Brot allein, sondern von allem, was aus dem Mund des Herrn geht" (5 Mo 8,3). Auch uns hat Gott einen Mund gegeben: „Wer hat dem Menschen den Mund geschaffen? ... Habe ich's nicht getan, der Herr?" (2 Mo 4,11).

Hand: Gott spricht: „Siehe, in die Hände habe ich dich gezeichnet" (Jes 49,16). Wer an ihn glaubt, der ist nicht nur im Buch des Lebens eingetragen, sondern auch in Gottes Hand. Jesus „ist um unserer Missetat willen verwundet und um unserer Sünde willen zerschlagen" (Jes 53,5). Wegen unserer Sünde sind seine Hände und Füße durchgraben. So können wir den obigen Text aus Jesaja 49,16 auch wie folgt lesen: „In Jesu Hände sind wir gezeichnet."

Gott versorgt uns Menschen, aber auch alle Kreatur. Nach Psalm 145,16 ist dies alles eine Gabe aus seiner Hand: „Du tust deine Hand auf und erfüllest alles, was lebt, mit Wohlgefallen" (Ps 145,16). Auch die Werke der Schöpfung werden mehrfach mit der Hand Gottes in Verbindung gebracht:

Psalm 19,2: „... die Feste verkündigt seiner Hände Werk."
Psalm 102,26: „Die Himmel sind deiner Hände Werk."
Psalm 8,7: „Du hast ihn zum Herrn gemacht über deiner Hände Werk."

Als in Antiochien das „Evangelium vom Herrn Jesus" (Apg 11,20) gepredigt wurde, kamen viele deswegen zum Glauben, weil die Hand des Herrn mit den Jüngern war: „Und die Hand des Herrn war mit ihnen, und eine große Zahl ward gläubig und bekehrte sich zum Herrn" (Apg 11,21).

Arm: Der Arm Gottes steht symbolhaft für seine unermeßliche Kraft. Mit seinem starken Arm führte Gott das Volk Israel aus Ägypten (Apg 13,17). Seine Macht ist unbegrenzt, darum erinnert er die Zweifelnden daran: „Ist mein Arm nun so kurz geworden, daß er nicht erlösen kann? Oder ist bei mir keine Kraft mehr, zu erretten?" (Jes 50,2). Bezüglich der Schöpfung heißt es in Jeremia 27,5: „Ich habe die Erde gemacht und Menschen und Tiere, die auf Erden sind, durch meine große Kraft und meinen ausgereckten Arm."

Finger: Die Gebote Gottes sind mit seinem Finger geschrieben (2 Mo 31,18). Aber auch die Schöpfung ist das Werk seiner Finger: „Wenn ich sehe die Himmel, deiner Finger Werk, den Mond und die Sterne, die du bereitet hast" (Ps 8,4).

Herz: Es gibt Menschen, die uns in besonderer Weise am Herzen liegen; ebenso nehmen wir uns etwas zu Herzen, was uns zutiefst bewegt. Von Gott wird das auch gesagt: Er hatte die Wüstenwanderung des Volkes Israel „auf sein Herz genommen" (5 Mo 2,7). David fand Gefallen bei Gott, darum bezeugte er von ihm: „Ich habe David gefunden, den Sohn Isais, *einen Mann nach meinem Herzen,* der soll meinen ganzen Willen tun" (Apg 13,22).

Jeder Mensch

- bei Gott bekannt?

Hiob sagt über seinen Knecht: „Hat nicht auch ihn erschaffen, der mich im Mutterleibe schuf, hat nicht der Eine uns im Mutterschoß bereitet?" (Hi 31,15). Schon vor der Zeugung erkannte Gott den Jeremia: „Ich kannte dich, ehe denn ich dich im Mutterleibe bereitete, und sonderte dich aus, ehe denn du von der Mutter geboren wurdest, und stellte dich zum Propheten unter die Völker" (Jer 1,5). Ebenso ist es bei Jesaja: „Höret mir zu, ihr Inseln, und ihr Völker in der Ferne, merket auf! Der Herr hat mich gerufen von Mutterleib an; er hat meines Namens gedacht, da ich noch im Schoß der Mutter war" (Jes 49,1).

Gott kennt schon unsere Lebensgeschichte zur Zeit unserer Embryonalentwicklung: „Du hast meine Nieren bereitet und hast mich gebildet im Mutterleib. Ich danke dir dafür, daß ich wunderbar gemacht bin; wunderbar sind deine Werke; das erkennt meine Seele. Es war dir mein Gebein nicht verborgen, als ich im Verborgenen gemacht wurde, als ich gebildet wurde unten in der Erde. Deine Augen sahen mich, als ich noch nicht bereitet war, und alle Tage waren in dein Buch geschrieben, die noch werden sollten, als derselben noch keiner da war" (Ps 139,13-16).

Paulus bekennt von sich: „Da es aber Gott wohlgefiel, der mich von meiner Mutter Leibe an hat ausgesondert und berufen durch seine Gnade" (Gal 1,15). Auch *Fehlgeburten* (ebenso Abgetriebene und Totgeborene) sind in der Bibel erwähnt:

„Wenn einer auch 100 Kinder zeugte und hätte ein so langes Leben, daß er sehr alt würde, aber er genösse das Gute nicht und bliebe ohne Grab, von dem sage ich: Eine *Fehlgeburt* hat es besser als er. Denn sie kommt ohne Leben, und in Finsternis fährt sie dahin, und ihr Name bleibt von Finsternis bedeckt, auch hat sie die Sonne nicht gesehen noch gekannt, so hat sie mehr Ruhe als jener" (Pred 6,3-5; *Luther*-Übers. 1984). Die Jerusalemer Bibel übersetzt statt „Fehlgeburt" dort mit „Totgeburt".

In der Übersetzung des Alten Testaments von den jüdischen Gelehrten *Martin Buber* und *Franz Rosenzweig* lautet dieser Text:

„Würde ein Mann hundert zeugen und viele Jahre leben, wie viel auch der Tage seiner Jahre wären, und nicht sättigte sich seine Seele am Guten, ich spräche: ‚Ob die auch ein Begräbnis nicht fand, die Fehlgeburt ist besser dran als er.' Denn kam im Dunst sie und geht in Finsternis sie und in Finsternis bleibt ihr Name gehüllt. Auch die Sonne sah sie nicht und kannte sie nicht: eher bei diesem als bei diesem ist die Ruh, und ob er zweimal tausend Jahre lebte und hat das Gute nicht besehen. Wandelt zu Einem Orte nicht alles hin? –"

Wir dürfen wissen: Als ich noch mikroskopisch klein war, ein ungeformter Keim, da schon kam meine Lebensgeschichte bei Gott vor. Mein Lebensweg, meine Rolle, meine Berufung – alles war ihm schon bekannt. Gott hatte bereits alles im Blick. Das bedeutet nicht, daß unser Weg fest vorherbestimmt ist und wir gar nicht anders können. Solchen Fatalismus kennt die Bibel nicht, denn „zur Freiheit hat uns Christus befreit" (Gal 5,1). Der verlorene Sohn hatte die Freiheit, das Vaterhaus zu verlassen, aber nach Einsicht seines Fehlverhaltens auch wieder zurückzukehren. Gott aber weiß in seiner Allwissenheit, wie wir entscheiden werden.

Der Mensch nach d

Die Wesenszüge Gottes, die auch der Mensch gemäß der Schöpfungsordnung Gottes trug, sind durch die Sünde weitgehend zerstört. Die Bibel markiert an vielen Stellen die so drastisch veränderte Situation:

Römer 3,22b–23: „Denn es ist hier kein Unterschied: Alle haben gesündigt und die Herrlichkeit verloren, die Gott ihnen zugedacht hatte."

Jeremia 16,4: „Sie sollen an Krankheiten sterben und weder beklagt noch begraben werden, sondern sollen Dung werden auf dem Lande ..., ihre Leichname sollen der Vögel des Himmels und der Tiere auf Erden Speise sein."

Psalm 144,4: „Ist doch der Mensch gleich wie nichts; seine Zeit fährt dahin wie ein Schatten."

Prediger 3,19: „Denn es geht dem Menschen wie dem Vieh: wie dies stirbt, so stirbt er auch."

Römer 1,21: „Ihr unverständiges Herz ist verfinstert."

Epheser 4,18: „Ihr Verstand ist verfinstert, und sie sind fremd geworden dem Leben, das aus Gott ist."

In der Gottesferne ist das menschliche Denken allen möglichen Irrungen und Wirrungen verfallen. Die Evolutionsanschauungen, Ideologien, Religionen und alle möglichen atheistischen Systeme belegen uns dies sehr eindrücklich. So finden wir auch bei vielen Denkern negativ artikulierte Beurteilungen über den Menschen:

Der Kulturphilosoph und Sprachforscher *Friedrich v. Schlegel* (1772-1829): Mensch ist, was zugleich Tier und Pflanze und Stein ist.

Der nihilistische Philosoph *Friedrich Nietzsche* (1844-1900): Der Mensch ist das Untier und Übertier. Er ist nur ein „kosmischer Eckensteher".

Der amerikanische Vererbungsforscher russischer Herkunft *Theodosius Dobzhansky* (1900-1975): Der Mensch ist das einzige Erzeugnis der Evolution, das die Kenntnis erlangt hat, daß er in dieses Weltall aus dem Tierreich heraus durch die Evolution gekommen ist.

Der französische Biochemiker und Nobelpreisträger *Jaques Monod* (1910-1976): Der Mensch ist ein Zigeuner am Rande des Universums.

Der Atheist *Theo Löbsack*: Der Mensch ist nur ein „Irrläufer der Evolution".

Ludwig E. Boltzmann (1844-1905), Professor der Theoret schen Physik an der Universität Wien, war ganz und gar dem Darwinismus verfallen. Er empfand den Gedanken, die Herkunft des Lebens ohne einen Schöpfer erklären zu wollen, als die grandioseste Idee des Jahrhunderts: „Nach meiner Meinung ist alles Heil für die Philosophie zu erwarten von der Lehre *Darwins*. Wenn Sie mich nach meiner innersten Überzeugung fragen, ob man unsere Zeit (= das 19. Jahrhundert) einmal die eiserne Zeit oder die Zeit des Dampfes oder der Elek:rizität nennen wird, so antworte ich ohne Bedenken, die Zeit der mechanischen Naturauffassung, die Zeit *Darwins* wird sie heißen."

Immer mehr Wissenschaftler in unseren Tagen erkennen die Lehre der Evolution als den größten Irrtum des Jahrhunderts. (Ausführlicher ist diese Thematik in den beiden Büchern des Verfassers „Am Anfang war die Information" und „Schuf Gott durch Evolution?" dargelegt, so daß hier nicht weiter darauf eingegangen werden soll.)

An einem Beispiel allerdings soll hier einmal gezeigt werden, wohin der Denkzwang der Evolution führt. Es geht um die Problematik der

n Fall: Zerrbild Gottes

Geburt des Menschen. *Josef H. Reichholf* hat in seinem Artikel „Schwere Geburt beim Menschen – leichte Geburt bei Tieren" (Zeitschrift „natur", Ausgabe Juli 1989, S. 57-59) die gängige Denkweise veranschaulicht. Unter der Überschrift „Privileg der Tiere: Geburt ohne Leid" beschreibt er zunächst die Geburt einiger Säugetiere:

1. Giraffe: „Das neugeborene Giraffenkalb fällt aus über zwei Metern Höhe. Trotzdem verläuft die Geburt meist völlig undramatisch, voller Ruhe und Gelassenheit."

2. Gnu: „Die hochträchtige Gnu-Kuh zieht mit ihrer Herde weiter. Erst unmittelbar zu Beginn der Geburt sondert sie sich etwas (von der Herde) ab. Sie gebiert das große, sehr weit entwickelte Junge ohne Hast und Klagen, leckt es trocken, massiert es und hilft dem staksigen Kalb, wenn nötig, auf die Beine. Den Rest besorgt das Neugeborene selbst ... Der eigentliche Geburtsvorgang dauert nur ein paar Minuten. Doch auch diese Zeitspanne kann zu lang sein, wenn Gefahr droht. Dann unterbricht das Gnu einfach und läuft weiter, bis das schon herausschauende Kalb an sicherer Stelle gesetzt werden kann."

3. Seelöwen: „Auf der anderen Seite des Erdballs wälzen sich in den Wochen vor Weihnachten die sonst so schlanken Weibchen der Seelöwen von Galapagos mit unförmig aufgeschwollenen Körpern über die Lavaklippen an die Strände und erwarten ihre Niederkunft. Auch bei den Seelöwen verläuft die Geburt schnell. Erwartungsgemäß schnell, möchte man meinen, denn der perfekt stromlinienförmige Körper hat keine Mühe, die Enge des Geburtskanals zu überwinden. Sekunden reichen, um den Vorgang präzise ablaufen zu lassen; Sekunden einer ‚glücklichen' Geburt, die nichts von Schmerz und Mühsal erkennen läßt."

Nach der Betrachtung weiterer Tiere stellt *Reichholf* fest: „Wo immer wir die Geburt der Säugetiere beobachten, verläuft sie anscheinend reichlich mühelos, den Anforderungen der Lebensweise entsprechend und in den vielfältigsten Erscheinungsformen." Und dann kommt er zum Menschen:

„Nur der Mensch paßt nirgends hinein ... Ein Kind pro Geburt ist die Regel, und dieses wird unter Schmerzen geboren. Schlimmer noch: Ohne Hilfe ist die gebärende Frau so gut wie hilflos, zumal, wenn es sich um die Erstgeburt handelt." Der Autor stellt dann noch einmal die Frage nach dem *Warum* der schweren Geburt beim Menschen, und gibt dann seine Antwort:

„Warum tut sich ausgerechnet der Mensch so schwer, auf die Welt zu kommen? Dieses Spitzenprodukt der Evolution, das sich selbst als ‚Krone der Schöpfung' fühlt, macht den Eindruck, als ob bei seiner Stammesgeschichte etwas Wichtiges schiefgelaufen sei. Zu dieser Ansicht muß man kommen, wenn man die höheren Säugetiere vergleichend betrachtet."

Die Beobachtungen *Reichholfs* sind völlig richtig. Nur die Deutung ist das Problem. Die Natur deutet sich nirgends selbst. Wir brauchen eine Informationsquelle, die darübersteht. So können wir aus diesem Beispiel etwas Grundlegendes lernen: Wir Menschen tappen ohne die Bibel in den meisten Bereichen des Lebens im dunkeln. Warum gerade beim Menschen die Geburt so schwer verläuft, kann uns kein Biologe und auch nicht der beste Gynäkologe beantworten. Es ist eine direkte Folge des Sündenfalles. Nach der ursprünglichen Schöpfung war demnach eine schmerzlose Geburt vorgesehen. Als Folge der Sünde sagte Gott zu Eva: „Ich will dir viel Schmerzen schaffen, wenn du schwanger wirst; du sollst mit Schmerzen Kinder gebären" (1 Mo 3,16).

Der grundlegende Schaden, der durch die Evolutionslehre entsteht, ist nicht, daß, durch diese Brille gesehen, viele Fakten der Welt nicht treffend gedeutet werden können, sondern daß dieser Lehre ein ablehnendes oder gebrochenes Verhältnis zur Bibel vorausgeht. Wie wichtig aber gerade das Bekenntnis des Paulus „ich glaube allem, was geschrieben steht" (Apg 24,14) auch für uns ist, wird in der Frage unserer Errettung besonders deutlich (siehe die folgenden Kapitel).

Ein besondere

Viele Menschen fragen heute: Wer ist Jesus?

Über ihn sind 60 000 Biographien geschrieben worden. Keine Person der Weltgeschichte ist so oft porträtiert worden wie er. *Napoleon* hatte von ihm gesagt: „Von dem (= Jesus) wird man ewig reden, und Menschen werden für ihn sterben. Von mir wird keiner mehr reden, und niemand` wird mehr für mich sterben."

Es stimmt: Für Jesus mußte niemand sterben. Nie hat er das von einem Menschen verlangt. Für ihn aber sind nicht nur Tausende, sondern Millionen von Menschen freiwillig in den Tod gegangen. Ein Wort des Widerrufs hätte genügt, und sie wären frei gewesen. Aber sie blieben ihm treu und gingen lieber in den Tod, als sich von ihm loszusagen. Sie taten es aus Liebe zu ihm, aber niemals aus Zwang.

Für *Napoleon* mußten die Menschen zwangsweise sterben; nun aber geht niemand mehr für ihn in den Tod. Der Historiker *Kenneth Scott Latourette* kam zu dem Ergebnis: „Je mehr Zeit vergeht, um so offensichtlicher wird, daß Jesus, gemessen an seinem Einfluß auf die Geschichte, das folgenschwerste Leben führte, das je auf diesem Planeten gelebt wurde."

Mensch: Jesus

Ist Jesus der Sohn Gottes? Hören wir auf einige Urteile:

1. Gott: Bei der Taufe Jesu ertönte eine Stimme. Diese Stimme kam vom Himmel – sie kam von Gott selbst: „Dies ist mein lieber Sohn, an welchem ich Wohlgefallen habe" (Mt 3,17). Wenn Gott von seinem Sohn spricht, dann muß er der Vater Jesu sein. Auf dem Berg der Verklärung bekennt sich Gott abermals zu Jesus: „Das ist mein lieber Sohn; den sollt ihr hören" (Mk 9,7).

2. Petrus: Er begleitete Jesus längere Zeit. Er beobachtete alles sehr genau. Er kannte Jesu Taten, seine Reden, seine Lebensweise, seinen Umgang mit den Menschen. Als Jesus die Jünger fragte, wer er sei, da gibt Petrus die Antwort: „Du bist Christus, des lebendigen Gottes Sohn" (Mt 16,16).

3. Römischer Hauptmann: Die Kreuzigung Jesu leitete ein römischer Hauptmann. Im riesigen Weltreich der Römer, das von England bis Nordafrika und von Spanien bis zum Orient reichte, war er weit herumgekommen. Manche Schlacht hatte er geschlagen, und er hatte oft diese üble und qualvolle römische Hinrichtungsmethode der Kreuzigung geleitet. Immer wieder erlebte er dasselbe: Die Menschen am Kreuz begannen zu schimpfen und zu fluchen. Sie klagten diejenigen an, die sie hierher gebracht hatten. Immer war es eine Szenerie des Grauens, des Stöhnens und des Schimpfens.

Erstmals in seinem Leben erlebt er eine Kreuzigung, bei der alles anders abläuft. Aus dem Mund des Gekreuzigten kommt kein böses Wort, kein Vorwurf, keine Anklage. Im Gegenteil: Er fängt an, für die umstehenden Leute zu beten. Das ist insofern verwunderlich, als die Volksmenge ihn noch verspottet und verhöhnt. Er reagiert anders als jeder andere Mensch. Er ruft Gott an: „Vater, vergib ihnen; denn sie wissen nicht, was sie tun" (Lk 23,34). Der Hauptmann erlebt auch, wie Jesus dem Schächer zur Rechten nach dessen Schuldbekenntnis eine kaum faßbare Zusage gibt: „Wahrlich, ich sage dir: Heute wirst du mit mir im Paradiese sein" (Lk 23,43). Mit großer Aufmerksamkeit verfolgt der Hauptmann jedes Wort dieses Mannes in der Mitte, und dann zieht er seine Schlußfolgerung: „Wahrlich, dieser ist Gottes Sohn gewesen" (Mt 27,54).

Der Doppelname *Jesus Christus* ist für die Christen das kürzeste Bekenntnis zu ihm, denn es besagt: Jesus von Nazareth ist der verheißene Christus (hebr. *Messias*). Jesus hat sich selbst mit Vorliebe als der *Menschensohn* bezeichnet. Seine Messiaswürde hat er damit gleichzeitig bezeugt, aber auch verhüllt (z. B. Mt 8,20; Joh 3,14). Diese Selbstbezeichnung sollte zweierlei zum Ausdruck bringen: Erstens, daß er ein Mensch, also ein Sproß des menschlichen Geschlechts war. Die beiden Geschlechtsregister von Matthäus 1,1-17 und Lukas 3,23-38 dienen geradezu diesem Nachweis. Zweitens: Bei der feierlichen Bezeugung seiner Wiederkunft in Herrlichkeit sagt Jesus in Matthäus 24,27+30: „Denn wie der Blitz ausgeht vom Osten und leuchtet bis zum Westen, so wird auch das Kommen des *Menschensohns* sein ... und werden sehen den *Menschensohn* kommen auf den Wolken des Himmels mit großer Kraft und Herrlichkeit." Damit knüpft er an die Prophetie von Daniel 7,13 an: „Und siehe, es kam einer mit den Wolken des Himmels wie eines *Menschen Sohn*."

Die Bibel bezeugt uns Jesus als den, der von Ewigkeit war (= *Ewig-Vater* gemäß Jes 9,5) und der immer sein wird: „Jesus Christus gestern und heute und derselbe auch in Ewigkeit" (Hebr 13,8). Während seines Erdendaseins war er sowohl Gottes Sohn als auch Mensch. Diesen Gedanken finden wir deutlich in Philipper 2,6-7: „Er, der in göttlicher Gestalt war, hielt es nicht für einen Raub, Gott gleich zu sein, sondern entäußerte sich selbst und nahm Knechtsgestalt an, ward den Menschen gleich und der Erscheinung nach als Mensch erkannt."

Jeder Mensch

Die größte Katastrophe, die je über die Menschheit hereinbrach, war nicht der Zweite Weltkrieg; es war auch nicht eine der großen Flutkatastrophen an der Nordsee oder eines der verlustreichen Grubenunglücke im Bergbau, sondern der **Sündenfall**. Von den Folgen sind nicht Tausende oder Millionen betroffen, sondern eine ganze Menschheit erhielt durch die Sünde einen todbringenden Torpedotreffer. Die **Sünde** hat eine sehr schlimme Eigenschaft. Sie breitet sich, ausgehend von der ersten Sünde, flächendeckend und todbringend wie eine verheerende Seuche aus. Alle Menschen sind von dieser schrecklichen Epidemie infiziert. Im Laufe unseres Lebens tragen wir erheblich zur Vermehrung der Sünde bei. Sie hat ihr eigenes Fallgesetz, und so können wir von (unserer jetzigen!) Natur aus gar nicht anders handeln. Darum steht in Römer 7,19: „Das Gute, das ich will, das tue ich nicht; sondern das Böse, das ich nicht will, das tue ich."

Was ist Sünde? Zunächst ist unser Zustand, das Getrenntsein von Gott, Sünde. Die Tatsünden sind die Folgen dieser generellen Sünde. „Alles Unrecht ist Sünde" (1 Joh 5,17). Die Zehn Gebote, wie sie in 2. Mose 20,1-17 von Gott gegeben sind, halten

uns den Spiegel vor, so daß wir unser Handeln beurteilen können. In der Bergpredigt (Mt 5 bis 7) hat Jesus die Gebote vertieft ausgelegt. Danach ist nicht erst die ausgeführte Tat, sondern schon der ihr vorangehende Gedanke in unserem Herzen bereits Sünde. Diesem unveränderlichen Maßstab Gottes werden wir alle nicht gerecht, jede Abweichung aber von Gottes Norm ist Sünde. Ja, bereits, das Gute unterlassen zu haben, ist in den Augen Gottes Sünde: „Wer da weiß, Gutes zu tun, und tut's nicht, dem ist es Sünde" (Jak 4,17). Aller Unglaube ist Sünde, denn in Römer 14,23b lesen wir: „Was aber nicht aus Glauben geht, das ist Sünde." In unserer Zeit haben okkulte Praktiken (z. B. Wahrsagerei, Pendeln, Besprechen) ein erschreckendes Ausmaß angenommen. In vielen Buchhandlungen gibt es einen nicht zu übersehenden Bereich an esoterischer Literatur, und viele Leser vergiften damit ihre Seele. Gott ermahnt wegen dieser Greuelsünden: „so sollst du nicht die Greuel tun ..., daß nicht jemand unter dir gefunden werde, der seinen Sohn oder seine Tochter durchs Feuer gehen läßt oder Wahrsagerei, Hellseherei, geheime Künste oder Zauberei treibt oder Bannungen oder Geisterbeschwörungen oder Zeichendeuterei vornimmt oder die Toten befragt. Denn wer das tut, der ist dem Herrn ein Greuel" (5 Mo 18,9-12).

Die **Hauptsünde** aber in den Augen Gottes ist die, daß die Menschen nicht an seinen Sohn glauben und ihm nicht folgen. Jesus sagt, es ist **die** Sünde überhaupt, „daß sie nicht glauben an mich" (Joh 16,9). Das eigentliche Wesen der Sünde und ihre Auswirkung wird deutlich an dem griechischen Wort des Neuen Testaments, *hamartia*, und dieses bedeutet Zielverfehlung. Durch unsere Sünde verfehlen wir das von Gott vorgegebene Ziel unseres Lebens, vergleichbar einem Pfeil, der nicht die Mitte der Zielscheibe trifft. Gehen wir mit unserer Sünde in die Ewigkeit, so sind wir verlorene Leute, denn sie bringt uns ins Verderben und in den (ewigen) Tod (Spr 14,34b; Röm 6,23a). Gott hat gesagt, daß er nicht eine einzige Sünde in seinen Himmel hineinlassen wird, „denn (dort) wird nichts mehr unter dem Bann sein" (Offb 22,3). Würde Gott Sünde in seinem Himmel zulassen, dann wäre auch dieser Ort der Herrlichkeit bald zerstört. Als Folge der Sünde würden ebenso wie auf der Erde Zank und Streit, Neid und Mißgunst, Krankheit und Leid, Not und Tod Einzug halten. Der Himmel aber soll Himmel bleiben. Er bleibt ein Ort ewiger Freude und ein Ort, wo jeder jeden lieb hat. Wie viele Menschen haben uns hier auf der Erde wirklich lieb? In den meisten Fällen könnten wir sie an einer Hand abzählen. Viele würden uns bei einer Umfrage sogar antworten: Niemand liebt mich; ich bin einsam.

Durch Jesus hat Gott nun selbst das Problem der Sünde gelöst. „Denn Gott hat den, der von keiner Sünde wußte, für uns zur Sünde gemacht" (2 Kor 5,21). Kein Mensch hätte seine eigene Sünde tragen können, denn weder durch gute Taten noch durch religiöse Übungen könnte Sünde aufgewogen oder gar gelöscht werden. Dagegen ist kein Kraut gewachsen. Der aber, der sie tilgen konnte, hat es vollbracht. Von Jesus steht geschrieben, daß er „unsere Sünden selbst hinaufgetragen hat an seinem Leibe auf das Holz" (= das Kreuz von Golgatha) (1 Petr 2,24). Weil dieses geschah, ist für jedermann eine Rettungsmöglichkeit geschaffen. Sie ist grenzenlos:

- ob jung oder alt, ob arm oder reich
- ob Mann oder Frau
- ob Analphabet oder Nobelpreisträger
- ob Schwarzer, Weißer, Gelber, Roter – Gott kennt keine Rassenschranken
- ob Deutscher, Franzose, Russe oder Amerikaner – bei Gott gibt es keine nationale Einschränkung
- ob englisch, deutsch, chinesisch oder arabisch sprechend – für Gott gibt es keine Sprachbarrieren.

Eine größere Weite ist nicht mehr vorstellbar. Nicht 5 % oder 10 % oder 20 % sind durch sein auf Liebe und Freiwilligkeit basierendem Konzept errettbar, sondern 100 Prozent: „Und er (= Jesus) ist die Versöhnung für unsere Sünden, nicht allein aber für die unseren, sondern auch für die der ganzen Welt" (1 Joh 2,2). Die Tragik der Menschheit ist jedoch, daß sich leider nur ein verhältnismäßig kleiner Teil zu Jesus bekehrt und dadurch Rettung findet (Mt 7,13-14; Lk 12,32). Die anderen bleiben auf ihrem alten, eingefahrenen Weg und gehen damit unaufhaltsam in die Verdammnis.

Ein Gleichnis aus der Seefahrt - die Gustloff

Im folgenden soll ausführlich von der Rettung die Rede sein. Die Möglichkeit dazu wollen wir uns gleichnishaft an einem dramatischen Geschehen während des Zweiten Weltkrieges deutlich machen, nämlich an einer der größten Schiffskatastrophen der Seefahrt überhaupt, dem **Untergang der Gustloff:**

Es ist Dienstag, der 30. Januar 1945: Die *Wilhelm Gustloff* sticht stark überladen mit 6600 Menschen, meist Flüchtlingen und Verwundeten aus Ostpreußen, von Gotenhafen (Danziger Bucht) aus in See, um in den Westen zu gelangen. An diesem eiskalten Winterabend, bei schwerem Seegang und minus 18 Grad Celsius Lufttemperatur, macht der Ausguck des halbgetauchten sowjetischen U-Bootes S-13 auf der Höhe von Stolpmünde (Hinterpommern) die Umrisse eines großen Schiffes aus. Die *Gustloff* wird gegen 21.00 Uhr von drei Torpedos dieses U-Bootes getroffen und sinkt innerhalb einer Stunde. Über 5000 Menschen kommen dabei ums Leben.

Das Schiff mit dem Namen des 1936 ermordeten Schweizer NSDAP-Funktionärs diente der „Deutschen Arbeitsfront" als Flaggschiff für die „Kraft durch Freude"-Aktion. Mit 25 484 BRT (Bruttoregistertonnen) und einer Kapazität von fast 1500 Passagieren zählte die *Wilhelm Gustloff* zu den Luxusschiffen. Bei Kriegsbeginn wurde sie als Lazarett- und Kasernenschiff der Marine in Gotenhafen stationiert. Als die feindliche Front näher rückte, war sie eines der Schiffe, das Flüchtlinge und Soldaten in Richtung Westen bringen sollte. Von Bomben beschädigt und überladen, schaffte die Gustloff nur noch zwölf der ehemals 15,5 Knoten (= 29 km/h).

Da es zu jener Zeit in diesem Gebiet keine akute Gefahr von feindlichen U-Booten gab, fuhr man nur mit einem Torpedoboot als Geleitschutz und auch keinen Zick-Zack-Kurs. Nach den Torpedotreffern neigte sich das Schiff auf 15 Grad, verharrte etwa 20 Minuten so, und dann nahm die Schlagseite ständig zu, bis die *Wilhelm Gustloff* vollends versank. Da es viel zu wenig Rettungsboote gab, gingen die meisten Menschen in den sicheren Tod. Nur 1252 Menschen konnten lebend aus den eisigen Fluten geborgen werden.

Das große und zunächst sicher erscheinende Schiff war auf Todeskurs. Ihr Untergang war sicher. Die einzige Möglichkeit, mit dem Leben davonzukommen, waren die Rettungsboote, aber es waren viel zu wenig für die vielen Menschen.

Diese historische Begebenheit hilft uns, einen Vergleich zur Sündenfallkatastrophe zu ziehen. Im Sündenfall bekam die Menschheit durch die Sünde jenen Torpedotreffer versetzt, der zum unwiderruflichen Untergang des Schiffes Menschheit führt. Auf diesem Schiff gibt es die unterschiedlichsten Leute. Es gibt Fromme und Nichtfromme: Dort gibt es Evangelische und Katholiken, Atheisten und Buddhisten, Muslime und Hinduisten. Es gibt die Vertreter von allen Religionen dieser Welt, von allen politischen Parteien, und auch Vertreter aller philosophischer Denkrichtungen sind dabei.

Die Menschen kommen zwar von sehr unterschiedlichen Denksystemen her, aber eines haben alle gemeinsam: Ihr Schiff befindet sich auf **Todeskurs**. Es ist durch nichts mehr zu retten, es sei denn, Rettung kommt von außen. Die Rettung des Menschen ist darum das Hauptthema der Bibel. Einige Punkte sind dabei sehr wichtig:

- Gott hat sich eine Rettungsaktion überlegt, die im Gegensatz zur *Gustloff* Rettung für jeden Menschen ermöglicht.

- Gott hat ein riesiges Rettungsboot gebaut, das „Jesus" heißt. Es ist so groß konzipiert, daß eine komplette Menschheit darauf Platz fände.

- Alternativen zu diesem Rettungsboot gibt es nicht (Joh 14,6; Apg 4,12). Es gibt nur dieses eine bereitstehende Boot.

- Bei der *Gustloff* haben sich dramatische Szenen abgespielt. Wenn jemand noch eines der überfüllten Rettungsboote erreichte, wurde er gewaltsam weggestoßen, um nicht das ganze Boot zum Sinken zu bringen. Von dem Rettungsboot Jesu aber wird niemand zurückgestoßen!

Gott informiert uns: Gott hat den Menschen sagen lassen, auf welch gefährlichem Schiff sie sich befinden. Er selbst bietet jedem das Rettungsboot an. Niemand wird verstoßen, der dort Rettung sucht, denn für alle ist vorgesorgt. Wer Rettung sucht, wird das Rettungsboot auch gerne besteigen.

Zu einfach? Immer wieder höre ich den Einwand, das sei doch alles viel zu einfach. So einfach kann Rettung doch nicht sein! In der Tat: Daß die Rettung für uns einfach ist, macht doch nur deutlich, daß Gott selbst am Werke ist. Für ihn war es allerdings sehr aufwendig. Beim Propheten Jesaja steht: „Du hast mir Arbeit gemacht mit deinen Sünden" (Jes 43,24). Im Vergleich dazu war die Schöpfung des Universums geradezu simpel, denn in Psalm 8,4 heißt es: „Wenn ich sehe die Himmel, deiner *Finger Werk*." Wir aber müssen nicht erst drei Runden im eisigen Wasser um das untergehende Schiff schwimmen, bis wir uns für die Rettungsarche qualifiziert haben.

Nicht übertragbar: Ein Punkt in diesem Gleichnis zur *Gustloff* ist jedoch nicht übertragbar: Alle Menschen auf dem untergehenden Flüchtlingsschiff wußten, daß dieses sinken wird. Sie versuchten darum, das Schiff panikartig zu verlassen. Sollten wir je in unserem Leben in eine solche Situation kommen, so wüßten auch wir genau, wo wir sind – ob wir uns noch auf dem untergehenden Schiff aufhalten oder ob wir schon im Rettungsboot sitzen. Viele Menschen unserer Tage befinden sich hingegen in einer schlimmen, ja tragischen Situation (im folgenden T1 und T2 genannt):

T1: Der moderne Mensch aber glaubt weithin nicht, daß er sich auf dem Todesschiff befindet. Ihm gefällt die Bordmusik, und er vergnügt sich am Büffet (das gab es nicht auf der letzten Fahrt der *Gustloff*). Er weiß sich überhaupt nicht in der Gefahr, und von einem Rettungsboot will er auch nichts wissen.

Dieses Buch hat einen Hauptzweck: Sie, liebe Leserin oder lieber Leser, davon zu überzeugen, daß Sie sich in Todesgefahr befinden und Ihnen den Hinweis auf das bereitstehende Rettungsboot zu geben. Für das *Umsteigen vom Todesschiff* zur Rettungsarche hat die Bibel ein spezielles Fachwort kreiert: Es heißt **Bekehrung**! So wie es bei dem untergehenden Schiff ohne Umsteigen keine Rettung gab, gilt dies auch für das ewige Leben. Ohne Bekehrung ist sie nicht zu bekommen. Jesus sagt in Lukas 13,3: „Wenn ihr nicht Buße tut (= umkehrt, umsteigt, das Todesschiff verlaßt), werdet ihr alle auch so umkommen."

T2: Es gibt noch eine andere fatale Situation an Bord des Todesschiffes: Dort sind Menschen, die sagen, „Ich bin schon im Rettungsboot", obwohl sie nie umgestiegen sind. Diese stehen in einer besonders großen Gefahr: Sie sehen gar keinen Grund zum Umsteigen. So könnten sie das Umsteigen verpassen und werden plötzlich vom Untergang ereilt. Was sind das für Leute?

Schiff Gustloff: *Die Wilhelm Gustloff – der Stolz der „Kraft-durch-Freude"-Flotte, 1938, von oben gesehen (Foto aus dem Buch „Die ‚Gustloff'-Katastrophe" von Heinz Schön, Motorbuch Verlag, Stuttgart, S. 88).*

- Es sind Leute, die zwar an Gott glauben, aber die sich dennoch nie zu Jesus bekehrt haben. Hierzu gehören viele Angehörige großer Kirchen, sogar Pastoren und Kirchenvorsteher, die aber nie zu einem echten Durchbruch ihres Glaubens gekommen sind. Sie sind gefangen in Traditionen und Bräuchen, aber eine lebendige Beziehung zu Jesus ist ihnen fremd.

- Es sind weiterhin Leute, die sogar Jesus dienen, aber sich auch nie wirklich zu ihm bekehrt haben. So sagte mir kürzlich jemand, er wolle durch ein Theologiestudium Jesus dienen, aber von einer Bekehrung, von einer persönlichen Beziehung zu Jesus wollte er nichts wissen.

Nach Vorträgen habe ich immer wieder solche Leute getroffen, die dies in der Verkündigung erkannt haben und die dann zu einem klaren Umstieg gekommen sind.

Wer aber zu dieser Gruppe gehört und sich nicht rufen läßt, den wird Jesus einmal mit den Worten verurteilen, die er in der Bergpredigt vorausgesagt hat:

„Es werden nicht alle, die zu mir sagen: Herr, Herr! in das Himmelreich kommen, sondern die den Willen tun meines Vaters im Himmel. Es werden viele zu mir sagen an jenem Tage: Herr, Herr, haben wir nicht in Deinem Namen geweissagt? Haben wir nicht in deinem Namen böse Geister ausgetrieben? Haben wir nicht in deinem Namen viele Taten getan? Dann werde ich ihnen bekennen: Ich habe euch nie gekannt; weichet von mir!" (Mt 7,21-23).

Ist das nicht merkwürdig, es gibt Menschen, die im Namen Jesu gehandelt haben, und doch sind sie verlorene Leute. Wir können die obigen Worte Jesu auch kürzer mit Hilfe unseres Gleichnisses übersetzen: *Ihr habt das Todesschiff nie verlassen!* Darum werdet ihr genau so untergehen wie die Nichtfrommen, die das Schiff auch nicht verlassen haben.

Es gibt also verschiedene Gruppen auf dem Todesschiff, die wir uns nun näher ansehen wollen. Jeder von uns steht in einem schicksalhaften Zusammenhang mit diesem Schiff. Wir können insgesamt folgende vier Personengruppen (P1 bis P4) unterscheiden, wobei Sie als Leser dieses Buches zu *einer* davon auf jeden Fall gehören:

P1. *Sie gehören zu denen, die schon irgendwann einmal in ihrem Leben ihre Lage erkannt haben. Sie sind umgestiegen, und Sie könnten mit großer Gewißheit sagen, daß sie im Rettungsboot sitzen.* Im Rettungsboot wird ein **Passagierbuch** geführt. Dort ist jeder eingetragen, der hier an Bord gegangen ist. Die Bibel nennt dieses Buch das **„Buch des Lebens"**. Nur wer hier drin steht, erreicht das rettende Ufer, und das ist der Himmel. Jesus sagte einmal zu solchen Leuten: „Freuet euch aber, daß eure Namen im Himmel geschrieben sind" (Lk 10,20). Hier steht auch Ihr Name verzeichnet. So freue ich mich mit Ihnen darüber!

P2. *Sie wußten bisher nicht, wo Sie sich befanden. Ihnen ist aber jetzt klar geworden, daß Sie sich noch auf dem Todesschiff befinden.* Nun verlassen Sie sofort das Todesschiff, d. h., sie bekehren sich heute und finden augenblicklich Rettung. Wie Sie das ganz praktisch tun können, das finden Sie im folgenden Kapitel „Der Eintrag ins Buch des Lebens" ausführlich dargelegt. Bei den vielen Menschen, die uns das Neue Testament nennt, ist der Umstieg immer mit einem bestimmten Tag und einem Ort verbunden. Sie befinden sich jetzt an einem genau definierten Ort, und am Kalenderblatt oder auf Ihrer Uhr lesen Sie das heutige Datum ab. Niemand wächst so allmählich vom Todesschiff in das Rettungsboot hinein. Wir dürfen vorangegangenes Wissen im Glauben und die ausgeführte Entscheidung nicht verwechseln. Der heutige Tag kann nun Ihr größter Tag des Lebens werden. Es bedarf dazu Ihrer willentlich bedingten Umsteigeaktion. Am Beispiel des verlorenen Sohns können wir das lernen. Als er seine Verlorenheit erkannte, traf er eine Willensentscheidung: „Ich *will* mich aufmachen ..." (Lk 15,18).

P3. *Sie gehören zu denen, die meinten, im Rettungsboot zu sitzen, aber es stimmte nicht.* Durch den Heiligen Geist aber ist Ihnen die augenblickliche Lage deutlich geworden. Sie erkennen nun Ihren Irrtum und steigen heute um. Wie wir in T2 dargelegt haben, können das sogar Leute sein, die Jesus dienen und die darum annehmen, sie könnten sich gar nicht auf dem Todesschiff befinden (siehe Bergpredigt in Matthäus 7,21-23 und T2). Die *Gustloff* sank nicht augenblicklich, sondern 82 Minuten nach dem Torpedotreffer. Rettung war nur in dieser Zeitspanne möglich. So gewährt uns auch Gott in der Spanne unseres Lebens, deren Länge allerdings niemand kennt, den Umstieg. Biblisch ausgedrückt ist es die Zeit der Gnade.

P4. *Sie gehören zu denen, die meinen, das Schiff geht nicht unter.* Sie werden darum nicht umsteigen. Ich wünsche mir, daß diese Gruppe nicht unter den Lesern dieses Buches vertreten ist. Warum nicht?

Diese Leute der vierten Gruppe haben sogar eine wissenschaftliche Theorie darüber entwickelt oder von anderen fertig übernommen, die belegen soll, daß das Todesschiff nicht untergehen kann. Sie haben es für unsinkbar erklärt. Das sagte man auch von der Titanic, was sich bereits bei der Jungfernfahrt als Irrtum herausstellte. Zwei Beispiele sollen uns diesen Fall verdeutlichen:

- Neulich sagte mir ein Student nach einem Vortrag: „Es gibt gar keine Hölle!" Ich fragte ihn, woher er das wisse. Er sagte, sein Pastor lehre das so. Das heißt mit anderen Worten, das (Todes-)Schiff geht gar nicht unter, es wird als unsinkbar erklärt. Welch ein Irrtum!

- Als Jesus am Kreuz ausrief „Es ist vollbracht!" (Joh 19,30), da war das Rettungsboot fertig. Nun war die Basis der Rettung ein für allemal geschaffen. Ich hörte neulich den Vortrag eines Theologieprofessors, der lehrte, daß Jesus die Worte am Kreuz nie gesprochen habe. Damit hat er letztlich ausgedrückt: Die Fertigstellung des Rettungsbootes wird theologisch-wissenschaftlich ignoriert.

Die P4er-Gruppe empfängt den Lohn der Lebenslüge: „Und so jemand nicht gefunden ward geschrieben in dem Buch des Lebens, der ward geworfen in den feurigen Pfuhl" (Offb 20,15).

Die beiden Kapitel auf den Seiten 130-135 sind insbesondere für die P2er- und die P3er-Gruppe gedacht. Lesen Sie diesen Teil als ganz persönlich für Sie geschrieben.

Informationen über die Gustloff

Einige Daten zum Schiff: Der Baubeginn von „Schiff Nr. 511" war im August 1935, und der Stapellauf der *Gustloff* fand in Hamburg auf der Schiffswerft Blohm & Voss im Beisein *Hitlers* am 5. Mai 1937 statt. Das Schiff war 208,5 m lang und 23,5 m breit und hatte eine Tonnage von 25 484 BRT. Als Antrieb dienten vier Achtzylinder-Zweitakt-Dieselmotoren mit Getriebe, die auf zwei Schrauben wirkten. In den 17 Monaten von der Jungfernreise bis zum 26. August 1939 wurden 44 Seereisen mit insgesamt 65 000 Urlaubern durchgeführt. Bei der Katastrophe vom 30. Januar 1945 kamen 5348 Menschen um, und nur 1252 wurden gerettet (= nur ein Fünftel).

Einige Daten zu dem Namensgeber Wilhelm Gustloff: Am 30. Januar 1895 wurde *Wilhelm Gustloff* in Schwerin geboren, und das war auf den Tag genau 50 Jahre vor dem Untergang des Schiffes mit dem gleichen Namen. Am 30. Januar 1933 war die Machtergreifung der Nazis, und wiederum an einem 30. Januar, nämlich 1945, also genau 12 Jahre später, war der Untergang des Schiffes. *Gustloff* trat 1929 der NSDAP bei und wurde 1932 deren Landesgruppenleiter für die Schweiz. Er kam durch Mordanschlag eines 27jährigen jüdschen Medizinstudenten um, der ihn am 4. Februar 1936 in seiner Wohnung in Davos erschoß. Der Student *David Frankfurter* war am 30. Januar in Davos-Platz angereist. Es fällt auf: Viermal taucht hier dasselbe Datum auf, der 30. Januar! Am 12. Februar fand der große Trauerakt für *Gustloff* statt, den der Propagandaminister *Göbbels* intensiv vorbereitet hatte. 35 000 Trauergäste und ein großes Aufgebot an Staatsprominenz des Dritten Reiches nahmen in Schwerin daran teil. In seiner Trauerrede sagte *Hitler*, daß der Tod *Gustloffs* „späteren Generationen ein Vermächtnis sein wird, das ewig in der Geschichte des deutschen Volkes bleibt." Er hatte sich entschlossen, dem ersten von der NSDAP in Auftrag gegebenen Arbeiterschiff den Namen *Wilhelm Gustloff* zu geben. Das Schiff erinnert uns an ein Kapitel dunkelster deutscher Geschichte.

Die untergehende Gustloff: *Von drei Torpedos getroffen, sinkt die Wilhelm Gustloff mit starker Schlagseite nach Backbord. Für 6600 Menschen, soweit sie noch nicht tot sind, beginnt ein Kampf um das nackte Leben. (Zeichnung von H. Rathe nach Angaben des Augenzeugen und Überlebender Heinz Schön; aus seinem Buch „Ostsee '45 - Menschen, Schiffe, Schicksale", Motorbuch Verlag, Stuttgart, S. 220).*

Persönliche Zeugnisse: Jesus durch ein Buch gefunden

Nun fragt sich mancher Leser: „Wie kann ich umkehren? Wie kann ich das Todesschiff verlassen? Ich möchte es auch tun! Ist das auch mit Hilfe dieses Buches möglich?" Die Bibel gibt uns darauf eine grundsätzliche Antwort. Die rettende Botschaft von Jesus muß zuerst übermittelt werden: „Der Glaube kommt aus der Predigt, das Predigen aber durch das Wort Christi" (Röm 10,17). Uns muß also zunächst das Wort von Jesus gesagt werden. Dies kann durch Hören einer evangelistischen Predigt mit anschließender seelsorgerlicher Aussprache, durch das Gespräch mit einem erfahrenen Christen oder auch durch das Lesen eines evangelistisch ausgerichteten Buches geschehen.

Dieses Buch wurde geradezu mit dem Ziel konzipiert, Ihnen diesen Weg der Umkehr in allen Einzelheiten aufzuzeigen. Die Notwendigkeit der Errettung ist in dem vorangegangenen Kapitel hinreichend dargelegt. Im nächsten Kapitel folgt nun in allen Details die Erklärung des Weges zur Bekehrung hin. Zuvor möchten wir jedoch einige Menschen zu Wort kommen lassen, die ihren eigenen Weg zur Bekehrung zeugnishaft beschreiben. Dabei wollen wir zunächst von einem Mann hören, der in ungewöhnlicher Weise durch ein Neues Testament der *Gideons* (= ein internationaler Verein, der in vielen Ländern der Erde Bibeln verteilt) zum Glauben fand.

Von Auschwitz zu Jesus

Ein Mann hatte von 1942 bis 1944 die Verbrennungsöfen in Auschwitz zu bedienen. Er war fast sechs Jahre im Konzentrationslager und erlernte in dieser Zeit zwangsläufig die deutsche Sprache. Er selbst war ein polnischer Jude und haßte die Deutschen sehr.

Als ein seelisch gebrochener Mann, unfähig, eine Arbeit zu verrichten, wanderte er schließlich nach

Israel ein. Nach längerer Zeit nahm er eine Beschäftigung beim Hiskiatunnel auf. Diesen Tunnel hatte einst König Hiskia unter der Stadt Jerusalem graben lassen, um Wasser von der Quelle Gibon zum Teich Siloah zu leiten. Hier heilte Jesus auch den Blindgeborenen (Joh 9,7).

Hier war es auch, wo dieser Jude ein dreisprachiges Neues Testament (Deutsch - Englisch - Französisch) von den Gideons fand, das ein Tourist hier vergessen hatte. Anfangs gedachte er es wegzuwerfen, weil er nur die deutsche Sprache darin lesen konnte, und daran wollte er nicht mehr erinnert werden. Wie er später erzählte, wurde er jedoch aus ihm unerklärlichen Gründen daran gehindert. Er konnte es einfach nicht wegwerfen. Während er auf neue Touristen wartete, las er heimlich in diesem Buch. Schließlich hatte er sich von vorn bis hinten durch all die Texte durchgearbeitet. Nie zuvor hatte er etwas von diesem Jesus Christus gehört. Aber schon beim Lesen des Matthäus-Evangeliums, er nennt es das Evangelium für die Juden, erkannte er, daß Jesus der Messias der Juden ist.

Mehrere Jahre lang war dieses Neue Testament seine einzige geistliche Nahrung. Er kannte keinen Christen, bis er einem jungen Deutschen begegnete, der ihn um Vergebung für das Unrecht bat, das die Deutschen den Juden zugefügt hatten. Dadurch wurde sein Herz geöffnet, und er bekannte zum ersten Mal, daß auch er an Jesus Christus glaubt. Dann holte er freudig sein Gideontestament vor, welches er wie einen Schatz immer versteckt hatte, und zeigte dem jungen Mann das zerlesene Buch mit den Worten: „An diesen Jesus glaube ich. Was in diesem Buch steht, ist wahr. Dieser Jesus ist mein Herr."

Weitere Beispiele: Nach Vorträgen an verschiedenen Orten treffe ich immer wieder auf Leute, die mir erklären, sie seien durch ein spezielles Buch zum Glauben gekommen. Die folgenden Personen aus diesem Kreis haben in Kurzform zeugnishaft aufgeschrieben, wie sie sich, aus unterschiedlichen Lebenssituationen kommend, bekehrt haben. Es sei hier betont, daß die drei folgenden Beispiele subjektiv ausgewählt sind. Sie sind nicht repräsentativ dafür, wie jemand zum Glauben kommt, sei es durch eine Predigt, durch ein Gespräch mit einem Christen oder durch ein Buch. Sie haben allein den Zweck, Ihnen bei Ihrem eigenen bevorstehenden Schritt zu helfen. Eine solche Entscheidung muß wohl überlegt sein, und sie ist in den meisten Fällen mit einem inneren Ringen verbunden. Mögen darum die folgenden persönlichen Zeugnisse auch Ihnen eine Hilfe sein

Ein Buch bereitete mir eine unruhige Nacht

Am 3. Oktober 1992, 5 Uhr morgens, fand ich zum Glauben an Jesus Christus. Mein Name ist *Anja Raum*, ich bin 36 Jahre alt und inzwischen Mutter von drei Kindern. Durch verschiedene Umstände, die mein Leben stark veränderten – erstes Kind, Berufsaufgabe (Realschullehrerin), Umzug in eine fremde Umgebung und Neurodermitiserkrankung unserer Tochter –, fragte ich damals wieder mehr nach dem Sinn des Lebens und danach, wohin mein Leben laufen sollte. In dieser Phase hatte ich ein Telefongespräch mit meiner Freundin *Jutta*, von der ich wußte, daß sie gläubig war. Im Laufe dieses Gespräches fragte ich sie, warum gerade der christliche Glaube die eine Wahrheit sein sollte und was mit den anderen Religionen wäre, ob die wohl alle falsch liegen würden. *Jutta* schickte mir daraufhin das Buch „Und die anderen Religionen?" Ich begann sogleich mit dem Lesen. Schon am ersten Abend wurde mir der Unterschied des christlichen Glaubens zu anderen Religionen durch den geschilderten Vergleich mit einem Berg, auf dessen Gipfel Gott sich befindet, klar. In allen anderen Religionen versuchen Menschen von sich aus, durch gute Werke, durch Einhalten bestimmter Rituale und Traditionen Gott näher zu kommen. Einzig im christlichen Glauben kommt Gott in Jesus Christus auf die Menschen zu und schenkt seine Gemeinschaft, wenn man Jesu Erlösung und Vergebung im Glauben für sich annimmt.

Am zweiten Abend las ich weiter, und zum erstenmal begriff ich, was es heißt, dieses Geschenk auszuschlagen. Es würde bedeuten, daß ich unter Gottes Gericht stehe, daß es nach dem ersten Tod einen zweiten gibt, der ewiges Fernsein von Gott beinhaltet. Das traf mich und beunruhigte mich zutiefst. Mit dieser Unruhe ging ich ins Bett und wollte das alles nochmals überschlafen; gleichzeitig sehnte ich mich innerlich nach Geborgenheit in Gott. Um 5 Uhr morgens war es dann soweit. Ich betete zum erstenmal im Leben echt und innerlich aufgewühlt, nur ganz wenige Sätze. Ich bat Jesus, mein Leben in seine Hand zu nehmen, und ich sagte ihm, daß er auch für mich auf Golgatha gestorben sei. Seitdem lebe ich in der Freude und Gewißheit, daß Jesus die Wahrheit ist. Sein Wort, die Bibel, ist mir ganz wichtig geworden sowie auch die Gemeinschaft mit anderen Gläubigen, die das Gleiche erfahren haben. Am 20. März 1994 habe ich mich auf das Bekenntnis meines Glaubens taufen lassen.

Vor meiner Bekehrung hätte ich nie gedacht, einmal Mutter dreier Kinder zu werden. Groß waren meine Ängste, von einem Mann abhängig und so sehr und ausschließlich in eine Familie eingebunden zu sein. Jetzt schenkt mir Gott eine Familie mit drei Kindern und vor allem Vertrauen und Zuversicht für unsere Zukunft. Mein Leben hat einen Sinn und ein wunderbares Ziel, für Gott zu leben und ihn immer mehr lieben zu lernen.
Anja Raum (Rödermark, 36 Jahre)

Über die Babywäsche zum Glauben

Da ich bei meiner Suche nach Gott und dem Sinn des Lebens in der Kirche keine Antworten fand und nicht verstand, was der formell-religiöse Glaube mit mir zu tun hatte, wandte ich mich östlichen und esoterischen Lehren zu. Auf dem Höhepunkt meiner esoterischen Verblendung wurde ich durch den berufsbedingten Umzug meines Mannes in eine abgelegene Kleinstadt nahe der holländischen Grenze in eine totale Isolation versetzt. Wir hatten dort kaum Kontakte, und die esoterischen Irrlehren versetzten mich immer mehr in Ängste und Verwirrung. In dieser Zeit der Not blätterte ich in einem Versandhauskatalog von „i.b.t. naturdesign", einem Versandhaus für Naturwaren, über das ich auch die Babykleidung für unser Kind bezog. Für einen solchen Katalog unerwartet, berichtete die Inhaberin von ihrer persönlichen Beziehung zu Jesus Christus und der inneren Ruhe und Zufriedenheit, die sie dadurch erfahren hatte. Ihr Zeugnis beeindruckte mich sehr. Diesen inneren Frieden wollte auch ich gerne erfahren. Unter all den Produkten wurden auch einige wenige Bücher angeboten. So bestellte ich u. a. die Bibel, das Buch „Fragen, die immer wieder gestellt werden" und ein Buch über christliche Kindererziehung.

Über einen danach angeforderten Buchkatalog geriet ich erstmalig an Bücher, die eine eindeutige und klare christliche Stellungnahme gegen Esoterik (z. B. Astrologie, Geistheilung, Bachblüten etc.) beziehen. Da mich die Beschäftigung mit esoterischen Themen immer heruntergezogen hatte, war ich glücklich, zu erkennen, daß dies alles von Gott als Greuelsünden angesehen und eindeutig verboten wird. Daraufhin habe ich alle okkulten Bücher und Gegenstände vernichtet und entsprechende Kontakte abgebrochen. Durch das Lesen der Bücher bekam ich eine klare christozentrische Orientierung. Das Buch „Fragen, die immer wieder gestellt werden" war mir deswegen sehr hilfreich, weil es in Frage- und Antwortform Aufklärung über bei mir aufgebrochene Fragen brachte und die mir damals fehlenden christlichen Gesprächspartner ersetzte. Was noch wichtiger war: Es zeigte ganz praktisch und Schritt für Schritt den Weg auf, wie man beten und Jesus Christus sein Leben anvertrauen kann. Das habe ich dann genau so getan, wie es in dem Buch beschrieben ist. Wichtig waren mir auch die Hinweise, daß alle meine Schritte an Gottes Wort gebunden und somit unabhängig von meinen Gefühlen waren. Auf eventuell aufkommende Zweifel war bereits eingegangen worden. So wurde Jesus Christus an einem ganz bestimmten, mir unvergeßlichen Tag im September 1994 mein Herr und mein Heiland.

Seitdem Jesus mein Herr ist, bin ich befreit von allem Negativen, das mich vorher durch die Beschäftigung mit okkulten Dingen bedrückt hatte. Ich habe erfahren, daß es Jesus gibt, daß er heute lebt und heute hilft, wenn man bereit ist, sich ihm ganz anzuvertrauen. Die Zeit in diesem Ort, von dem wir inzwischen wieder weggezogen sind, erscheint mir im nachhinein wie eine Verbannung in ein Exil, in dem ich zur Besinnung und zu Gott finden mußte. Ich bin dankbar und froh, daß Gott mir alle die Bücher zukommen ließ, die mir auf

den Weg halfen, und daß ich durch das Buch „Fragen, die immer wieder gestellt werden" praktische Anleitungen bekommen habe, wie man zu Jesus Christus betet und ihn als Herrn und Erlöser in sein Leben aufnehmen kann.
Astrid K. (Münster, 35 Jahre)

Fragen, auf die wir eine Antwort suchten

Seit knapp fünf Jahren sind meine Frau *Carola* und ich, *Lutz Meyer*, gläubig. Wir sind Gott sehr dankbar, daß wir gemeinsam zum Glauben kommen durften. Dies möchte ich im folgenden kurz berichten:

Nach Teilnahme an Kinderstunden und Veranstaltungen des EC (= Jugendbund *Entschiedenes Christentum*) in sehr jungen Jahren hatte ich schon lange keinen Kontakt mehr mit dem christlichen Glauben. Auch das „Intermezzo" Konfirmation war im nachhinein betrachtet eine reine Formsache, die ich mitmachte, weil es alle so taten. Sie hatte aber keinerlei Auswirkung auf meine Beziehung zu Gott. Dieser Zustand des Lebens ohne Gott dauerte bis zu meinem 27. Lebensjahr an. Zu dieser Zeit erfuhr meine jetzige Frau, wir waren damals bereits befreundet, während ihrer Ausbildung zur Erzieherin eine sehr starke Ablehnung wegen ihrer konservativen Haltung. Mitschüler und Lehrer deuteten ihre Auffassung als christliche Werte, obwohl dies nur eine unterstellte Annahme war. Gott benutzte aber diesen Umstand, um uns selbst fragend zu machen. Wir suchten nach dem Grund der starken Ablehnung von Ehe, ehelicher Treue, Familie, des Rollenverständnisses von Mann und Frau einerseits und der grundsätzlichen Ablehnung des Christentums andererseits. Da wir die gemeinsame Zukunft als Ehepaar und später als Familie mit durchaus klassischer Rollenverteilung im Visier hatten, wurden wir neugierig. Haben unser Rollenverständnis und der christliche Glaube vielleicht einen Zusammenhang? Durch die aggressive Haltung jener Leute, wurden wir angeregt, tiefer über alle diese Fragen nachzudenken. Auch untereinander kamen wir in harte Diskussionen, ohne jedoch eine eigene Basis zu haben.

Zur gleichen Zeit lernten wir über ein Praktikum meiner Frau eine Aussiedlerfamilie kennen. Bei diesen Leuten erkannten wir, wie unsere Vorstellungen von Familie und christlichem Glauben zusammenhingen. Wir sind Gott sehr dankbar für das Zeugnis und die Gebete dieser Familie, die uns auf dem Weg zum Glauben eine große Hilfe gewesen sind. Obengenanntes benutzte Gott dazu, daß wir uns in der Folge in einem Zeitraum von über einem Jahr immer intensiver mit dem christlichen Glauben beschäftigten. Für mich als naturwissenschaftlich interessierten Menschen, Maschinenbauingenieur von Beruf, mußte auch die Frage „Schöpfung oder Evolution" gelöst werden, denn wenn ich der Bibel glauben wollte, dann wollte ich das auch vom Anfang bis zum Ende tun, um endlich festen Boden unter den Füßen zu bekommen. An philosophischen und religiösen Theorien, die immer nur Teilantworten lieferten, hatte ich kein Interesse mehr. Bücher wie z. B. „Schuf Gott durch Evolution?" oder „Und die anderen Religionen?" waren uns in dieser Situation eine große Hilfe. Nachdem uns Gott auf verschiedene Weise mehrfach deutlich gemacht hatte, daß wir uns bekehren müssen, standen uns dennoch, vielleicht aus Unwissenheit, u. a. folgende Fragen im Wege: „Sind wir überhaupt schon so weit? Wissen wir denn schon genug? Haben wir uns schon genügend umgestellt?" Hier half uns dann das Buch „Und die anderen Religionen?", in dem klar aufgezeigt wird, daß es nicht auf irgendwelche Vorbedingungen unsererseits ankommt. Wir haben uns die Abschnitte über Bekehrung und Wiedergeburt nochmals durchgelesen und dann gemeinsam vor Gott unsere Schuld bekannt und in Dankbarkeit für Gottes Tat auf Golgatha Vergebung und neues, ewiges Leben empfangen. Es hat uns in unserer Situation sehr geholfen, daß in diesem Buch der Heilsweg sehr klar aufgezeigt wird und auch die praktischen Schritte zur Bekehrung nicht fehlen. In unserem Fall, wo die Bekehrung nicht im Beisein eines erfahrenen Christen geschah, waren die dort angegebenen Hilfen bis hin zu einem ausformulierten Gebet, an dem wir uns orientieren konnten, von großer Bedeutung. Uns wurde auch bewußt, wie wichtig es ist, zu einer biblisch orientierten Gemeinde zu gehören. So halten wir uns jetzt zu einer Evangelisch-Freikirchlichen Gemeinde in Lemgo.
Carola und *Lutz Meyer*
(Kalletal, 25 und 34 Jahre)

Der Eintrag

ns „Buch des Lebens"

... wie geschieht das? Oder: Wie geschieht der Umstieg ins Rettungsboot?

Bei den vorgenannten persönlichen Zeugnissen fällt die unterschiedliche Ausgangssituation auf, bevor diese Menschen zum rettenden Glauben kamen. So wie keine Schneeflocke der anderen gleicht, ist auch jeder Lebensweg einmalig. Dieselbe Biographie gibt es nicht noch einmal, auch nicht bei eineiigen Zwillingen. Wenn auch unsere individuellen Wege verschieden sind, so haben wir etwas Wesentliches gemeinsam, wenn wir vom Todesschiff zum Rettungsboot umsteigen. Wir kommen dadurch zur Gewißheit des Heils. Wie geschieht der Umstieg nun ganz praktisch?

Wenn wir uns zu Jesus Christus bekehren wollen, dann dürfen wir wissen, daß wir bereits von ihm Erwartete sind: „Siehe, ich stehe vor der Tür und klopfe an. Wenn jemand meine Stimme hören wird und die Tür auftun, zu dem werde ich hineingehen" (Offb 3,20). Zunächst bitten wir Jesus in einem Gebet um die Vergebung aller Schuld. Ein solches Gebet[1] könnte beispielsweise wie folgt lauten:

„Herr Jesus Christus, mir ist jetzt klar geworden, wer Du bist. Ich habe erkannt, daß Gott durch Dich diese Welt und alles Leben geschaffen hat. Auch mich hast Du geschaffen – den Körper in all seinen vielfältigen Funktionen. Du hast mir die Sinnesorgane gegeben, daß ich diese Welt wahrnehmen kann, sowie Seele und Geist, um Dich zu erkennen. Ich glaube, daß Du der Sohn Gottes bist und daß Du am Kreuz von Golgatha warst. Du bist dort um meiner Sünde willen gestorben, um aller meiner Taten und Gedanken willen, die vor Dir schuldhaft sind. Weil Du völlig ohne Sünde warst, konnte der Tod Dich nicht halten. Du bist auferstanden und lebst. Du bist der große Herr über alle Dinge! Ich bitte Dich jetzt, daß Du auch mein persönlicher Herr wirst.

Ich weiß, daß ich mit der Schuld meines Lebens im Gericht nicht vor Dir und dem lebendigen Gott bestehen kann. Du aber bist in diese Welt gekommen, um verlorene Sünder zu erretten. Dein Tod am Kreuz war der Preis dafür, damit auch ich straffrei ausgehen kann. Darauf vertraue ich jetzt. Mit meinem Leben bin ich vor Dir wie ein aufgeschlagenes Buch. Du kennst alle meine Verfehlungen, jede falsche Regung meines Herzens, und meine bisherige Gleichgültigkeit Dir gegenüber ist Dir nicht verborgen. Und nun bitte ich Dich: Vergib mir alle meine Schuld – alles, was mir vor Augen steht, und auch das, was mir jetzt nicht mehr in Erinnerung ist. Nimm das alles von mir. Ich danke Dir dafür, daß Du es gerade jetzt tust. Du bist die Wahrheit in Person, und darum verlasse ich mich auf die Zusagen in Deinem Wort. Amen."

Sie haben nun genau das getan, was in 1. Johannes 1,9 steht: „Wenn wir aber unsre Sünden bekennen, so ist er (= Jesus) treu und gerecht, daß er uns die Sünden vergibt und reinigt uns von aller Untugend." Aus diesem grundlegenden Vers wollen wir uns zwei wichtige Dinge unbedingt einprägen:

[1] **Zum Gebet:** Wenn wir einem Menschen gegenüber ein Anliegen zum Ausdruck bringen wollen, so tun wir es gemäß unserem individuellen Redestil und mit unseren eigenen Worten. Genauso soll es auch sein, wenn wir uns an Jesus Christus wenden, um uns zu ihm zu bekehren. Das persönliche Gespräch mit Gott und mit Jesus Christus wird als Gebet bezeichnet. So nennen wir ihm hierin unser Anliegen (Wunsch nach Rettung, Bitte um Vergebung) und danken für die in seinem Wort zugesagte Errettung. Die obigen abgedruckten Gebete sind darum keine fest vorgegebenen Formulierungen im Sinne eines Rituals. Sie wollen nur als mögliche Beispiele verstanden sein. Der Leser spricht ein Gebet mit eigenen Worten nach seinem Herzen und bringt dabei auch seine eigene Lebenssituation ein. Wer im freien Gebet noch ungeübt ist und nicht weiß, was und wie er beten soll, der kann die beispielhaften Gebete auch zu seinen eigenen machen, nachdem er sich mit dem Inhalt vertraut gemacht hat.

1. Gewißheit: Jesus ist treu, d. h., er verspricht jedem, der ihn darum bittet, die Vergebung seiner Schuld. Wir tun nicht immer, was wir sagen. Was Jesus hingegen verspricht, gilt absolut immer. So ist Ihnen jetzt alle Schuld vergeben. Würden Sie jetzt an der Vergebung zweifeln, dann wäre etwas Schlimmes passiert: Sie hätten Jesus der Lüge bezichtigt. Wenn Sie aber glauben, daß Sie jetzt Vergebung empfangen haben, dann ehren Sie den Herrn Jesus (vielleicht zum allerersten Mal). Damit bekennen Sie das, was Jesus von sich sagte: „Ich bin die Wahrheit" (Joh 14,6). Da die Gewißheit der Vergebung so außerordentlich wichtig für eine klare Bekehrung ist, steht in 1. Petrus 1,18-19: „**Wisset**, daß ihr nicht mit vergänglichem Silber oder Gold erlöst seid, ... sondern mit dem teuren Blut Christi." Das Wort *wisset* ist hierbei wichtig. Es ist also ein Befehl Gottes, nun von diesem Wissen der Vergebung auszugehen.

2. Alle Sünde ist fort: Am Ende des Satzes von 1. Johannes 1,9 steht etwas sehr Wichtiges: „... er reinigt von **aller** Untugend." Stellen Sie sich vor, hier würde stehen, daß er uns von 99,999 % aller Sünde reinigt. Denken Sie einmal logisch weiter: Wenn wir nun in der kommenden Nacht sterben würden, wären wir dann im Himmel? Natürlich nicht, denn 0,001 % der Sünde unseres Lebens würden ausreichen, um nicht in den Himmel zu gelangen. Gott läßt überhaupt keine Sünde in seinen Himmel, und darum steht hier, er reinigt von aller Sünde, und das sind volle 100 %. Alle Sünde nimmt er von uns – von unserer Jugend an bis zum heutigen Tag. Auch die uns im Augenblick verborgenen Sünden sind darin einbezogen.

Wie aber ist es morgen und übermorgen? Werden wir völlig ohne Sünde sein? Oder kann die Sünde wieder Raum gewinnen, und beginnt dann nicht wieder alles Übel von vorne? War dann die jetzige grundlegende Vergebung wertlos? Diese Fragen bedürfen einer Antwort.

Mit der Bekehrung wird uns das ewige Leben zugeeignet. Es geht aber gleichzeitig auch eine Veränderung unseres irdischen Lebens einher, die durch einen radikalen Bruch mit der Sünde gekennzeichnet ist. Bildhaft kann diese Wandlung im Vokabular des Eisenbahnwesens formuliert werden: „Vor unserer Bekehrung sündigen wir fahrplanmäßig, aber danach wird uns jede Sünde zu einem Eisenbahnunglück." Der bekehrte Mensch ist durch Christus „vom Gesetz der Sünde und des Todes frei gemacht" (Röm 8,2). Er muß nicht mehr sündigen. Auch der bekehrte Mensch wird nicht völlig sündlos leben, aber der Rang der Sünde hat sich radikal verändert. Unglücke stehen nicht im Fahrplan, dennoch kommen sie vor. In solchem Fall untersucht die Bundesbahn die Geleise, die Signalanlagen, die technischen Anlagen des Zuges, und auch der Fahrer wird hinsichtlich seines Verhaltens überprüft. Es wird alles daran getan, daß es keine Wiederholung gibt. Gleiches gilt für die Sünde. Ihr wird der Kampf angesagt (z. B. 1 Joh 3,7-10; Hebr 12,4).

Dieses neue Leben drückt sich weiter in einem veränderten Lebensbezug aus. Wer bei Gott heil wird, bei dem geschieht eine Rückkopplung auf dieses jetzige Leben. Wir selbst, aber auch die Menschen um uns herum profitieren von dieser Veränderung. Im Kolosserbrief wird dieser Wechsel treffend mit dem Ausziehen eines alten und dem Anlegen eines neuen Kleides verglichen:
„Nun aber **leget ab** von euch Zorn, Grimm, Bosheit, Lästerung, schandbare Worte aus euerm Munde. Belüget einander nicht; denn ihr habt ja **ausgezogen** den alten Menschen mit seinen Werken und **angezogen** den neuen, der da erneuert wird zur Erkenntnis nach dem Ebenbilde des, der ihn geschaffen hat ... So **ziehet** nun **an** als die Auserwählten Gottes, als die Heiligen und Geliebten, herzliches Erbarmen, Freundlichkeit, Demut, Sanftmut, Geduld; und vertrage einer den andern und vergebet euch untereinander, wenn jemand Klage hat wider den andern; gleichwie der Herr euch vergeben hat, so auch ihr. Über alles aber **ziehet an** die Liebe, die da ist das Band der Vollkommenheit; und der Friede Christi regiere in euren Herzen. Lasset das Wort Christi reichlich wohnen in euch!" (Kol 3,8-16).

Nachdem Sie unter dem Kreuz alle Sünden losgeworden sind, können Sie Jesus nun bitten, in Ihr Leben zu kommen. Haben Sie keine Sorge, daß Sie sich einem anvertrauen, der Sie ausnutzen will. Viele Beispiele aus der Geschichte belegen, daß Menschen von ihren Königen, Fürsten und politischen Führern versklavt, verführt und ausgenutzt wurden. Bei Jesus ist das ganz anders: Er ist der gute Hirte, er liebt uns so sehr, wie niemand sonst uns lieben kann. Darum konnte er von sich sagen: „Der gute Hirte läßt sein Leben für die Schafe. Ich bin der gute Hirte und kenne die Meinen, und die Meinen kennen mich. Meine Schafe hören meine Stimme, und ich kenne sie, und sie folgen mir; und ich gebe ihnen das ewige Leben" (Joh 10,11+14+27+28). Er will unser Leben in guter Weise lenken, er will uns zum Vater bringen und uns den Himmel schenken. Geben Sie ihm daher auch Ihr Leben ganz. Räumen Sie ihm mehr ein als nur paritätische Mitsprache; übergeben Sie ihm alle Bereiche Ihres Lebens. Sie werden einen großen Segen davontragen. Dadurch, aber auch nur dadurch, werden Sie zu einem Kind Gottes. Nicht die Mitgliedschaft zu einer Kirche, in die wir hineingeboren wurden, nicht irgendeine gute Tat oder die Kindertaufe machen uns zu Kindern Gottes. Es geschieht *allein* durch die entschlossene Hinkehr zu Jesus, die mit einem Gebet beginnt. Dieses zweite Gebet können Sie nach Ihren Gedanken frei formulieren. Als eine Möglichkeit sei das folgende Gebet anzusehen:

> „Nun, Herr Jesus, bitte ich Dich, kehre in mein Leben ein. Leite mich auf dem Weg, den Du mir durch das Lesen der Bibel und Deine Führungen im Leben zeigen willst. Ich weiß, daß Du der gute Hirte bist, der es stets gut mit mir meint. Anvertrauen möchte ich Dir darum alle Bereiche meines Lebens. Du sollst nicht ein Matrose auf meinem Lebensschiff sein, sondern der Kapitän. Du kennst die Klippen und gefährlichen Strömungen, an denen mein Leben scheitern könnte. Führe Du nun mein Lebensschiff. Ich vertraue Dir alles an: Mein Denken und Handeln, meinen Beruf, meine Freizeit, meine Pläne, mein Geld, meine Gesundheit, meine Krankheit, meine Freuden, meine Sorgen ... Gib mir die Kraft, mit meinem bisherigen sündigen Verhalten zu brechen. Und wenn ich hier und da doch noch fehle, so laß es mich als Unglück erkennen und es Dir sogleich bekennen. Ordne mein Leben und schenke mir neue Lebensgewohnheiten mit Dir, die unter Deinem Segen stehen. Ändere meine Gesinnung zu Dir und zu den Menschen, mit denen ich täglich zu tun habe. Gib mir Dir gegenüber ein gehorsames Herz, und öffne mir die Bibel, daß ich Dein Wort recht verstehe. Ich möchte Dich von nun an als meinen Herrn anerkennen und Dir nachfolgen. Bei Dir will ich bleiben. Amen."

Was ist nun geschehen? Wenn dieses Gebet – oder ein sinngemäß von Ihnen frei formuliertes – echt gewesen, aus Ihrem Herzen gekommen ist, dann sind Sie jetzt ein Kind Gottes geworden. Das sagt Ihnen nicht irgendein Mensch, sondern hier hat sich Gott selbst dafür verbürgt: „Die ihn (= den Herrn Jesus) aber aufnahmen und an ihn glaubten, denen gab er das Recht, Kinder Gottes zu sein" (Joh 1,12; *Hoffnung für alle*). Großes ist jetzt geschehen. Dies ist ein sehr bedeutender Tag in Ihrem Leben, auch wenn Sie es im Augenblick vielleicht noch gar nicht erahnen können. Ihren heutigen Schritt vergleicht die Bibel mit einer Geburt (Wiedergeburt, weil Sie ihre leibliche Geburt schon hinter sich haben). Dieser Tag Ihrer Entscheidung hat Ewigkeitsbedeutung. Sie haben den ganzen Himmel geschenkt bekommen.

Das ewige Leben ist Ihnen jetzt zugeeignet. Niemand kann Ihnen das nehmen, was Jesus für Sie erworben und Ihnen jetzt geschenkt hat. Gott ist jetzt Ihr Vater geworden. Er ist nicht mehr Ihr Richter. Er sieht Sie jetzt so an, als hätten Sie in Ihrem Leben keine einzige Sünde getan. Der ganze Himmel hat Anteil an dem Ereignis Ihrer Umkehr zu Jesus Christus hin. Eine(r) hat jetzt das Todesschiff verlassen und ist in das Rettungsboot umgestiegen. Jesus sagt dazu in Lukas 15,10: „Also auch sage ich euch, wird Freude sein vor den Engeln Gottes über einen Sünder, der Buße tut (= der umkehrt)." Es spielt im Himmel keine Rolle, wer die Fußballweltmeisterschaft gewinnt, wer bei der Olympiade auf dem Siegertreppchen steht oder ob der amerikanische Präsident nach Europa fliegt, aber daß Sie nach Hause gefunden haben, durchflutet den Himmel mit besonderer Freude. Als ich neulich jemanden nach seiner Bekehrung fragte, was jetzt wohl im Himmel los sei, da antwortete dieser spontan: Freude, tausend hoch drei! Das war treffend formuliert. Auch der Heilige Geist ist jetzt bei Ihnen eingekehrt. Er hat eine wichtige Funktion in Ihrem Leben. Er ist derjenige, der Ihnen in Ihrem Herzen bezeugt, daß Sie ein Kind Gottes sind (Röm 8,16). Er gibt Ihnen die Erkenntnis, daß das Wort Gottes wahr ist und führt Sie tiefer in die Schrift hinein. Darum nennt Jesus diesen Geist Gottes auch den „Geist der Wahrheit" (Joh 14,17).

Sie dürfen nun ganz gewiß sein, von dem lebendigen Gott als Kind angenommen zu sein – Sie sind in die Familie Gottes hinein adoptiert. Was haben Sie dafür gegeben oder gezahlt? Nun, Sie haben alles als Geschenk empfangen; die Bibel nennt das Gnade. Was sagt ein Kind, nachdem es eine Tafel Schokolade erhalten hat? Danke!
Tun Sie das auch, denn Gott hat Ihnen einen ganzen Himmel geschenkt. Formulieren Sie nun dieses Gebet ganz frei aus Ihrem Herzen heraus. Aber auch hier sei ein kurzes beispielhaftes Gebet genannt:

> „Lieber Vater in dem Himmel, Du bist jetzt mein Vater geworden, und ich darf jetzt Dein Kind sein. Durch Deinen Sohn, den Herrn Jesus, hast Du mich von aller Schuld befreit. Herr Jesus, ich danke Dir, daß Du auch mich errettet hast. Amen."

Das erfüllte Leben, das Gott Ihnen versprochen hat, beginnt nun. Die Bibel vergleicht Ihren jetzigen Zustand mit dem eines neugeborenen Kindes. So wie ein Neugeborenes ganz eindeutig zur Familie gehört, gehören Sie nun zur Familie Gottes. Neugeborene leben in einer kritischen Lebensphase; es gibt das Phänomen der Säuglingssterblichkeit. Auch im Bereich des Glaubens ist das möglich. Die Geburt (Bekehrung) ist gut verlaufen. Echtes, neues Leben ist da. Nun ist Nahrung (Milch) und gute Pflege unbedingt erforderlich. Natürlich hat auch hier Gott vorgesorgt und alles getan, daß Sie eine gute Entwicklung nehmen können. Säuglingssterblichkeit vermeiden wir, wenn wir die Ratschläge Gottes befolgen. Sie werden eine gute, gesunde Entwicklung vor sich haben, wenn Sie die folgenden fünf Punkte strikt beherzigen:

1. Bibellesen: Aufgrund des Wortes der Bibel haben Sie Ihre Entscheidung getroffen. Die Bibel ist das einzige von Gott autorisierte Buch. Kein anderes ist diesem gleich hinsichtlich Autorität, Wahrheit, Informationsfülle und Herkunft. Für das neue Leben ist das Lesen dieses Wortes die unbedingt notwendige Nahrung. In 1. Petrus 2,2 kommt dieser Aspekt deutlich zum Ausdruck: „Seid begierig nach der vernünftigen lauteren Milch wie die neugeborenen Kindlein!" Das Wort der Bibel ist diese Milch. Fangen Sie an, täglich in der Bibel zu lesen, um sich über den Willen Gottes zu informieren. Am besten, Sie beginnen mit einem der Evangelien. Das Johannes-Evangelium ist am Anfang besonders geeignet. Beginnen Sie nicht mit dem 5. Buch Mose oder mit dem Buch Esra. Wenn Sie Mathematik lernen wollen, beginnen Sie auch nicht gleich mit der Integralrechnung. Das ist etwas für spätere Zeiten, wenn Sie schon viel Grundlegendes gelernt haben. Machen Sie es sich zur lieben und täglichen Gewohnheit, etwas in der Bibel zu lesen. So wie Sie das Frühstücken und Zähneputzen an keinem Tag vergessen, weil es einen festen Platz im Tagesrhythmus hat, so seien Sie auch hier ebenso konsequent.

2. Gebet: Sie sprechen täglich mit Menschen ihrer vertrauten Umgebung wie Ihrem Ehepartner, Ihren Arbeitskollegen, Nachbarn und Freunden. Sprechen Sie ebenso täglich zu Ihrem Herrn, denn in Kolosser 4,2 heißt es: „Haltet an am Gebet!" Das Gebet kennt nach der Bibel nur zwei Adressen: Gott (Kol 4,3), der jetzt Ihr Vater ist, und der Herr Jesus (Kol 2,6-7), der Ihr Retter, Ihr guter Hirte, Ihr Freund, ja, der Ihnen alles ist. Alle anderen Gebetsadressen, von denen Ihnen die Menschen erzählen, sind unbiblisch. Sie entsprechen nicht dem Willen Gottes; es sind bloße Erfindungen von Menschen. Haben Sie vorher solche andersartigen Gebetsadressen gehabt? Machen Sie nun strikt Schluß damit, damit Sie nicht gegen den erklärten Willen Gottes handeln! Durch das Gebet werden Sie viel Kraft gewinnen, und es wird Sie verändern. Sie können alle Dinge des Alltags – Sorgen und Freuden, Pläne und Vorhaben – zum Gebet machen. Danken Sie dem Herrn für alles, wovon Sie bewegt sind. Treten Sie auch in der Fürbitte für die Nöte anderer Menschen ein und erbitten Sie, daß auch Menschen in Ihrem Umfeld zum lebendigen Glauben kommen. Durch Bibellesen und Gebet entsteht ein „geistlicher Kreislauf", der für ein gesundes Glaubensleben äußerst wichtig ist.

3. Gemeinschaft: Wir Menschen sind von unserem Schöpfer auf Gemeinschaft hin angelegt. Suchen und pflegen Sie den Kontakt zu anderen bewußten Christen. Achten Sie darauf: Christen nennen sich viele, aber es kommt darauf an, daß Sie mit bekehrten Leuten Gemeinschaft haben. Nur mit solchen können Sie zusammen beten und sich im Glauben austauschen. Wenn man eine glühende Kohle aus dem Feuer nimmt, erlischt sie sehr schnell. Auch unsere Liebe zu Jesus wird erkalten, wenn sie nicht durch die Gemeinschaft mit anderen Gläubigen brennend gehalten wird. Prüfen Sie die Kirche, in die Sie vielleicht hineingeboren sind oder wo Sie jetzt einmal hingehen werden, darauf, ob man dort dem ganzen Wort Gottes glaubt. Längst ist das in unserem Land keine Selbstverständlichkeit mehr. Sagt man in dieser Gemeinde, daß sich der Mensch bekehren muß, um gerettet zu werden? Wenn ja, dann ist es gut, dort zu sein. Kommt diese wichtige Vokabel gar nicht vor und widmet man sich nur oder vorwiegend politischen, ökologischen und mitmenschlichen Fragen, dann ist dort nicht Ihr Platz. Hier kann man nur noch absterben, weil der Tod im Topf ist (vgl. 2 Kön 4,40). Verlassen Sie diesen Ort. Keine Tradition kann uns retten, auch wenn sie noch so alt ist. Schließen Sie sich darum einer bibeltreuen Gemeinde an, und arbeiten Sie dort mit. Eine gute, lebendige Gemeinde, wo man der ganzen Bibel glaubt, ist eine unabdingbare Voraussetzung für unseren Glaubensweg und ein gesundes Wachstum im Glauben. Beachten Sie diesen Punkt 3 ganz besonders. Hier ist schon manch einer abgestorben, obwohl er sich einmal bekehrt hatte.

4. Gehorsam: Beim Lesen der Bibel werden Sie viele hilfreiche Anweisungen für alle Bereiche des Lebens und auch für den Umgang mit Gott finden. Setzen Sie all das, was Sie verstanden haben, in die Tat um, und Sie werden einen großen Segen erfahren. Die Liebe zu unserem Herrn können wir nicht besser bezeugen, als daß wir ihm gehorsam sind: „Denn das ist die Liebe zu Gott, daß wir seine Gebote halten" (1 Joh 5,3).

5. Zeugnis: Sie befinden sich jetzt im Rettungsboot und sind geborgen. Das Todesschiff kann Sie nicht mehr in den Abgrund reißen, aber es gibt noch viele Menschen, die sich dort aufhalten. Helfen Sie nun mit, daß noch viele andere umsteigen. Erzählen Sie anderen davon, welche Bedeutung Jesus Christus für Sie gewonnen hat. Viele Menschen haben das rettende Evangelium noch nicht angenommen sie brauchen unser Vorbild und Zeugnis. Jetzt dürfen auch Sie Mitarbeiter Gottes sein (1 Kor 3,9). Jesus betont in Matthäus 10,32-33 die Bedeutung des persönlichen Zeugnisses: „Wer nun mich bekennt vor den Menschen, den will ich auch bekennen vor meinem himmlischen Vater. Wer mich aber verleugnet vor den Menschen, den will ich auch verleugnen vor meinem himmlischen Vater." Die Gläubigen in Thessalonich haben in diesem Sinne vorbildlich gehandelt: „Denn von euch aus ist das Wort des Herrn erschollen, nicht allein in Mazedonien und Achaja sondern an allen Orten ist euer Glaube an Gott bekanntgeworden" (1 Thess 1,8).

Sie dürfen sich freuen, daß Sie sich bewußt Jesus Christus zugewandt haben und von Gott angenommen sind. Die Dinge Ihres Lebens bekommen nun eine neue Rangordnung, in der das Anliegen des Reiches Gottes eine zentrale Rolle spielt. Der bekehrte Mensch hat einen Hunger nach dem Worte Gottes, und er sucht die Gemeinschaft mit anderen Bekehrten. Er wird getrieben vom Heiligen Geist (Röm 8,14), und die Frucht des neuen Lebens wird für jedermann sichtbar zutage treten: „Die Frucht aber des Geistes ist Liebe, Freude, Friede, Geduld, Freundlichkeit, Güte, Treue" (Gal 5,22). Die Bekehrung ist somit der *Schlußpunkt* des alten, aber gleichzeitig der *Doppelpunkt* des neuen Lebens. Das Neue Testament drückt das so aus: „Ist jemand in Christus, so ist er eine neue Kreatur" (2 Kor 5,17). Die Bekehrung bewirkt ein Doppeltes: Dieses irdische Leben erhält eine neue, sinnhafte Mitte, und gleichzeitig bekommen wir das Geschenk der Gotteskindschaft, das uns zu Erben des ewigen Lebens macht.

Jeder Mensch im Gla

Im Polarstern der Bibel, so nannte der englische Erweckungsprediger *Ch. H. Spurgeon* einmal den bekannten Vers aus Johannes 3,16, wird die Liebe Gottes als allen Menschen geltend markiert: „Also hat Gott die Welt geliebt, daß er seinen eingeborenen Sohn gab, auf daß alle, die an ihn glauben, nicht verlorengehen, sondern das ewige Leben haben." Wir können es auch so formulieren: Niemand geht über diese Erde, ohne daß er von Gott geliebt ist. Weil Gott uns liebt, ist er gut zu uns. Aus dieser guten Erfahrung heraus ruft er uns zum Glauben: „Verachtest du den Reichtum seiner Güte, Geduld und Langmut? Weißt du nicht, daß dich Gottes Güte zur Bekehrung (griech. *metanoia* = Bekehrung, Buße, Umkehr) leitet?" (Röm 2,4).

Der Nachkriegsdichter *Wolfgang Borchert* (1921-1947) hat in seinem berühmt gewordenen Heimkehrerdrama „Draußen vor der Tür" die Not und Einsamkeit der Überlebenden des Zweiten Weltkrieges exemplarisch dargestellt. Bemerkenswert ist jene Szene dieses Stückes, in der es zu einem Dialog zwischen *Beckmann*, dem Rußlandheimkehrer mit der Gasmaskenbrille, und Gott kommt. Dort heißt es u. a.:

Gott: Die Menschen nennen mich den lieben Gott.

Beckmann: Seltsam, ja, das müssen ganz seltsame Menschen sein, die dich so nennen. Das sind die Zufriedenen, die Satten, die Glücklichen und die, die Angst vor dir haben. Die im Sonnenschein gehen, verliebt oder satt oder zufrieden ...

Gott: Mein Kind, mein armes –

Beckmann: ... Wo warst du eigentlich, als die Bomben brüllten, lieber Gott? Oder warst du lieb, als von meinem Spähtrupp elf Mann fehlten? Elf Mann zu wenig, lieber Gott, und du warst gar nicht da, lieber Gott. Die elf Mann haben gewiß laut geschrien in dem einsamen Wald, aber du warst nicht da, einfach nicht da, lieber Gott. Warst du in Stalingrad lieb, lieber Gott, warst du da lieb, wie? Ja? Wann warst du denn eigentlich lieb, Gott, wann? Wann hast du dich jemals um uns gekümmert, Gott?

Gott: Keiner glaubt mehr an mich. Du nicht, keiner. Ich bin der Gott, an den keiner mehr glaubt. Und um den sich keiner mehr kümmert. Ihr kümmert euch nicht um mich.

Beckmann: ... Ach du bist alt, Gott, du bist unmodern, du kommst mit unseren langen Listen von Toten und Ängsten nicht mehr mit. Wir kennen dich nicht mehr so recht, du bist ein Märchenbuchliebergott. Heute brauchen wir einen neuen. Weißt du, einen für unsere Angst und Not. Einen ganz neuen. Oh, wir haben dich gesucht, Gott, in jeder Ruine, in jedem Granattrichter, in jeder Nacht. Wir haben dich gerufen. Gott! Wir haben nach dir gebrüllt, geweint, geflucht! Wo warst du da, lieber Gott?

Gott: Meine Kinder haben sich von mir abgewandt, nicht ich von ihnen. Ihr von mir, ihr von mir. Ich bin der Gott, an den keiner mehr glaubt. Ihr habt euch abgewandt.

uben: Geliebter Gottes

Die Frage nach Gott, nach seiner Liebe und nach dem Leid in dieser Welt stellen auch viele Menschen in unseren Tagen. Was antworten wir? Ist es nicht so: Haben wir nicht alle immer und immer wieder Gottes Güte kennengelernt, längst bevor wir in irgendein Unglück kamen? Haben die Soldaten, die die Schrecknisse von Stalingrad erlebten, nicht zuvor viele gute Tage erlebt? Haben sie sich durch das Gute zur Umkehr leiten lassen? Wie viele von ihnen bekehrten sich in guten Zeiten? Wie viele bekehren sich heute in guten Zeiten? Müßten „die Zufriedenen, die Satten, die Glücklichen", die *Beckmann* nennt, nicht scharenweise zu Gott kommen? Uns allen gilt der Zuruf Gottes: „Lasset euch erretten aus diesem verkehrten Geschlecht!" (Apg 2,40).
Die Rede vom sogenannten „lieben Gott" ist eine weithin übliche, man möchte sagen, es ist eine sehr volkstümliche und gleichzeitig ins Unpersönliche verschwommene Auffassung von Gott. Ein Gottesbild, wo wir nett und oberflächlich vom „lieben Gott" reden, ist trotz aller Popularität zutiefst unbiblisch, weil es am Herzen und Wesen Gottes vorbeischaut. Dieses Gottesbild ist allerdings weithin im Umlauf, und *Borchert* hat seine Beobachtungen an den Menschen nur allzu realistisch wiedergegeben. Viele Menschen meinen: Gott ist einzig zum Helfen da. Wenn er das nicht so tut, wie wir es wollen, dann lassen wir eben den „lieben Gott" einen alten Mann sein. Wir kümmern uns gar nicht um ihn.

Die Bibel sagt uns beides: „Gott ist Liebe" (1 Joh 4,16), aber auch „Schrecklich ist's, in die Hände des lebendigen Gottes zu fallen" (Hebr 10,31). Wenn Gott nicht durch den Herrn Jesus unser Vater geworden ist, dann ist er unser Richter, und der Zorn Gottes bleibt auf uns (Joh 3,36). Ohne Jesus kann niemand vor seinem Zorn bestehen. Die verharmlosende Vokabel vom „lieben Gott" übersieht diesen Aspekt vollständig und praktiziert einen Allerweltsglauben an Gott, der weder eine verändernde noch rettende Kraft besitzt.

Wenn wir uns aber ganz zu Gott hinwenden, dann hören seine Liebesbezeugungen nicht mehr auf. In Jeremia 31,3 lesen wir: „Ich habe dich je und je geliebt, darum habe ich dich zu mir gezogen aus lauter Güte." Wie läßt sich die Liebe am deutlichsten beweisen? Nun, durch Taten, an denen die Liebe ablesbar wird. Das einzige Geschöpf, das er nach seinem Bilde schuf, will er nicht verlorengehen lassen. Wie wertvoll etwas für uns ist, ist daran zu erkennen, wieviel wir dafür zu zahlen bereit sind. So ist es auch bei Gott: Wie wertvoll der Mensch für Gott ist, wird deutlich an dem Preis, den er für uns bezahlt hat. Gott hat für uns seinen Sohn geopfert. Anders ausgedrückt: Jesus hat die größte Tat für uns vollbracht; er hat sein Leben für uns gegeben. Darum konnte er sagen: „Niemand hat größere Liebe als die, daß er sein Leben läßt für seine Freunde" (Joh 15,13). Paulus nennt uns die Auserwählten und Geliebten Gottes (Kol 3,12). Und bei Johannes finden wir das Wort von der Kindschaft: „Sehet, welch eine Liebe hat uns der Vater erwiesen, daß wir *Gottes Kinder* heißen sollen – und wir sind es auch!" (1 Joh 3,1).

Oft bin ich gefragt worden: Was ist der Himmel, und wie können wir ihn uns vorstellen? So wollen wir kurz auf diese Frage eingehen:

Der Himmel - etwas sehr Kostbares

Vor einiger Zeit hatten meine Frau und ich ein besonderes Erlebnis. Wir haben einen zwei Jahre alten Gutschein eingelöst, der so lange an unserem Kühlschrank hing und den wir von unserer Tochter *Rona* und unserem Schwiegersohn *Jörn* erhielten. Sie schenkten uns diesen als Dank für ihre schöne Hochzeit, und er galt für zwei Eintrittskarten zu dem weltbekannten Musical *Starlight Express.*

Erstmals in der Geschichte des modernen Theaterbaus wurde in Bochum eine Spielstätte eigens für nur ein einziges ganz spezielles Bühnenstück gebaut. Inhalt des Stückes ist eine auf Rollschuhen ausgetragene Weltmeisterschaft der Lokomotiven, wobei Dampflok, Diesellok, Elektrolok durch rollschuhfahrende Schauspieler dargestellt werden. Der Rollschuhparcour, auf dem sich die Schauspieler zum Teil mit 60 km/h bewegen, ist 250 m lang. Die Bahnen verlaufen in zwei Ebenen und führen mitten durch den Zuschauerraum. Allabendlich erleben im ausverkauften Theater 1700 Zuschauer ein außergewöhnliches Schauspiel mit Künstlern, die gleichzeitig gute Sportler und Sänger sein müssen. Die Kosten für den Bau des Theaters betrugen 24 Millionen DM; allein die Lichttechnik verschlang 3,5 Millionen DM, und nur für die Tonanlage mußten 2 Millionen DM aufgebracht werden.

1. Mein teuerster Theaterplatz: Uns verschlug es die Sprache, als wir dort erfuhren, wie hoch der Preis für eine Eintrittskarte war. Noch nie in meinem Leben habe ich auf einem so teuren Platz gesessen. Das ganze wurde mir mehrfach zum Gleichnis für den Himmel: Wenn jeden Abend 1700 Menschen bereit sind, über 200 DM für einen Platz – und das für einen nur zweieinhalbstündigen Theaterbesuch – zu zahlen, wieviel mehr müßten sie eigentlich alles daran setzen, um einen ewigen Platz im Himmel zu erlangen. Starlight Express ist schön anzusehen und zu erleben. Aber der Himmel ist mehr als Starlight Express! Haben wir zu wenig für den Himmel geworben, oder warum machen sich vergleichsweise so wenig auf den Weg? Bei Starlight Express jedenfalls klappt die „Von-Mund-zu-Mund-Propaganda" offenbar sehr gut. Wenn es uns doch für den Himmel auch so gelingen würde!

2. Was kostet die Eintrittskarte für den Himmel? Diese spezielle Eintrittskarte ist so teuer, daß sie niemand bezahlen kann. Kein Mensch ist in der Lage, diese Summe aufzubringen – auch nicht Mr. *Rockefeller* oder der Microsoft-Gründer *Bill Gates* mit ihren vielen Milliarden Dollar. Ja, alles Gold, alles Silber und alle Diamanten dieser Erde würden nicht ausreichen, um auch nur eine einzige Karte zu erstehen. Wir könnten noch nicht einmal die Summe aufbringen, die uns einen einstündigen Aufenthalt im Himmel ermöglichen würde. Ja, nicht einmal eine einzige Minute ist von uns bezahlbar. Einer aber konnte die Eintrittskarte bezahlen, und er hat sie erworben. Das steht in 1. Petrus 1,18-19: „Wisset, daß ihr nicht mit vergänglichem Silber oder Gold erlöst seid ..., sondern mit dem teuren Blut Christi als eines unschuldigen und unbefleckten Lammes." Niemand kann die Eintrittskarte käuflich erwerben, aber schenken lassen können wir sie uns alle. Es ist so, wie wir es bei Starlight Express erlebt haben: Gezahlt haben wir nichts, aber erlebt haben wir alles.

Beim Himmel ist es auch so: Zahlen tun wir nichts, aber erleben werden wir alles – nicht eine Minute oder eine Stunde, sondern eine ganze Ewigkeit. (Die Ewigkeit ist von so anderer Qualität, daß sie nicht mit Uhren gemessen werden kann.)

Herrlich wie Jesus

3. Wir wurden sogar zum Theater hingefahren: Die Reise zum Himmel können wir alleine gar nicht antreten. Wir müssen ein Tal durchqueren, das niemand durchschreiten kann: Es ist das Tal des Todes! Ohne Begleitung gelangt von dort aus niemand ans Ziel. Wer über die Eintrittskarte zum Himmel verfügt, bei dem ist die sichere Reisebegleitung inbegriffen. Wer in diesem Leben Jesus als seinen Herrn hat, den wird Jesus auch durch das Todestal geleiten: „Und ob ich schon wanderte im finsteren Tal (= Tal des Todes), fürchte ich kein Unglück; denn du bist bei mir, dein Stecken und Stab trösten mich" (Ps 23,4). Von dort bringt Jesus uns zum Vater (Joh 14,6).

Was ist der Himmel?

Das Wesen des Himmels ist gar nicht leicht vorstellbar. Die Herrlichkeit des Himmels ist mit Beschreibungen aus unserer Welt nicht hinreichend erklärbar. Wie will ich einer Ameise verdeutlichen, wie wir Menschen ein schönes Hochzeitsfest feiern und was wir dabei erleben? Einer Ameise würden wir vielleicht sagen, daß es dort keine Feinde gibt, die Ameisen bedrohen und fressen. Es gibt weder sengende Hitze noch unerträglichen Frost. Beste Nahrung gibt es in Hülle und Fülle ...

Gott beschreibt uns den Himmel als einen Ort ohne die uns geläufigen Negativ-Phänomene. Dort gibt es weder Krankheit noch Leid, weder Angst noch Not noch Tod. Was uns hier noch bedrängt und bekümmert, ist drüben nicht mehr vorhanden. Der Himmel ist ein Ort unaussprechlicher Freude und der Gemeinschaft mit Gott und Jesus. Der Himmel ist der Ort ohne Sünde. Darum läßt Gott niemand mit seiner Sünde in den Himmel hinein. Außerdem hört hier die Liebe nimmer auf (1 Kor 13,8). Haß ist dort unbekannt, und darum wird jeder von jedem geliebt. Würde die Sünde dort Einzug halten, wäre es nicht mehr ein Ort der Liebe. Einen weiteren Aspekt des Himmels schildert uns Kolosser 3,4: „Wenn aber Christus, euer Leben, sich offenbaren wird, dann werdet ihr auch offenbar werden mit ihm in der Herrlichkeit." Christus ist herrlich, und das wird auch uns zuteil: „Meine Lieben, wir sind schon Gottes Kinder; es ist aber noch nicht offenbar geworden, was wir sein werden. Wir wissen aber: wenn es offenbar wird, werden wir ihm gleich sein; denn wir werden ihn sehen, wie er ist" (1 Joh 3,2).

Aus dem Himmel wird niemand mehr vertrieben, denn hier gibt es ein ewiges Heimatrecht: „Unsere Heimat aber ist im Himmel, von dannen wir auch warten des Heilandes Jesus Christus, des Herrn, welcher unseren nichtigen Leib verklären wird, daß er gleich werde seinem verklärten Leibe nach der Wirkung seiner Kraft, mit der er auch alle Dinge sich untertänig machen kann" (Phil 3,20-21). Der Himmel ist das höchste Ziel, es ist die höchste Berufung des Menschen; sie ist durch nichts mehr steigerbar!

Erklärung der verwendeten Abkürzungen für die biblischen Bücher

Bücher des Alten Testaments (AT)

1 Mo	1. Mose (Genesis)	Pred	Prediger
2 Mo	2. Mose (Exodus)	Hohel	Hohelied
3 Mo	3. Mose (Leviticus)	Jes	Jesaja
4 Mo	4. Mose (Numeri)	Jer	Jeremia
5 Mo	5. Mose (Deuteronomium)	Klgl	Klagelieder
Jos	Josua	Hes	Hesekiel
Ri	Richter	Dan	Daniel
Rt	Ruth	Hos	Hosea
1 Sam	1. Samuel	Jl	Joel
2 Sam	2. Samuel	Am	Amos
1 Kön	1. Könige	Ob	Obadja
2 Kön	2. Könige	Jn	Jona
1 Chr	1. Chronik	Mi	Micha
2 Chr	2. Chronik	Nah	Nahum
Es	Esra	Hab	Habakuk
Neh	Nehemia	Zep	Zephanja
Esth	Esther	Hag	Haggai
Hi	Hiob	Sach	Sacharja
Ps	Psalmen	Mal	Maleachi
Spr	Sprüche		

Bücher des Neuen Testaments (NT)

Mt	Matthäus	1 Tim	1. Timotheus
Mk	Markus	2 Tim	2. Timotheus
Lk	Lukas	Tit	Titus
Joh	Johannes	Phlm	Philemon
Apg	Apostelgeschichte	1 Petr	1. Petrus
Röm	Römer	2 Petr	2. Petrus
1 Kor	1. Korinther	1 Joh	1. Johannes
2 Kor	2. Korinther	2 Joh	2. Johannes
Gal	Galater	3 Joh	3. Johannes
Eph	Epheser	Hebr	Hebräer
Phil	Philipper	Jak	Jakobus
Kol	Kolosser	Jud	Judas
1 Thess	1. Thessalonicher	Offb	Offenbarung
2 Thess	2. Thessalonicher		

Verwendete Fachliteratur

Ulrich Drews:
Taschenatlas der Embryologie
Georg Thieme Verlag, Stuttgart, New York
1993, 386 S.; 176 Farbtafeln

Adolf Faller, Michael Schünke:
Der Körper des Menschen
Georg Thieme Verlag, Stuttgart, New York
12. Auflage 1995, 523 S.,
271 farbige Abbildungen

Heinz Feneis:
Anatomisches Bildwörterbuch
Georg Thieme Verlag, Stuttgart, New York,
5. Auflage 1982, 451 S.;
800 Schwarz-Weiß-Abbildungen

Rainer Flindt:
Biologie in Zahlen
Gustav Fischer Verlag, Stuttgart, New York
2. Auflage 1986, 280 S.

Rainer Klinke, Stefan Silbernagl:
Lehrbuch der Physiologie
Georg Thieme Verlag, Stuttgart, New York
1. Auflage 1994, 808 S.; 663 Abbildungen

Alfred Maelicke (Hrsg.): Vom Reiz der Sinne
VCH Verlagsges. mbH, Weinheim
1. Auflage 1990, 217 S.

Mörike, Betz, Mergenthaler:
Biologie des Menschen
Quelle & Meyer Verlag, Heidelberg,
Wiesbaden, 13. Auflage 1991

Robert F. Schmidt: (Hrsg.):
Grundriß der Sinnesphysiologie
Springer Verlag, Berlin, Heidelberg, New York
4. Auflage, 1980, 336 S.;142 Abbildungen

S. Silbernagl, A. Despopoulos:
Taschenatlas der Physiologie
Georg Thieme Verlag, Stuttgart, New York
4. Auflage 1991, 371 S.; 156 Farbtafeln

Weiterhin div. Zeitschriftenartikel.

© Copyrights:

Medizinische Illustrationen:
Raimar Glatz, Bergneustadt

Karikaturen:
Carsten Gitt, Braunschweig

Mikrofotografie (Seite 58)**:**
Manfred P. Kage/Bildagentur Okapia, Frankfurt

Fotografien und Composings:
Dieter Otten, Gummersbach

Der Autor:

Prof. Dr.-Ing. Werner Gitt, am 22. Februar 1937 in Raineck/Ostpreußen geboren. Von 1963 bis 1968 absolvierte er ein Ingenieurstudium an der Technischen Hochschule Hannover, das er als Dipl.-Ing. abschloß. Von 1968 bis 1971 war er Assistent am Institut für Regelungstechnik an der Technischen Hochschule Aachen. Nach zweijähriger Forschungsarbeit promovierte er zum Dr.-Ing. Seit 1971 leitet er den Bereich Datenverarbeitung bei der Physikalisch-Technischen Bundesanstalt (PTB) in Braunschweig. 1978 wurde er zum Direktor und Professor bei der PTB ernannt. Er hat sich mit wissenschaftlichen Fragestellungen aus den Bereichen Informatik, numerische Mathematik und Regelungstechnik beschäftigt und die Ergebnisse in zahlreichen wissenschaftlichen Originalarbeiten publiziert bzw. auf wissenschaftlichen Fachkongressen oder an Universitäten im In- und Ausland vorgetragen.

Neben seiner beruflichen Tätigkeit beschäftigt er sich intensiv mit der Bibel. Zu dem Themenkreis *Naturwissenschaft und Bibel* hat er zahlreiche Publikationen herausgegeben und darüber viele Vorträge im In- und Ausland (z. B. Belgien, Kasachstan, Kirgisien, Litauen, Namibia, Norwegen, Österreich, Rumänien, Rußland, Schweden, Schweiz, Südafrika, Ungarn) gehalten, die zudem meistens evangelistisch ausgerichtet sind. Seit 1966 ist er mit seiner Frau *Marion* verheiratet. Im September 1967 wurde *Carsten* und im April 1969 *Rona* geboren.